KB252851

독일지역 북한기밀문서집

이 저서는 2002년도 한국학술진흥재단의 지원에
의하여 연구되었음.
(KRF-2002-072-BM1021)

독일지역 북한기밀문서집

초판 1쇄 발행 2006년 6월

편 저 ▎통일연구원
펴낸이 ▎윤관백
편 집 ▎김지학
표 지 ▎김지학

펴낸곳 ▎선인

등 록 ▎제5-77호(1998. 11. 4)
주 소 ▎서울시 마포구 마포동 324-1 곳마루B/D 1층
전 화 ▎02)718-6252
팩 스 ▎02)718-6253
E-mail ▎sunin72@chol.com

정가 ▎24,000원
ISBN 89-5933-060-4 93300

■저자와의 협의에 의해 인지 생략.
■잘못된 책은 바꾸어 드립니다.

발간사

      통일연구원은 1991년 설립 이래 북한연구 및 통일연구 분야에서 많은 연구성과를 생산하여 왔습니다. 이제 본 연구원은 국내외의 지도적인 연구기관으로 자리잡아 지금까지의 연구성과를 바탕으로 정부와 학계, 그리고 일반에게 한층 더 많은 연구 서비스를 제공하고자 노력하고 있습니다. 이와 관련하여 본 연구원은 정책연구 뿐 아니라 기초연구 분야에서 증가하고 있는 학계의 연구수요에도 부응하고자 노력하고 있습니다. 본 책자는 이러한 노력에서 나온 한 성과입니다.

      본 연구원은 지난 2002년 한국학술진흥재단의 지원을 받아 "북한 사회주의체제 형성·변화에 관한 해외문헌 및 구술자료 수집·발굴과 Data-Base 구축사업" 연구를 3년간 수행하였습니다. 이 연구는 해외에 산재하여 있는 북한 관련 기초자료를 체계적으로 수집하고 정리하여 국내의 연구자들이 보다 쉽게 북한 관련 자료를 이용하여 연구할 수 있도록 기여하고자 하는 목적에서 시도되었습니다. 북한 체제의 형성 및 발전에 관한 연구에서 연구자들이 직면하는 가장 큰 문제는 일차자료의 부족이며, 더구나 해외에 소재하고 있는 문헌자료 및 관련 인사들의 구술자료는 국내연구자들이 접근하기에 어려움이 있었습니다. 본 연구원은 국내연구자들이 겪는 이런 어려움을 조금이나마 덜어주고 북한연구의 질적 향상에 기여하기 위하여 미국, 일본, 중국, 독일, 러시아 등 5개 국가를 대상지역으로 하여 문헌자료 및 구술자료를 수집하고 정리하여 왔습니다. 본 책자는 그 중 일부의 성과를 정리하여 수록한 것입니다. 본 성과가 북한 체제 형성 및 발전에 관하여 국내의 연구자와 일반인들의 연구의 내용을 향상시키고 새로운 연구주제의 발굴에 기여할 수 있기를 기대합니다.

통일연구원 원장 박 영 규

Contents

Contents

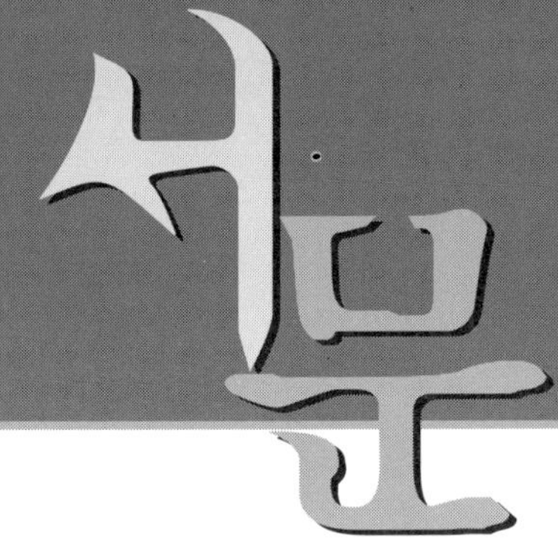

    통일연구원은 해방후 북한 연구의 사료적 기반을 확보하기 위하여 한국학술진흥재단의 지원을 받아 2002년 8월부터 2005년 7월까지 해외에 소장된 정보문서와 다양한 외교문서를 수집하여 기존 북한연구의 제한성을 극복하는 데 도움이 될 수 있는 실증적 기초자료를 체계적으로 수집, 정리하였다. 지역분과 5개 팀(미, 중, 일, 독, 국내) 중 독일지역 팀은 독일과 유럽소재 북한관련 소장문헌의 조사발굴을 시도하였다. 독일팀은 북한관련 자료를 종합적이고 체계적으로 수집하고자 독일 국립문서보관소와 연구기관에 소장된 제반문서와 자료를 조사하였다. 다음단계에서 소장기관의 구체적 실태조사에 들어가 독일 현지전문가들에 의한 자료접근을 시도한 후 문서를 입수하기 시작하였으며, 2005년 7월까지 대략 3만여 쪽의 문서를 입수하고 기초자료를 데이터화하였다. 구체적인 입수기관은 독일 외무성 문서보관소(Auswaertiges Amt – Politisches Archiv), 구동독 당과 대중 단체 문서보관기관(Stiftung Archiv der Parteien und Massenorganisationen der DDR im Bundesarchiv), 구동독 국가공안국 문서보관소(Die Bundesbeauftragten fuer die Unterlagen des Staatssicherheitsdienstes der ehemaligen DDR), 연방공문군사서관(Bundesarchiv – Abteilung Militaerarchiv) 등 이었다. 문서의 종류는 구동독과 북한간 비공개 공식외교문서, SED당 간부회의록, 구동독중앙위원회 정치국 문서철, 외무정보수집문건, 구동독 육군무관보고서, 구동독과 북한 군사사절단보고서, 군사교류협력문서, 군사협력 체결관련문서 그리고 호네커, 울브리히트, 그로테볼, 피크 등의 지도자 유고문서 등을 포함하고 있다.

    이 책은 입수한 독일 국립문서보관소 소장자료 중 기밀해제된 문서 일부로, 북한과 구동독간 국가관계에서 상대적으로 중요한 위치를 점하고 있다고 판단되는 구동독 비밀문서이다. 문서들을 통해 당시 동독이 북한을 어떻게 평가하고 있으며, 북한과 어떤 외교협력을 추진하였는가를 살펴 볼 수 있어 북한 사회주의 체제의 형성과 발전과정을 이해하는 데 중요한 사료로서의

가치를 지니고 있다. 또한 북한 주재 동독대사관의 내부 평가 자료들과 북한 방문 대표사절단의 북한 경제에 대한 기밀정보는 북한 사회주의 체제 형성과정을 실증적으로 알 수 있는 소중한 자료로서의 가치를 지니고 있다.

이 책의 각 장에 수록된 내용은 독일어로 작성된 원문을 국문으로 번역한 것이다. 독일 내 북한관련 국가기밀문서는 북한 사회주의 체제의 형성과 발전과정을 새로이 조명하고, 북한 및 통일관련 연구의 양적, 질적 기반을 마련하는 의의를 지니고 있다. 실증적 자료를 기반으로 하는 북한 연구는 북한 스스로 내부 자료의 공개를 철저하게 통제하고 있는 상황에서 북한 연구의 한계를 극복하는 데 큰 도움이 될 수 있을 것이다.

본 연구의 수행에 있어 독일지역의 자료 수집 및 번역과 정리작업, 그리고 문서소장기관으로부터의 자료이전 동의서를 포함한 실무작업을 김면 박사가 총괄하였다. 끝으로 본 연구의 수행에 직·간접적으로 도움을 주신 많은 분들에게 감사의 말씀을 전한다. 특히 자료수집에 있어 독일 베를린자유대학의 서병문교수의 조언과 자문은 큰 도움이 되었으며, 번역작업에서 심재기 선생님(연세대) 그리고 교정작업에서 양은주양(연세대)과 이은정양(통일연구원)의 노고에 사의를 표한다.

2006. 6
북한기초연구사업부

독일지역
북한기밀문서집

데사우 소재 폴리지우스 공장의
책임설계사 헥커트 동지의 북한 공무여행

사회주의 소비에트 공화국연맹 주재

독일민주공화국 대사관

상무관

극 비

[문서기호] 01/02/1241/54

[발송 장소 및 일자] 모스크바, 1954년 8월 19일

[수신] 독일민주공화국 정부

　　　　대외무역 및 동·서독무역성

　　　　대(對)민주국가무역과 귀중

　　　　베를린

헥커트 동지는 공무여행시 잠시 들른 모스크바에서 모스크바 주재 동독 대사관 직원인 바르취동지와 글로가우 동지의 안내를 받았다.

헥커트 동지와의 면담에서 다음과 같은 사실, 즉 헥커트 동지가 북한인민의 상황에 대해, 그리고 전쟁으로 인하여 초래된 상황에 대해 완전히 잘못된 상황인식을 하고 있다는 점이 드러났다.

헥커트 동지의 진술에 따르면 그는 1936년 일본과 한국에 있었으며 당시 현재 완전히 파괴된 공장의 건설을 주도하였다. 그는 당시 일본 식민정부의 지원을 긍정적으로 언급하고 있는바 일본 식민정부는 그에게 남자인력을 충분히 공급하였을 뿐만 아니라 귀족저택에 그의 숙소를 마련해주었다고 한다. 반면 현재는 ― 그의 진술에 따르면 ― 그에게 배정된 숙소는 불완전하고 습한 가건물이어서 그이 의복에 항상 곰팡이가 끼어있다는 섯이다.

제공되는 식사는 아주 형편없었다고 진술하고 있는데, 독일의 전문가를 불러오려고 한다면, 충분하고 적절한 식사가 제공되어야 한다는 말을 그의 북한인 친구에게 했을 정도이다: "먹어야 일을 하지 않겠느냐"는 것이다.

제국주의 세력들이 독일을 제2의 한국으로 만들려는 속셈을 갖고 있다는 우리들의 언급에 대해 그는 그전에 목숨을 끊는 것이 더 나을 것이라는 말만 했을 뿐이다.

이런 지적사항을 전달하는 것이 이 공장의 건설을 위해 독일 전문가 사절단을 북한에 파견하는 것이 절실해지는 시점에서 우리들 생각에는 꼭 필요하다고 생각된다.

이러한 이유에서 데사우 소재 폴리지우스 공장에서 전문가 사절단을 구성할 때 미리 사절단 구성원에게 북한의 상황에 대해 적절하게 숙지시키는 것이 필요할 것이다. 이때 교육의 중점은 북한의 현재 상황의 원인에 두어야 한다.

이와 같은 문제에 대한 논의를 헥커트 동지에게만 맡겨둔다면, 경우에 따라서는 우리에게 유리하지 않는 상황이 나타날 수도 있는데, 다시 말하자면 전문가 개개인들이 북한행을 거부할 수도 있다는 것이다. 동시에 사절단 사전 교육시에 어떠한 이유에서 우리가 북한인민에게 도움을 주는가를 언급하는 것이 필요하다. 왜냐하면 한민족이 치룬 희생은 독일도 치뤄냈기 때문이다.

[작성자] 뵈닝

02

정치국이 북한 동지들과 수행한 회담 주요내용 기록

[일시] 1956년 6월 8일 오후 5시 30분

울브리히트 동지의 짤막한 인사말이 끝난 후 김일성 동지는 북한의 경제상황에 관한 몇 가지 문제를 설명하였다.

첫 번째 과제로 논의된 것은 한국의 통일을 위한 경제적 기반을 조성하기 위해 인민경제를 재건하는 것이다. 북한인민은 전쟁 전의 수준에 도달하기 위해 3개년계획의 수행에 매진하고 있다.

전쟁 전 수준에 도달하는 데 있어서 특히 어려운 점은 전기와 석탄의 공급이다.

경공업분야에 있어서는 전쟁 전 수준을 넘어섰다.

농업분야에 있어서는 경작면적이 훨씬 확대되었다. 농업에 있어서의 문제는 인조비료의 부족에 그 원인이 있다. 1956/57년에는 인조비료를 생산할 수 있는 공장이 완공될 예정이며, 그 후에는 이러한 어려움도 극복될 수 있을 것이다.

전쟁 전에는 연간 9백만 미터의 옷감이 생산되었다. 현재는 4천만 미터가 생산되고 있지만, 이는 주민들의 수요에 충분하지 않다. 수입물자를 포함한 국내 생산은 연간 주민 1인당 5미터에 달한다.

축산은 전쟁 전에는 발달되지 않았다. 축산은 온갖 노력에도 불구하고 전쟁의 영향과 피해로 인하여 아직도 높은 수준에 와 있지 않다.

어업분야에서는 전쟁 전과 동일한 어려움이 있다. 어획고는 금년 34만 4천 톤에 달하고 내년에는 아마도 전쟁 전 수준에 도달할 것이다.

건설 분야에서의 과제는 무엇보다도 공장들의 재건이다. 건설산업은 시멘트 부족으로 큰 어려움을 겪고 있다. 금년에는 어려움들이 극복될 것으로 예측된다. 철강부족도 문제이다. 황해공장이 건설되면 이러한 문제를 극복하는데 도움을 줄 것으로 예측된다. 시멘트 생산 계획도 금년 58만 톤에 달하고 철강 생산계획은 13만 톤에 달한다. 이 정도 분량은 수요를 충족시키는데 충분할 것이다.

3개년계획은 360만 평방미터의 주택건설면적을 책정해 놓고 있다. 근로자 1인당 7 평방미터의 주거공간이 돌아가게 되는데, 이는 너무 부족하다. 내년에 건설산업이 더 발전된다면 8백만 평방미터의 주택건설면적을 건설할 수 있을 것이다.

양곡문제는 아직 해결되지 않고 있다. 소련과 중국으로부터의 수입이 도움이 되고 있다. 2~3년 내에 수요를 자급자족할 수 있을 것으로 내다본다.

주민들의 구호에 있어서 부족한 것은 무엇보다도 섬유제품이다. 방직공장 두개가 있기는 하지만 그 중 하나는 아직 완전히 건설되지 않았다. 이 공장까지 완공된다면 1억 5천만 미터의 생산이 가능하다. 이것은 주민 1인당 15미터에 달하는 것이다.

조선 노동당의 수뇌부가 정치국에게 제시한 제안 사항 :

동독은 현재 경유엔진 공장건설을 위해 지원하고 있다. 이 공장건설을 위한 자금 대신에 섬유제품을 공급한다면 더 좋을 것이다. 이 공장의 설계가 완성된다면, 북한의 동지들은 물론 이를 수용할 것이다. 그러나 그들은 장비 부품의 생산을 중단할 것을 요청한다. 장비 부품이 완성된다면 이것들도 수용되겠지만 몇 년 뒤의 일이다. 현재 소규모의 엔진공장이 있는데 당분간 이것으로 충분하다. 북한의 동지들은 가능하다면 주민에게 섬유제품을 공급할 수 있도록 장기융자를 요청한다. 그것도 온갖 종류의 섬유제품을.

북한은 화학공장을 건설 중에 있다. 이를 위해 기술지원이 바람직할 것이다. 이 공장은 비스코스 섬유를 생산한다. 이 공장에서 몇몇 장비의 부품들이 대체되어야 하지만, 대규모로

교체되어야하는 것은 아니다. 현재 2천 톤의 섬유와 8천 톤의 셀룰로스가 생산되고 있다. 이 공장이 완성되면 1만 톤의 섬유가 생산될 수 있다. 동독은 이 분야에서 많은 경험을 갖고 있으므로 우리는 기술지원을 요청한다.

함흥에 큰 공장이 건설 중에 있다. 동독으로부터 전문가를 확보하여 적재적소에 도움을 줄 수 있기를 요청한다.

5개년계획으로 철강, 비철금속 및 귀금속을 채굴하기 위한 탄광 건설이 예정되어 있다. 탄광이 어느 정도의 생산량을 지니고 있으며 어떤 장비가 필요한지 결정할 수 있도록 동독이 2~3명의 전문인력을 제공한다면 바람직할 것이다. 이러한 기술지원은 장기융자 방식으로 요청한다. 나중에 이 공장들에서 나오는 생산품들이 융자에 대한 상환으로 제공될 수 있을 것이다.

울브리히트 동지는 북한동지들의 이러한 요망사항을 문서로 작성해줄 것을 제안하다. 그리고나서 우리는 입장표명을 하고 전문가들과 상의한 뒤 답변을 할 것이다. 울브리히트 동지는 이것이 토요일 오전까지 가능한지의 여부를 묻고 김일성동지가 수락하다.

라우 동지와 로이쉬너 동지가 정치국 회의를 위한 사전논의를 수행하기로 하다.
울브리히트 동지는 더 나아가 화학 공장들에 필요한 특수관과 철강설비들이 어디로부터 공급되는지를 질의하다.

김일성 동지의 답변 :
비스코스 공장에는 이러한 장비들이 남아있고 별로 소요되지 않음. 조사차 함흥에 전문가들이 파견되어야 할 것. 현재 그곳에서 당분간 카바이트가 생산되고 있지만, 이 공장은 계속 발전되어야 함.

그로테볼 동지 역시 결정을 내리기 위해 사전논의가 수행될 수 있도록 북한 동지들의 요망사항을 문서로 작성해줄 것을 요구하다.

울브리히트 동지는 현 상황에서 어떠한 새로운 방법으로 한국의 통일을 위한 투쟁이 진행될 것인지에 관한 정보를 요청하다.

남일 동지의 답변 :

우리가 조선 노동당의 제3차 전당대회 자료를 잘 알고 있는바, 이 자료에 한국의 평화적인 통일을 위한 조치들이 확정되어 있다. 우선적이고도 가장 중요한 방법은 한국의 평화적인 통일인바, 이를 위한 첫 번째 과제는 조선 민주주의인민공화국의 경제적인 확립과 북한주민들의 생활수준의 향상이라는 것이다. 그 다음 단계는 북한과 남한의 접근이라고 한다. 우리 「독일」의 상황과는 달리 남북한 주민들 사이에는 그 어떤 교류관계도 없다고 한다. 편지왕래조차도 없다. 따라서 예컨대 남북한 주민들 사이에 경제적, 정치적, 문화적 교류를 이룩해내려는 북한동지들의 노력이 그것이다.

남한에서는 정당의 자유가 조성되고 있다고 한다. 따라서 전당대회의 선언에서도 남북한 접촉을 성사시킬 것이 요청된다. 확대된 통일전선계획의 수행이 이미 전당대회의 성과라는 것이다.

이러한 것들은 국내 문제라고 한다. 국제적인 문제들이 이제까지의 휴전상태를 평화로 이르도록 요구하고 있다. 이에 속하는 것이 한국으로부터 외국 군대를 철수해야 한다는 요구이고 한국의 내부문제에 관한 불간섭을 위한 모든 나라의 보장을 이루어내는 것이다. 한국의 문제들은 한국 자신의 것이라고 한다. 따라서 이러한 모든 문제의 해결을 위한 국제회의가 필요하다고 한다. 북한정부는 이와 같은 회의를 소집하도록 중국을 거쳐 영국정부와 휴전회담의 다른 당사국들에게 요청했다고 한다. 이러한 요청을 그들은 거부하였다고 한다. 이러한 제안을 거절하였을 뿐만 아니라, 동시에 중립국 감시위원회도 해체되었다. 북한 정부는 감시위원회에서 중립적인 국가의 대표들이 철수하는 것에 동의하기는 하지만, 그들이 앞으로 임의의 시점에, 임의의 장소에서 다시 회합할 각오가 되어있어야 한다고 천명했다는 것이다.

전제조건이 주어진다면, 남북한 전체에서 총선이 실시될 수 있다. 이를 위해 남북한 단일 위원회의 구성이 제안되었다.

　　남한의 대부분은 이 제안을 지지하지만, 이승만 정권은 모든 것을 방해하고 있다. 그럼에도 불구하고 우리는 우리의 제안을 계속 할 것이다. 남한에서의 최근 선거가 그곳의 상황을 특징짓고 있다. 이승만에게는 57%만이 찬성표를 던졌다. 남한에서의 우리의 조직상의 도움은 미미하지만, 다른 민주정당들은 남한에서 큰 도움을 주고 있다. 이러한 점은 부통령선거의 결과에서 나타났다.

　　남한의 생활형편에 대해, 그리고 남한의 생활형편이 북한보다 못한지의 여부에 대한 그로테볼 동지의 질문에 대해 인구 1800만의 남한에서는 백만 명 이상이 실업자라고 언급하다. 남한에는 큰 규모의 경공업이 있다고 한다. 남한은 비교적 큰 경작면적도 갖고 있고 미국인들이 그들의 원조로써 남한정부를 지원하고 있다고 한다. 남한의 물가는 북한보다 약간 높다고 한다.

　　정전위원회 활동의 중지가 무엇을 의미하는가 하는 그로테볼 동지의 질문에 대한 남일 동지의 답변: 이러한 행위는 무엇보다도 정치적인 의미를 지니고 있다고 한다. 정전협정의 몇 가지 사항을 위반하는 것을 뜻한다고 한다. 자기들은 이를 협박으로 간주한다. 김일성 동지는 자신들은 이 문제에 있어서 타협하였다고 언급하다. 그들은 이 위원회의 해체에 동의하는 것이 아니라, 단지 그들의 철수만 동의한다고 하였다.

1956년 6월 7~13일 북 정부대표단의 동독 방문 사진

김일성과 북한정부 대표단이 1956년 6월 8일 베를린 프리드리히스펠트내 소련추모지를 방문해 의장대의
사열을 받고 있다.(왼쪽부터 남일 외무상, 김일성 수상, 박길룡 동독대사, 프리드리히 에베르트 정치국원)

문서번호 : 38844/1N

03

조선 민주주의인민공화국의 인민경제 발전에 관한 정보

정보과

[작성 장소 및 일자] 베를린, 1959년 10월 20일
[작성자 약호] Pf/Pst
[수신] 독일민주공화국 정부
      대외무역 및 동 · 서독무역성
      대(對)민주국가무역과 귀중
      베를린

(피셔 대사의 보고 요약)

조선 민주주의인민공화국 주재 우리 대사, 피셔 동지는 동독 외무성 수뇌부에 보낸 몇 통의 편지에서 북한의 현재의 경제상황과 인민경제의 발전에 대한 관찰결과들을 전해왔다. 피셔 동지의 견해에 따르면 이 결과들도 우리가 볼 때 양국의 경제협력의 측면에서 정확하게 인식될 만한 것이다.

피셔 동지의 평가에 따르면 현재 북한의 인민경제의 발전에 있어서 급격한 악화까지는 아니지만, 잠정적인 정지상태에 이르게 되었다. 피셔 동지는 다음과 같은 논거를 제시한다:

1945년까지 일본 제국주의에 의한 식민 침탈과 1950~1953년 제국주의의 기습공격으로 인하여 엄청난 불균형과 파괴가 나타났다.

경제상호원조회의(COMECON) 회원국이 아닌 북한은 경제재건에 있어서 우선적으로 자체적인 경제적 이해관계를 지향하였고 북한의 경제를 <u>다방면으로</u> 재건한다는 입장을 옹호해왔나.

이러한 입장은 이후 주민들에게 생활필수품들을 보다 낫게 공급하기 위해서 수정되어야 했지만, 현재의 발전상황을 분석해보면 다방면적인 발전의 경향이 유지되었음이 드러난다.

예 : 진공관, 시계, 정밀공업과 광학공업 생산품 및 전기공업을 위한 설비와 전화설비 등을 포

함하여 TV 수상기와 라디오를 생산하도록 공장을 건설하고 설계

　반면에 풍부한 천연자원과 농업생산은 북한 및 여타 사회주의 국가들의 이익을 위해 철저하게 채굴, 가공되거나 품종개량되거나 혹은 수출될 수 있는 수준에 이르지 못했다.

　제3차 전당대회에서의 모든 외국의 동지들의 언급에도 불구하고 북한 인민경제의 다방면적인 발전의 경향이 오늘날 그 어느 때보다도 강조된다.
　그 결과 투자에 비해 이득은 형편없었다.

예 : 중국의 본보기를 따라 최소용광로에서 1톤의 선철을 제조해내기 위해 6톤의 제철용 코크스가 소요된다.

　북한의 동지들이 – 달리 어쩔 수 없었겠지만 – 인민경제의 계획수립에 있어서 아주 보잘 것 없는 경험들만을 가지고 있었음에도 불구하고 소련과 사회주의 진영의 다른 동지들이 지적한 사항들을 충분히 참작하지 않았다.

　당과 정부가 직면한 계획수립의 과제가 지닌 의미가 완전히 인식되지 못하고 있다는 것이 피셔 동지의 견해이다. 계획수립에 있어서 지속적 균형발전은 아직 언급조차 될 수 없는 지경이고 오히려 새로운 불균형이 생겨남으로 인하여 중대한 인민경제상의 어려움이 나타난다고 피셔 동지은 언급하고 있다.

예 : 전기부족으로 인한 공장 건설의 중단. 금속공학의 산업분야와 교통체제에 있어서의 새로운 불균형 현상들

　그 직접적인 결과는 사회주의 국가들과의 무역 감소로 나타난다. 사회주의 진영의 모든 무역 상대국들에 있어서 1960년 상품목록에 들어갈 항목들이 약 30% 줄어들었다.

　피셔 동지는 더 나아가서 조선 민주주의인민공화국의 인민경제에서 부정적인 영향을 미치는 2차적인 현상들을 지적하고 무엇보다도 불건전하고 모든 정도를 넘어서는 핵심세력의

03

<u>동요</u>를 들고 있다.

외국에서 교육을 받은 자격을 갖춘 전문가들이 이를테면 귀국 후에 계획에 알맞게 그들의 전문영역에 투입되지 않는다.

또 다른 부정적인 요인은 피셔 동지의 견해에 따르면 지나친 맹목적 민족의식이다.

자신의 고찰에서 피셔 동지은 다음의 결론들을 추출하는 바, 이는 동독이 그 어떤 부정적인 영향을 받지 않도록 하기 위해 동독과 북한의 앞으로의 협력에 있어서 유의해야 할 점들이다.

1. 경제협력과 관련하여 조선 민주주의인민공화국이 취하는 모든 조치와 제안들은 동독의 기관들이 실현가능성 측면에서 극히 정확하게 검토해야 한다. 북한의 경제정치적인 발전에서 우리에게 나타나는 단점들은 북한 측의 전체 영향권에서 분석되어야 한다.

2. 초기조치로서 대외무역 및 동·서독무역성 측에서 가능한 한 속히 북한 파트너와의 협상을 수행하여 우리에게 넘겨진 1960년도 제품목록에서 몇몇 항목을 보다 높은 할증률만큼은 아니더라도 최소한 규정되어 있는 만큼 바꿔야 할 것이다. 여기에서 문제가 되는 것은 쌀, 전해 아연 및 금이다.

라우 장관이 필요하다고 간주할 경우에는 대사 혹은 상무관에게 적절한 협상 업무가 부과되어야 할 것이다.

4. **손실을 막기 위해 동독으로부터 들여온 복잡한 기계의 설치를 담당할 전문가들이 여기로 파견되어야 한다. 고도로 복잡하고 생산성이 높은 기계의 경우 그 어떠한 경우에도 설치 작업을 북한이 단독으로 하도록 맡겨서는 안된다.

5. 북한의 파트너와 협상하는 동독의 관리들은 엄격한 행동과 동독의 이해관계를 엄격히 따지도록 교육되어야 한다.

---

* 3.은 원문에 없음.

김일성과 북한사절단의 동독체류 중 1956년 6월 9일 베를린 트렙톱 소재 소련기념비를 방문해 헌화하고 있다.(왼쪽은 박정애 조선노동당 부위원장)

문서번호 : 38873/3N

북한 경제원조의 몇 가지 문제에 대한 메모

사실 :

북한 주재 우리(동독) 대사관의 다양한 정보들을 취합하면 모스크바 성명의 확정이 과거 어느 때보다 비중있게 다루어지고 있는 점에서 볼 때, 조선 노동당이 정책 전환을 시작하였다는 결론을 추출해낼 수 있다.

이를 뒷받침하는 징후들은 다음과 같이 요약할 수 있다 :

1. 소련의 역할과 북한과 소련의 우호적 관계가 현재 훨씬 더 대대적으로 강조되고 있다. 이러한 점은 특히 소련과의 정치, 경제, 문화적 협력에 관한 협정 서명 12주년을 계기로 하여 북한의 고위층 동지들의 발언들과 대대적인 평가들에서 나타난다. 이 협정은 이제까지, 심지어 10주년 기념일 때조차도 이 정도로 평가되지는 않았다.

2. 다른 나라들은 침묵하고 있는데도 유독 북한이 중국과의 우호관계를 지나치게 강조하던 일도 중단되었다. 소련과 다른 모든 형제국가들이 북한에 지원한 원조가 이제 더욱 크게 강조되고 있다(부카레스트 회담과 모스크바 회담 이후 초기 몇 년간 이러한 협력에 대해 북한의 동지들은 완전히 침묵하였었다).

3. 중국에서의 경제적, 정치적 과업을 크게 강조하거나 중국의 모범사례들을 북한의 기관지들에서 찬양하는 것을 더 이상 찾아볼 수 없다.
건설분야의 간부들에게 훈시한 김일성 동지의 언급을 예로 들면 자기네 나라사람들을 추켜세우는 것은 드물고, 소련과 체코 및 동독의 경험에서 보다 많이 배우자라는 말을 많이 하였다.

4. 우호적 관계에 있는 국가들의 외교사절들에 대해 이제까지 해왔던 것보다 훨씬 더 큰 규모로 그리고 보다 더 우호적인 어조로 홍보되고 있다. 이는 의심의 여지없이 사회주의 국가들과의 관계를 공고히 하려는 북한 동지들의 노력이다.

5. 사회주의적 성과원칙도 이제 언론에서 크게 인기를 얻고 있다. 간부들은 무엇보다도 농업 분야에서 이 원칙을 올바르게 관철할 수 있도록 주의를 기울이고 있다.

6. 조선 노동당은 정치적으로 민중을 상대로 한 과업의 수준을 향상시키기 위해 민중과의 관계를 공고히 할 수 있도록 최근들어 거대한 사업을 개발하였다. 이러한 맥락에서 모스크바 선언이 물론 드러내놓고 언급되지는 않았지만 훨씬 더 비중있게 주목받고 있다.

이상에서 다음과 같은 결론이 추출된다: "중국에만 경도되어 있는 수뇌부의 몇몇 간부들의 중압감이 누그러져서 북한의 중앙위원회 수뇌부가 중국에서의 정치적, 경제적 조치 이후 모스크바 회담 결의문에 채택된 이와 같은 정치적 노선을 관철시키는데 보다 더 주의를 기울이고 적절한 결론을 도출해 내려고 한다." (1961년 4월 17일자 쉬나이데빈트 동지의 편지)

요즈음 북한은 소련과 여타 사회주의 국가들에게서 보다 큰 경제 원조를 받으려고 애쓰고 있다. 이것은 중국 동지들 측에서 특정 의무사항을 충족시키지 못함으로써 북한이 경제적으로 난관에 봉착한 결과이다.

북한 주재 소련대사인 푸사노프 동지는 우리(동독) 대사인 쉬나이데빈트 동지에게 소련이 북한 동지들의 요청을 대폭적으로 지원하기 위해 모든 것을 할 것이라고 천명하였다. 이것은 대단한 경제적 의미뿐만 아니라, 깊은 정치적 내용을 지니고 있다고 할 수 있다. 여타 사회주의 국가들로부터 더욱 막강하게 원조를 받게 된다면 북한의 동지들이 정치적인 사안에 있어서도 보다 더 자립적으로 행동할 수 있게 될 것이다.

이러한 일련의 사실들이 소련 대사의 결론의 논지를 뒷받침하고 있지만, 그렇다고 해서 북한의 동지들이 사회주의 국가들로부터 경제원조를 받아 난관을 극복한 후에 계속해서 중국 동지들로부터 독립적으로 행동할 수 있을지의 여부는 단적으로 분명하게 말할 수는 없다. 이제까지의 경험으로 미루어보아 이러한 방향전환은 단지 경제적 어려움으로 인하여 그리고 원조를 받기위한 노력에서 나타나는 전술적인 성격의 것이라는 생각이 들게 한다.

04

문제제기 :

　우리에게 제기되는 문제는 동독이 이상에서 언급한 정치적 측면을 고려하면서 어느 정도까지 북한에 경제 원조를 할 수 있는가 하는 것이다. 국가계획위원회의 플라이셔 동지와의 토론이 있었고 무역·조달과의 협조 하에 대외무역 및 동·서독무역성의 바그너 동지와의 토론이 개최되었다. 여기에는 외무성 북한분과 동지도 참석하였다.

결과 :

　북한에 대한 원조는 차관공여를 의미한다. 다른 모든 나라들과의 무역의 규모는 증가하는데, 다만 동독과의 무역의 규모가 감소하고 있다는 사실은 그 원인이 다른 나라들이 우리와는 대조적으로 차관을 공여하고 있다는 데에 거의 전적으로 있다고 할 수 있다. 그렇다고 동독이 북한에 차관을 줄 수 있는 형편은 아니다. 우리가 북한을 지원할 수 있는 가능한 방법은 비교적 얼마 되지 않으며 아래와 같다:

　a) 함흥시의 재건을 위한 원조를 감축함으로써 원래 북한에 공급하기로 하였던, 생산이 중단된 특정 부품 및 반제품들이 창고에 있다. 이들 부품과 반제품들의 가치는 320만 마르크에 달한다. 무역을 통하여 이들 부품을 구입하겠다는 제안은 금년 초 재정결핍으로 인해 북한 측으로부터 거절되었다. 최신 정보에 의하면 북한은 원래 함흥에 세우기로 한 산업시설을 자체적으로 완공시키려는 의도를 갖고 있다고 한다. 북한이 위에 언급한 부품들을 구입할 의향을 표명한다면 이에 상응하는 차관공여가 가능할 것이다(이와 관련한 비용계산은 이미 북한담당 건설지휘부로부터 북한의 무역대표부에 건네졌음).

　b) 북한을 위해 할 수 있는 다른 도움은 특정 원자재 및 반제품을 개발하는데 도움을 줄 수 있을 것이다. 예를 들어 구리, 은, 납, 카드뮴, 압연강 등의 이러한 원료를 구입한다면 동독에 있어서 큰 의미가 있으며 서독으로부터 수입해야 하는 강제성에서 벗어날 수 있을 것이다. 그러나 이 영역에서의 원조는 차관과 결부되어 있다.

　c) 당장에 북한에 가장 중요한 식량지원 영역에 있어서 재수출을 통하여 2만 톤의 밀과 2만 톤의 쌀을 북한에 제공해달라는 신청이 우리에게 접수되었다. 북한 동지들은 이

독일지역 북한기밀문서집

납품량에 대해 1962년 초에 80%까지 금으로 지불하고 통상적인 1%의 수수료를 다른 물자로 변제할 의향이 있다고 한다. 대외무역 및 동·서독무역성의 말에 따르면 그들에게는 밀가루를 살 수 있는 가능성이 없다고 한다(외화부족). 자체 재고도 다 소비되었기 때문에 2분기에 이 주문량을 북한에 제공할 수 없다. 3분기가 되어서야 비로소, 즉 동독 자체의 첫 수확량이 확보될 때에 비로소 이 영역에서 북한에 원조를 제공할 수 있다.

대외무역 및 동·서독무역성의 동지들은 위 a)항에서 언급한 북한 원조가 어느 정도까지 실현될 수 있는지 조사 중이다. **

---

* 이하 문장은 원문의 인쇄가 흐려서 번역불가

북한의 대외무역

제4차 전당대회에서 1961년~1967년 사이의 인민경제 발전에 대한 김일 동지의 보고서에는 대외무역 발전에 대한 상세한 진술은 들어있지 않다.

동독의 7개년계획에는 국제적인 경제관계와 대외무역의 발전에 대해 별도의 장이 들어있고 수입 및 수출수치, 대외무역고의 발전에 대한 표준수치가 언급되어 있는 반면에, 위의 보고서에는 북한의 7개년계획의 수치에서와 같이 그러한 보고가 완전히 누락되어 있다.

다른 사회주의 국가들과의 협력 및 특화사업에 대해서도 마찬가지로 구체적인 보고가 되어있지 않다. 다만 다음과 같은 식의 언급이 있을 뿐이다: "소련과 중국 및 다른 사회주의 국가들의 인민들과 경제적 기술적인 관계 및 상호 협력을 증진시킬 필요가 있다. 사회주의 국가들의 인민동지들은 우리 인민에게 조국의 산업화를 위한 투쟁에서 적극적인 원조와 지원을 계속해서 해주고 있는데, 이것은 7개년계획의 성공적인 수행을 위한 믿을만한 보증이다. 우리나라의 자주적인 경제적 기반을 다질 수 있기 위해 우리는 모든 형제 국가들과 긴밀한 유대를 가짐으로써 우리의 인민경제를 발전시키고, 사회주의 진영의 국가들과의 경제적, 과학·기술적인 협력을 공고히 해야 한다. 다양한 종류의 광물들을 채굴하고 이를 형제국가들에게 조달함으로써 우리는 상호 경제 관계 및 그들과의 협력관계를 보다 공고히 해야 한다."

실제로 북한과의 협력 및 특화사업에 있어서 전문가와 문서기록의 교환 수준을 넘어서지 못한다.

1961년에도 이제까지 북한에서는 사회주의 국가들이나 다른 국가들과의 수출입의 동향에 대한 그 어떤 보고도 발간되지 않았다. 1961년 9월의 어느 저녁에 북한의 무역이 인민경제의 발전과 더불어 빠른 속도로 발전하였다고 보고되었다. 1953년에는 겨우 소련과 중국 등 몇 안되는 국가들과 무역관계가 있었다면, 오늘날에는 40여 개국과 무역관계를 갖고 있는바, 그 중에서 예를 들면 소련, 중국 및 다른 사회주의 국가들과의 장기적인 협정들이 있다. 요즈음에는 장기적인 대외무역협정을 체결하지 않은 나라는 동독과 헝가리뿐이다.

동남아시아와 중동의 국가들에도 무역대표부가 개설되었다는 사실이 강조되고 있다. 그 어느 나라보다도 말리 공화국과 기니 공화국 및 쿠바 공화국과 무역 및 지불 협정이 체결되었다.

북한이 자주적인 국가 경제의 확고한 기반을 다짐으로써 발전된 사회주의 산업-농업국가로 변화함에 따라 수출입의 내용 역시 근본적으로 달라졌다. 예를 들어 1953년 수출에서 철광석과 비철금속의 비중이 85%였던 것이 1958년에는 23.6%로 감소했다는 것이다. 제지 수공업의 생산품이 9.1%에서 38.3%로 늘어나고, 1953년만 해도 아직 없었던 화학제품의 수출이 15.1%로 증가하였다.

기계제조산업이 급속히 발전함으로써 최근 몇 년 동안 기계부품 및 중고 물품의 수입이 급격히 감소하였다고 한다. 금속가공기계, 광산용 기계, 건축기계, 운송수단, 산업부품 및 제지산업 제품 등의 수출 가짓수가 지속적으로 증가할 것이다.

이 보고문에서는 무엇보다도 작년에 북한과의 무역에서 가시화된 것을 밝히고자 한다. 북한은 원자재와 반제품의 수출을 제한하고 기계공업, 화학공업 및 다른 산업분야의 완제품을 한층 강조한다.

비철금속의 공급은 계속 감소하였는데, 북한이 비철금속의 수출을 계속 제한해야 하는 원인에 주목해야 한다 :
    a) 자체 소비를 위해 보다 많은 양의 원자재가 소요되기 때문에,
    b) 다른 몇몇 나라들과의 무역관계가 새로 생겨나서 개개 국가들을 위한 원자재의 몫이 줄어들었기 때문에,
    c) 북한 동지들의 말에 따르면 더 광범위한 원자재 비축을 해야 하기 때문에

7개년계획에 예정된 비철금속산업의 발전추세로 볼 때, 기존의 수출비율의 획기적인 증가는 전혀 기대할 수 없다.

북한은 최근 몇 년 동안 특히 마그네사이트 광재의 수출을 장려하여 미래에는 동독의

수요를 북한에서 완전히 충족시킬 수 있을 것으로 예상된다.

철광석 채굴 및 제지공업의 발전과 더불어 북한으로부터 철강제품, 아연, 납제품들을 수입할 가능성이 절대적으로 생겨날 것이다. 그러기 위해서는 전문가들의 도움을 통하여 북한의 제철공장에서 동독의 수요와 종류에 적합한 생산에 이르도록 하는 것이 필요하다.

화학공업 및 기계공업의 발달과 더불어 반제품 및 완제품 혹은 중간제품의 종류의 수가 증가되어 가치에 있어서나 다양성에 있어서 북한의 수출은 증대 가능성이 엿보인다.

동독으로부터의 수출 측면에서는 여전히 기계제조공업, 정밀공업/광학, 측량기술 및 제어공학, 조선 및 화학공업을 위한 기계와 장비들의 생산을 위한 특수기계, 방직공업을 위한 특수기계 등이 대상품목이 될 것이다.

이상에서 언급한 기계와 장비들을 북한에서 생산해내는데 있어서의 예정된 발전은 동독의 수출가능성에 크게 영향을 미칠 수는 없을 것이다. 북한의 개개 산업분야의 발전을 위해 모든 기계와 장비를 자체적으로 생산하라는 슬로건을 김일성 동지가 북한의 기술자들에게 아무리 외쳐대더라도, 동독이 생산해내는 선진기술의 특수기계와 장비들이 북한으로 더 이상 수출될 필요가 없을 만큼 이 슬로건이 현실화되기는 어려울 것이다. 따라서 장기적인 협력 및 특화사업 협정이 북한의 생산체제에 영향을 미칠 수 있는 한, 북한의 7개년계획이 진행되면서 동독과 북한의 대외무역에 있어서 종류와 규모가 확대되리라 예측할 수 있다.

지난 몇 년 동안 쌀, 기름이 나오는 과실들 및 유사한 주요 농산물과 같은 북한에서 나온 농업생산품들의 동독으로의 수출이 완전히 중단되었는데, 이는 수확된 농산물들이 주민들에게 조달하기 위해 남김없이 소요되었기 때문이다. 앞으로도 몇 년 내에 보다 많은 양의 농산품들이 다시 북한의 수출품목에 오르리라 기대할 수 없다(1961년에는 버마와 베트남에서 곡식을, 서유럽과 호주로부터 밀가루를 수입한 바 있다)

1956년 6월 8일 김일성이 동독의 국회의장 요한네스 디크만과 만나 환담하고 있다.

문서번호 : 38851/3N

국가인민군 육군무관이 평양주재
소련 무관으로부터 받은 보고에 관한 정보

외국과

과장

[문서기호] 286/62
[발송 장소 및 일자] 베를린, 1962년 2월 23일
[수신] 독일 사회주의통일당 중앙위원회
　　　　 "S"과 과장
　　　　 보르닝 대령 동지
　　　　 베를린

[편지의 본문] *
[첨부서류]

---

* 편지의 본문은 오른쪽부분이 잘려서 번역불가

소련의 무관 육군소장 페트로프 동지로부터 평양주재 국가인민군 무관에게 전해진 정보

---

1. 북한의 인민군의 교육상황에 대한 페트로프 소장 동지의 보고:

　　　제2차 당 돌격대 대회에서 간부자격강화문제에 대해 매우 절박하게 언급된 까닭은 무엇보다도 현재의 교육상태, 특히 참모장교들의 교육상태가 시대의 요청에 보조를 맞추지 못했기 때문이다. 북한 인민군에서의 교육은 이제까지 거의 전적으로 소대 규모에서 대대 규모까지 실시되었디. 사딘 규모의 부대훈련이나 비교적 큰 규보의 작전늘은 아주 드물게 실시되었고 그것도 별 성과없이 진행되었다. 현재의 결함의 원인은 소련 무관의 견해에 따르면 다음과 같다:

　　　– 북한의 민족보위성 고위 간부동지들이 비교적 큰 규모의 훈련과 작전의 의미를 과소평
　　　　가하고 있는 점.

- 북한 인민군 고위 간부들의 자격결여.
  많은 간부들이 단지 한국전쟁 및 일본 식민주의에 맞선 빨치산 투쟁의 경험들만 갖고 있을 뿐임.
- 특이한 결함들은 작전 계획수립과 군대의 지휘에 있음.
- 군의 가장 능력있는 전문가들이 장기간 동안 민간시설의 건설에 파견되거나, 땅굴건설과 위도 38도(휴전선) 부근의 지하 격납고 건설에 투입되었음.
- 부대의 일부분이 다른 용도에 투입됨(예: 농업, 산업설비 및 도로 건설 등)으로써 군대의 교육이 부분적으로는 엄청나게 침해받는다는 점.
- 끝으로 간부의 자격강화를 위해 필요한 전문서적의 부족.
  정확한 군사학적, 군사기술적인 전문서적의 출판이 이제까지 게을리되었음.

따라서 북한 인민군의 지속적인 발전을 위한 핵심연결고리는 참모들을 대상으로 한 작업과 간부들의 자격강화이다.

2. 소련 무관은 북한 인민군의 고위급 동지들에게서 민족주의적 경향이 보다 더 강하게 드러나고 있다고 자신의 견해를 피력하였다. 이러한 점은 무엇보다도 "주체사상"의 강조에서 나타난다. (주체사상: 국제적인 경험이 대폭적으로 무시되고 민족적 전통과 경험들이 – 종종 미화됨으로써 – 지나치게 강조되고 과대평가되고 있음을 의미하는 북한의 개념)

이러한 민족주의적 경향은 자신의 일에서도 감지될 수 있었다고 소련 무관은 보고하였다. 조선 민주주의인민공화국 정부는 소련의 무관과 그의 동료 직원들이 북한 인민군의 고문관으로 활동해주기를 소련 정부에 공식적으로 요청하였다. 그러나 실제로는 이러한 활동이 저지되곤 하는데, 소련의 동지들에게 정보제공도 하지 않고 자문을 구하지도 않는다.

소련 무관은 자기가 소련에서 알고지낸 일련의 북한의 지인들이 있는데, 이들은 현재 북한 인민군에서 고위직위를 갖고 있다. 그중 한사람이 장관의 대리인인 김봉율 소장 동지이다. 그와 북한 인민군의 다른 동지들은 소련 무관의 초대를 받아도 만나기를 꺼려한다. 그 까닭을 소련 무관은 이들이 민족주의적 성향을 지닌 세력들에 맞서 체면깎이는 일이 없기를 바라는 점에 있으리라 짐작하고 있다. 그렇지만 "주체사상"에도 불구하고 북한 인민군은 소련의 복무규정과 경험들을 여전히 그대로 차용하고 있는데, 이것들을 소련 것이 아니라 북한의 자료들이라고 일컫고 있다.

소련 무관은 그래서 북한 인민군의 과업에 있어서 기존의 긍정적인 측면들을 육성시키기 위해서는 인내심을 가지고 북한 동지들의 신뢰를 얻도록 노력해야 한다고 강조한다.

이 문제들에 대한 대화를 향후 재개하기로 합의하였다.

동독을 방문한 김일성 수상이 1956년 6월 7일 베를린 션하우저알레의 거리에서 카퍼레이드를 벌이고 있다. 오른쪽은 박길룡 동독주재 북한 대사로 1954년 3월 6일 동독으로 부임했다.

문서번호 : 38 829/15N

북한주재 동독 대사관의 1962년도 관계 보고서의 요약문

[문서기호] AAA/2 B/0001/108-219
[작성 장소 및 일자] 1963년 1월 24일
[작성자 약호] Wu

비밀 공무사항
〈번호: 22/63〉
5통 발행
제2통 총 6쪽

---

1. 동독과 북한의 관계 〈1962년〉

북한은 경제 분야에서 큰 성과를 거두었다. 경제분야의 모든 과제가 "모든 것을 자력으로"라는 구호아래 진행되었는데, 이는 점점 더 과도하게 강조되어 정치적 · 문화적 문제에까지도 확대되었다. 이러다보니 국제협력이 과소평가되는 현상이 나타난다.

정치 분야에서 조선 노동당과 북한 정부는 점점 더 중국의 입장 쪽으로 넘어갔다. 이는 무엇보다도 소련, 쿠바사태, 유고슬라비아, 중국-인도 국경분쟁에 대한 그들의 태도와 갈팡질팡하는 통일정책에서 드러난다. 정치적 관계에 있어서 북한 정부는 그들의 문서와 출판물들에서 평화조약 체결과 서베를린 나토(북대서양 조약기구)기지의 해체를 위한 투쟁을 벌이고 있는 우리(동독) 당과 정부의 정책을 지지하였다.

1962년 이러한 문제를 해결하는데 있어서 동독의 역할이 보다 더 뚜렷하게 나타날 수 있게 되었다. 북한의 고위급 동지들은 (우리와의) 면담에서 동서독 간의 평화적 공존정책이 올바른 것이라고 평가하였다.

그러나 우리의 정책에 대해 유보적인 태도를 취하는 것 이외에도 아직까지 석연치 않은 점이 남아 있는바, 독일민족의 생존문제의 해결과 군축과 평화공존을 위한 전세계적 투쟁의 연관성, 세계평화의 보존을 위한 투쟁에서의 동독의 중대한 의미, 모든 사회주의 국가들의 이해관계에 있어서의 동독의 다방면적인 지원의 필요성에 대한 북한의 불분명한 태도가 그것이다.

양국간 관계의 절정은 1952년부터 1962년까지 동독 정부가 북한에 제공한 물질적, 정신적 원조를 종결하는 것을 계기로 1962년 9월 11일부터 9월 19일까지 루이제 에르미쉬 동지의 지휘아래 당정 사절단이 방문한 일이었다.

반면에 대학생과 석박사과정 학생들을 동독으로부터 소환한 것과 이들을 동독에 있는 이들의 처자식과의 모든 관계를 차단시킨 것은 비우호적인 처사라고 볼 수밖에 없다. 북한인과 결혼하여 북한에 살고 있는 동독 여성들에 대한 비우호적 행태의 징후는 심각하게 고려되어야 한다.

우리 두 나라 사이의 경제교류관계의 발전은 전적으로 긍정적으로 평가될 수 있다. 1961년과 비교해볼 때 상품교역의 증가가 성취되었는데 그중에서도 우리 인민경제의 중요한 지위 상승이다. 그러나 이러한 긍정적인 측면이 있다고 해서 다음과 같은 심각한 결함과 어려움들이 무시되어서는 안된다: 무역교류품목에서 비철금속의 비중이 훨씬 적고 장기적인 무역조약이 없는 점, 국가간 분업을 착수할 기반이 조성되지 않은 점, 경제적, 과학적 차원에서의 경험의 상호교환이 없는 점, 수지결산 결과 균형이 맞추어지지 않은 무역, 동독의 주요 수입품목이 12월이 되어서야 비로소 현금화되는 점, 라이프치히 국제박람회에 북한이 전시참여국가로서 참여하지 않은 점 등이다. 우리에게 당면한 과제를 완수하는데 있어서 북한이 우리나라(동독)를 과소평가하는 것과 같은 그러한 관점에서 경제교류관계를 관찰한다면 아직 충족할 수준은 아니다.

기술과학적 협력은 1962년에도 불충분하였다. 합의된 결정사항들 중 몇 안되는 것들만이 대체로 완수되었을 뿐이다. 사절단 교류 따위는 없었다. 화학공업과 철강공업 분야의 조사를 위한 두 차례의 사절단조차 북한 측에서 환영하였음에도 불구하고 동독의 부채로 인하여 파견되지 못하였다. 1962년 평양에서 개최하기로 하였던 과학기술협력 위원회의 제4차 회의가 동독 측의 요망에 따라 1963년으로 연기되었다. 대사관 내에 이러한 문제를 계속적으로 다룰 직원도 없고 구상도 없기 때문에 과학기술협력은 더더욱 어려움을 겪고 있다.

문화정책적 교류관계에 있어서는 (알바니아를 제외한 다른 사회주의 국가들과 견주어볼 때) 1961년에 비해 더 후퇴하였다. 그 원인은 무엇보다도 유럽의 사회주의 국가들의 문화적 영향력에 맞서보려는 북한의 노력 때문이다 :

문화정책 분야에서의 민족주의, 독단론, 사교(邪敎) 및 개인숭배 등의 경향을 밀고나가는 행태, 문화 기관들과의 접촉 제한, 알바니아를 제외한 유럽의 사회주의 국가들의 정치적 영향력을 막기 위해 이들 나라에서 유학중인 북한 대학생들과 석박사과정생들을 소환한 점.

07

1962년 3월에 북한 측이 제시한 초안에 독일학술원(DAW)이 아직까지 입장표명을 하지 않았기 때문에 양국 학술원 간의 직접합의는 아직 체결되지 않았다. 북한 측에 직접적인 이득이 있을 경우에만 북한의 사절단이 파견되었다.

언론, 방송 및 정보활동 분야에서의 교류관계 :

동·서독문제와 동독의 현안문제에 대한 북한의 보도는 1962년 경우 1961년만큼의 규모와 연속성을 띄지 않았다. 북한 언론에서는 전반기에 동독과 동·서독 문제에 대해 매우 불충분하게 보도되었다. 동독의 주요 정치문제에 대한 그 어떤 논평도 없었다. 후반기에 들어서야 비로소 무엇보다도 당·정 사절단의 체류 및 15주년 기념일과 관련하여 우리의 문제에 대한 보도가 다시 증가하였다.

대사관의 주안점은 자체 자료를 펴내는데 있다. 대사관 전체의 공동작업으로 1962년 북한의 기관들에 대한 정보활동이 양적, 질적으로 증가하였다. 1962년 26개의 공보(그 중 10개는 북한말로)와 22개의 기사가 출판되었는데, 46개의 정보와 8개의 논평이 일본으로 전송되도록 방송에 제공되었다. 외무성 언론담당과와 긴밀한 유대 속에 작업이 진행 중이다.

그러나 편집인들의 방문과 토론은 오랜 노력 끝에 비로소 성사되었다. 북한의 고위 공보실은 북한의 언론기관과 유럽의 대표자들 간의 보다 밀접한 접촉에 별 관심이 없는 듯하다. 북한 방송과의 협력은 흠잡을 데 없이 잘 진행되고 있다. 동독을 위해 일본으로 방송하겠다는 의향이 긍정적으로 평가될 만 하다.

영사 관계 :

북한은 1962년 실론에 무역대표부를, 인도·캄보디아에 총영사관을 설치하였고, 소말리아 공화국과 무역대표부를 교환하기로 합의하였다.

동독과 북한의 영사교류관계는 영사조약을 기반으로 하여 진행되고 있다. 대사관 영사과의 주요 업무는 동독의 전문가들, 북한인과 결혼한 동독 여성들을 정치적·이데올로기적으로 보호하고 여행자 왕래문제를 치리하고, 북한의 법률과 규정들을 평가하는 일이다. 대학생과 석박사과정생들을 동독에서 소환한 이래, 4명의 동독 여성들이 자신들의 약혼자 혹은 아이들 아버지들의 체류주선을 도와달라고 대사관을 찾았다. 북한의 외무성 영사과와의 협력과 알바니아를 제외한 여타 사회주의 국가들의 영사들과의 협력은 양호한 것으로 평가된다.

무관의 활동에 대해서는 북한 인민군의 생활과 과업에 대해 알아보거나, 군사훈련을 시찰하는 본래의 용무는 고려되지 않는다는 점을 들 수 있다. 실제로 외국담당과는 인민무력부 및 부대들과의 직접적인 연관을 차단하는데 힘쓰고 있다.

외무성에 대한 대사관의 관계 :

우리 측에서 요청사항을 표명하는 한, 허가되었다. 모든 차원에서 외무성과 접촉하는 것은 여전히 충분할 정도로 있어왔다. (쌍방간의) 토의는 항상 객관적이고 개방적인 특성을 지닌다. 대사관의 언론담당관이 외무성의 언론담당과에 대해 가지는 관계는 좀 더 복잡해지는데, 외무성의 언론담당과는 (몇몇 문제의 상이한 견해와 관련하여) 명백하게 우리들의 출판활동을 제한하려고 애쓰고 있기 때문이다. 대외 문화교류 위원회 및 문화, 학술, 국민교육 분야의 여타 기관들과의 관계들도 최근에 명백히 외무성의 간섭으로 인하여 어려움을 겪은 바 있다. 조선 노동당과 북한 정부의 중요한 현안 정치문제들에 대한 외무성을 통한 정보들이 현저히 감소되고 있다.

다른 외교사절들에 대한 대사관의 관계에 있어서는 소련 대사관과 (알바니아를 제외한) 유럽의 다른 사회주의 국가들의 대표들과 긴밀한 동지적 관계를 유지하고 있다. 최근들어 쿠바 대사관과의 관계가 특히 향상되었다. 베트남 대사관과는 다시 관계를 더 밀접하게 조성시켜야 한다. 중국 대사관과는 그저 객관적인 관계만을 견지하고 있다.

2. 대사관의 업무

주요업무는 동지들을 교육하여 당과 정부의 결정사항들을 실현시킬 능력을 함양시키는데 있다. 중앙위원회와 정부 및 외무성의 모든 중요한 결정사항에 대한 토의가 수행되고 결론이 도출된다. 대사관은 경제문제, 엄격한 절약체제의 유지를 위한 투쟁 및 경계심 고양 및 안보규정의 준수에 각별한 주의를 기울였다. 이러한 업무 수행에 있어서 대사관의 당 기구 및 노조기구가 크게 협조하였다.

3. 대사관과 외무성(Berlin)의 협력

대사관과 외무성의 협력관계는 양호한 것으로 평가된다. 외국 대표부의 활동에 대한 외무부의 비판적인 소견들은 공무토의에서 논의되었다.

다음과 같은 결함들이 강조된 바, 그러한 결함을 제거함으로써 외국 대표부의 업무가 향상될 수 있을 것이다 : 대사관이 문화과를 통해 문의한 내용에 대한 불충분한 처리, 중요한 사건들의 공표에 대한 언론담당과의 너무 미미한 간여, "AK"[?]에 있어서 대사관의 조치에 대해 완전히 무시하는 처사, 간부담당과의 활동에 대한 대사관 직원들의 불만족, 대사관이 베를린 본부와 자체 무선연결망을 조성할 수 있도록 기구 및 행정과의 의무사항의 불이행, 분과(Sektion)를 통한 제어기능의 향상, 분과와 개별 과들 사이의 협력관계의 향상.

4. 1963년도를 위한 결론

a) 당과 정부의 정책에 대한 보다 공격적이고 집요한 설명

b) 조선 노동당과 북한 정부 측의 공식적인 성명을 통해 우리의 정책을 지지하는 것이 1963년에도 실현될 수 있다.

c) 북한의 언론, 문화 및 여타 기관들과의 접촉이 유지되고 확대되어야 한다.

d) 다른 사회주의 국가들, 특히 소련, 체코, 폴란드의 대사관들과의 관계가 확대되어야 한다. 쿠바와 베트남의 동지들과 보다 긴밀한 접촉이 이루어지도록 애써야 한다.

e) 경제 분야에 있어서 북한을 통하여 동독이 보다 강력하게 지지되도록 해야 한다. 외국 대표부의 전체 공동작업은 경제문제에 보다 더 각별한 주의를 기울여야 한다.

f) 법률구조협정의 체결이 고려되어야 할 것이다. 양국 방송위원회 사이의 협정은 대표부의 제안에 부합되도록 수정을 가하여 새로이 체결되어야 한다.

g) 정치적 진문적 자질, 이데올로기적 계급적 경계심을 향상시기고 안보규정을 엄격히 준수하기 위한 교육업무는 지속되어야 한다.

h) 복잡한 정치적 조건들 속에서 정확하고 신속한 정보를 보장하기 위해 가능한 한 속히 독일어-한국어 통역사를 파견하는 것이 필요하다.

[문서작성자] 벤리히트
　　　　　　선임 담당관

수신자에 대해서는 이면에 **

**그러나, 원문에는 수신자에 대한 내용이 누락됨.

북한 인민군 당위원회[1] 제5차 확대 전원회의 평가서

북한 주재 동독 대사관
무관

[문서기호] 110-10 Schr.
[일지번호] 16/63
[작성 장소 및 일자] 평양, 1963년 1월 28일

회의는 1962년 12월 17일부터 19일까지 개최되었다.

회의에는 당위원회의 위원들과 후보들 이외에도 민족보위성의 총정치국의 책임간부들, 정치국원, 사령관, 전군 병참담당 간부, 단체 및 북한 인민군 부대들의 간부들도 참석하였다.

의사일정은 두 가지 문제를 다루었다.
① 조선 노동당 중앙위원회 제5차 전원회의에서 제시된 투쟁과제의 성공적인 수행을 위한 1963년도의 과제
② 행정상의 문제

첫 번째 의사일정사항에 대해 북한 인민군 총정치국 국장인 허봉학 대장 동지가 발언하였다. 그 밖에 조선 노동당 중앙위원회 의장 대리인 김광협 동지가 발언하였다.

1. 1963년도 북한 인민군의 총괄 임무설정

북한 인민군의 기본적인 임무설정은 조선 노동당 중앙위원회 제5차 전원회의에서 결정되었고 그 내용은 전국의 요새화를 포함하여 조선 민주주의인민공화국의 방위태세를 전방위

---

1) 북한 인민군 당위원회 : Parteikomitee der KVA

적으로 공고화하는 것이다.

이 임무는 인민군의 강화라는 주요임무 외에 인민의 최대 무장화, 특히 해안 방위 및 영공 방위를 위한 목적으로 진지 체제 및 땅굴 체제의 건설, 군수산업의 확장 등이다. 이러한 조치를 수행하는데 있어서 북한 인민군에게 주요한 임무가 부여되었다. 주요한 임무는 무엇보다도 공장과 마을에서의 군사교육인 바, 인민군의 지휘 하에 이미 오래전부터 실시되어오고 있으며, 중앙위원회 제5차 전원회의의 결의에 부합하도록 확대되어야 하는 것이다. 더 나아가서 이미 1962년에 군대의 대부분이 지하갱도, 도로, 시설물 등의 건설에 투입된 바 있다. 이러한 임무가 이제 보다 더 북한 인민군 임무의 중점사업으로 강조될 수 있을 것으로 기대된다.

과거에는 이러한 임무가 북한 동지들 자신이 밝히듯이 단위부대들의 지속적인 교육에 불리하게 작용하였다. 이와 같은 많은 시간을 요하는 엄청난 규모의 과제를 성취해내기 위해 북한 정부는 다른 방도나 자금을 갖고 있지 않음이 명백하다.

국토방위를 중앙위원회 제5차 전원회의에서 결정된 것만큼 대규모로 강화하는 것이 현재 어느 정도까지 필요한가 하는 문제가 제기된다. 조선 노동당은 쿠바 위기사태, 월남 상황 및 인도-중국의 국경분쟁을 직시하며 전쟁의 위험이 제국주의 측으로부터 고조되고 있으며 평화 공존을 관철시키리라는 희망이 그릇된 것이라는 견해를 피력하고 있다. 조선 노동당의 지휘부는 현재의 단계에서 투쟁의 변증법적인 과정을 이해하고 있지 않으며, 교조주의적인 입장을 고수하고 있다. 더 나아가서 북한의 당 지휘부는 쿠바 위기사태에 있어서의 소련 정부의 태도로 미루어보아 현재 동맹관계에 대한 소련의 신의를 전적으로 기대할 수 없으며 따라서 방위를 자력으로 강화할 필요가 있다는 결론을 도출하였다.

이 결론에는 소련에 대한 불신 이외에도 강화된 민족주의적 경향이 표현되어 있는데, 민족주의 경향은 다른 영역으로도 거세게 확산되고 국제적 협력에 대한 장애물로, 국제적 경험들을 평가하는 데 있어서도 장애물로 나타난다.

북한 인민군 당위원회 제5차 회의 결의도 이러한 관점에서 채택되었다. 이것은 무엇보다도 북한 인민군의 정치적-이데올로기적 발전을 억제하는 결과를 초래하고 현재의 정책을 유지할 경우 기존의 교조주의적, 민족주의적 현상들이 군사 영역에서 강화될 것이다.

이와 같은 불리한 영향을 무시하고 당위원회 제5차 전원회의는 발전의 조건에 부합하고 북한 인민군의 투쟁정신을 더욱 공고히 할 수 있도록 일련의 임무를 제시하였다.

2. 정치적-이데올로기적 임무 제시

정치적 과업의 중심적인 임무는 여전히 전투태세의 고취에 있다. 정치 분야에서의 주요 임무는 이데올로기 교육에 있다. 이데올로기 교육의 중심에는 다음과 같은 임무들이 제시된다:
- 조선 노동당 정당정책의 해석과 관철의 강화
- 항일 무장투쟁의 경험과 전통의 강화된 평가
- 민족적 자신감의 기풍 속의 교육 (주체 = 자력으로의 재창조)
- "그들(정치국 국원들)이 수정주의의 본질과 해악성을 간파할 수 있도록" 마르크스-레닌주의와 "우리 당의 혁명적인 입장"의 원칙에 입각한 교육

전투태세의 고취를 위한 정치적-이데올로기적 과업의 역할에 대한 원칙상의 평가는 명확하고 정확하게 작성되었다. 그러나 정치적-이데올로기적 과업의 내용과 정확성에 대한 개개의 임무제시에서 민족주의적인 경향이 뚜렷이 드러나 보인다. 프롤레타리아 세계주의라든가, 소련군과의 동맹 및 전우애의 공고화라든가, 그러한 중요한 문제는 언급되지 않았다. 그대신 수정주의에 대한 투쟁이 강력하게 강조되고 빨치산운동의 역할이 지나치게 부각되고 있다. 오늘날 북한에서는 "수정주의"라는 개념에 소련의 정책도 포함되어 있어서, 동독의 경우에서 보듯이 이러한 요소를 다른 관점에서 평가해야 한다는 것도 언급되어야 한다.

공식발표에는 언급되어있지 않지만, 여기에는 소련의 정책에 반대하는 경향이 은폐되어 있다. 이러한 현상들은 북한의 방위력을 강화하고 발전시키는데 기여하지 않으며 군의 구성원들에게 나쁜 영향을 미친다.

3. 군사교육의 임무

1963년도의 주요 목표는 북한 인민군을 간부들로만 구성된 군처럼 발전시키는 것이다.

이러한 범위 내에서 전투교육의 질적인 향상에 각별한 주의를 기울이고 있다.

다음과 같은 주요 임무가 제시된다:

- 모든 장교와 군의 구성원들은 보다 높은 기능을 할 수 있도록 자신의 자격을 강화해야 한다.

- 사령관과 참모들의 교육의 강화를 통하여 장교들과 동지들의 군사학적이고 "전투적인 통솔력"이 고양되어야 한다.

- 군의 모든 구성원의 군사기술적인 지식의 수준은 계속 고양되어야 한다.

- 군의 전투력은 강화된 기술적인 특별교육을 통하여 향상되어야 한다.

- 사격교육의 방법은 완벽해져야 한다.

- 부대의 교육은 한국 전쟁의 경험을 토대로 하여 완벽해져야 한다.

- 군의 구성원의 수행능력은 신체단련과 수영교육을 통하여 향상되어야 한다.

이러한 임무설정은 전반적으로 전년도 임무에 상응하며 북한 인민군이 지속적으로 교육의 수준을 확충해나가고 있음을 알 수 있게 한다. 전년도와 같이 금년에도 소련군과 다른 동맹국가들의 군들의 경험에 대한 평가에 대해서는 일절 언급이 없었다. 이것은 북한 인민군의 발전은 무엇보다도 자체의 경험을 바탕으로 하여 보장될 수 있다는 견해에 부합한다. 경험들을 폭넓게 평가하고 소련군과 협력한다면 의심의 여지없이 북한 인민군의 발전과정을 촉진시킬 것이다. 그러나 이러한 방향으로 향하는 모든 소련의 제안과 제의들이 이제까지 거절되었다. 그 원인은 무엇보다도 "자력으로 생산" 정책과 북한-중국의 관계에서 기인하는 정치적 이데올로기적 문제 때문이라고 할 수 있다.

4. 군대의 지휘와 군대의 행정 분야에서의 임무

이 문제가 폭넓게 다루어진 전년도와는 대조적으로 제5차 회의의 공식발표에서는 이 문제에 대해 간략한 의견표명이 있을 뿐이다. 여기에 전투조직, 군대행정 및 수업의 모든 단계에서 참모들의 역할을 계속 고양시켜야 한다는 필요성이 제시된다. 이것은 이 분야에서 전년도의 임무제시의 핵심에도 부합한다.

더 나아가서 정규군의 조직화된 체제와 규율을 일관되게 관철시킬 임무가 제시된다. 이 문제는 이미 62년 가을의 제4차 당위원회 회의에서 큰 비중을 차지하였기 때문에, 총괄적이고 지속적인 임무일 뿐만 아니라, 각별한 문제가 이 임무와 연관되어 있으리라 예측될 수 있다. 지하갱도 건설과 도로 건설 등 공병기술적인 임무를 위해 단위부대들을 장기적으로 투입함으로써 어떤 해이상태가 나타났음에 틀림없다. 북한의 동지들은 이를 간파하고 이러한 상태를 극복하기 위해 최근 광범위한 조치를 취하고 있다. 이러한 사실은 군의 언론에서 간접적으로나마 나타난다.

군대행정 분야에서는 후방의 전투태세를 완벽하게 갖추고 무기와 기술적인 전투장비들을 지속적으로 동원할 수 있는 체제를 고양하고 군의 구성원들의 물질적 정신적 생활을 향상시키는 임무가 제시된다.

전년도에는 특히 후방부대 작업의 향상이 중점적으로 다루어졌다. 최대의 결함이 극복되어 이제는 "완벽"이라는 표현을 사용할 수 있게 된 것 같아보인다. 여기에서도 주요 목표를 전투태세의 고양에 두고 있음을 알 수 있다. 작년에 후방부대에는 국토방위의 틀 속에서 공병 및 건설 임무의 조직화의 책임이 부여되었다. 이러한 임무는 금년에는 더욱 더 그들의 과업에서 중점을 이룰 것이다.

5. 당 위원회의 임무

모든 등급의 당위원회에는 집단적인 정치적 군사적 지휘기관으로서의 역할을 고양시킬 임무가 제시된다. 여기에서 주안점은 결의사항을 이행하는데 있어서 지도 및 통제기능을 강화하는데 주어져있다. 그 중 우선적인 임무는 당의 과업을 훌륭히 수행하도록 보장하는 것이다.

중국 인민공화국으로부터 들여온 집단지도체제원칙은 목적에 부합한 것이라고 할 수 없다. 이미 보고된 바와 같이 작년에는 무엇보다도 사령관들의 책임의식의 저하로 나타나는 몇 가지 난점이 있었다. 조선 노동당은 사령관들을 당위원회에 영입함으로써 이러한 난점들을 타개해보려고 하였다. 더 나아가서 당위원회는 군사적으로 자격을 갖춘 간부들로 충원되었다. 그러나 이렇게 하여 문제가 해결된 것으로 볼 수는 없다. 집단 군사-정치 지휘 원칙은 모든 개선노력에도 불구하고 군대의 작전상의 민첩성을 억제할 것이다. 이상에서 언급한 조치들이 어떠한 결과를 가져올지 기다려볼 따름이다.

6. 당 기구들과 정치국 기구의 임무

북한 인민군의 당 기구들의 특수한 구조에 부합하게 당의 지휘적 역할은 당위원회를 통해 대표되는바, 당위원회는 당 기구들에 보고할 의무가 없고, 다만 상부 당위원회와 조선 노동당의 중앙위원회에만 보고할 의무가 있다. 레닌의 원칙에서 벗어나는 이러한 당 구조로 인하여 당 기구들의 역할과 임무가 변질되었다.

당 기구들과 정치국 기관에는 공통의 임무가 제시된다.
a) 당 내적으로 전체 활동을 당 기구에서의 생활을 정상화시키는 방향으로 조정할 것.
b) 과업을 당원들과 당적이 없는 군의 구성원들의 정치-이데올로기적 교육에 집중시킬 것.
더 나아가서 청년조직의 당 지도체제를 개선시킬 것.

이러한 임무제기에서 나타나는 것은 당 기구들이 당 위원회의 실제적인 집행기관이며 당 위원회에 의해 지도되고 통제된다는 것이다.

보다 더 복잡한 것은 정치국 기관의 상황들이다. 정치국 기관들은 당 위원회로부터 임무지시를 받으며 당 위원회의 집행기관인 바, 당 위원회의 업무를 위원회 회의 사이의 기간에 처리하며 위원회의 회의를 상근 비서실의 의미로 준비한다(당 위원회는 상설 기관이 아니라, 회기에만 소집된다).
당 기구들과 비교해볼 때, 정치국 기관들은 당 위원회의 집행기관으로서 훈령을 하달할 권한이 있다.

당 기관들의 이와 같은 체제는 본인의 생각으로는 당 기구들과 당원들에게 대중의 참여를 강하게 제한하고, 당 기구들의 정치적-조직적 민첩성을 떨어뜨리며 당 기구들의 지도적 역할을 부정하고 있다.

08

붉은 기 운동의 발전

1963년의 임무부과내용에는 다만 붉은 깃발 운동이 확대되고 발전되어야 한다는 점만이 언급되었다. 복합적인 경쟁의 성격을 띤 이 운동은 방어태세의 고양을 위한 중요한 수단이라고 할 수 있으며 주목받을 만하다.

결론

1. 제5차 당위원회 회의에 대해 이미 송달된 공식발표 이외에는 그 어떤 자료도 배포되지 않아서 1963년 북한 인민군의 임무를 평가하기가 더욱 어렵다. 협의를 해달라고 민족보위성의 외국담당과에 체코의 무관이 신청한 요청에도 아무런 응답이 없었다.

2. 이미 1962년에, 특히 쿠바 위기사태 이후 북한에 감도는 이상한 정치-이데올로기적인 분위기가 — 조선 노동당 중앙위원회 제5차 전원회의의 결의사항에도 나타나 있다 — 북한 인민군의 정치-이데올로기적인 임무제기에도 반영되고 군사-전문직 분야에도 영향을 미치고 있다. 이것은 조선 노동당의 현 정책을 고수할 경우 북한 인민군의 발전에 부정적인 형향을 미칠 것이다.

3. 본 평가에서는 북한 인민군의 제5차 당 위원회 대회에 대해 알려진 자료에 대해서만 평가할 수 있었다. 첫 번째 의사일정 사항에 대해 허봉학 동지 혼자서 몇 시간에 걸친 상론을 했고, 김광협 동지도 조선노동당 중앙위원회 제5차 전원회의에 대한 상세한 보고를 했기 때문에 정치적, 군사적 임무제기에 관한 중요한 문제에 대해서는 이제까지 발표된 바가 없고 따라서 평가할 수 없다고 단정될 수 밖에 없다.
따라서 본 평가는 임시적인 것으로 밖에 볼 수 없다.

본인은 앞으로도 계속 공식적인 자료와 다른 무관들과의 경험교류를 통하여 그리고 북한의 동지들과의 대회를 통하여 현재 있는 자료를 보충하고 다른 문제들에 대해 알리도록 노력할 것이다.

[작성자] 쉬뢰터 중령

김일성 수상이 동독역사박물관을 방문해 방명록에 서명하고 있다.

문서번호 : 38935/4N

북한의 군사정책에 관한 몇 가지 문제 /
문서기록 No. 2/63

북한 주재 동독 대사관
무관

[문서기호] 110-10 Schr.
[일지번호] 31/63
[작성 장소 및 일자] 평양, 1963년 3월 21일

방위태세의 고양과 국가강화에 대한 조선 노동당 중앙위원회 제5차 전원회의의 결의사항을 수행하기 위해 최근에 근본적인 조치들이 수행되었는데, 이 조치들은 공식적으로는 비밀에 붙여지거나 은폐되고 있지만, 그 규모 때문에 알려지게 되었다.

상호 정보교류를 위해 금년 3월 7일 소련 무관의 주선으로, 3월 16일에는 동독 무관의 제안으로 양측 무관들 사이에 협의가 개최되었다. 이 협의에는 소련 무관의 제1보좌관[2]도 참석하였다. 협의과정에서 다음과 같은 문제들이 논의되었다.

1. 조선 노동당은 금년 초 제5차 전원회의의 결의사항들을 조직적으로 수행할 체제로 들어섰다. 이러한 점은 인민경제의 대부분을 군사적 수요조건들에 맞추어 전환하는 데서 나타난다. 1월과 2월에 국영공장 내의 모든 운송제도를 조직개편하고 중앙집중화시키는 작업이 시작되었다. 모든 정보통신제도도 마찬가지로 중앙집중화되었다. 두 분야는 민족보위성의 통제 하에 두었다.
이리한 조치들의 목적은 전국을 보디 신속한 군시 동원대세로 만들기 위한 것이리 볼 수 있다.

---

2) 제1보좌관 : der 1. Gehilfe des sowjet. MA

2. 국가표준에 알맞게 진지체제와 특히 지하갱도의 건설이 강화되었다. 이러한 목적을 위해 북한 인민군의 단위부대와 대학생들 이외에도 공장들의 대부분의 직원들이 투입되었다. 이러한 조치들은 일반적으로 봄철 경작운동으로 위장되어 시행되었다. 공장들의 전 직원의 1/5~1/4이 파견되어 몇몇 공장에서는 노동력부족이 눈에 띄게 나타날 정도였다는 점에서 이 조처의 규모를 알 수 있다. 더 나아가서 지역주민들도 자발적인 노력동원을 통하여 이 작업에 동원되었다. 이 조처는 북한 인민군의 직접적인 조직적 지휘 하에 실시되고 있으며 대규모의 폭파작전들도 인민군의 지휘 하에 실시되었다.

3. 금년 2월 이래 병역 징집 캠페인이 진행되었다. 북한에는 법정 일반 병역의무가 없기 때문에 이 조처는 당 기구들에 의해 조직되고 공장, 농업협동농장 및 교육기관의 직원회의의 결의를 통해 실현된다. 우리가 입수한 정보에 의하면 공장들이 병역기간도 개개의 경우에 따라 결정하는데, 일반적으로 병역기간이 3~5년 걸린다. 소녀들의 경우 22세로 병역의무가 종료된다. 징집 최소연령은 18세이다. 일반적으로 자원의 원칙이 참작된다. 징집 규모에 대해서는 알려진 바 없다. 그러나 이러한 조처가 전국적으로 수행되고 있기 때문에 더욱이 이제까지는 교육을 받은 간부들을 동원해제했다는 점에 대해서는 알려진 바 없기 때문에, 북한 인민군의 상당한 수적인 확충이 될 수 있을 것이다.

4. 동시에 상당수의 예비군들이 일시적인 교육과 예비군훈련에 동원되었다는 사실을 통하여 이러한 추측이 보강된다. 이러한 범위 내에서 예비역 장교단의 대부분도 소집되었으리라 소련의 동지들 쪽에서 추측하고 있다.

5. 1월과 2월에 제2군(동해지역) 뿐만 아니라 제1군(서해지역) 및 북쪽과 북동부의 몇몇 예비군부대에서 대규모의 군사작전이 실시되었는데, 여기에는 많은 수의 예비군들, 그 가운데는 예비역 장교들이 참가하였다.
군사작전과 부대훈련에는 북한의 해군과 공군 전체 병력이 참가하였다. 제1군과 제2군 영역에서 이번 군사작전의 임무는 적의 해상 및 영공 공격에 대한 방어에 있었다. 군사작전의 규모와 경과에 대해서는 알려진 바 없다.
이와 유사하게 계획된 군사작전은 북한에서 해마다 실시되고 있다. 그러나 금년의 군사작전은 참가 부대의 수에 있어서 뿐만 아니라 작전지역의 면적에 있어서 전년도보다 더 크다고 할 수 있을 것이다.

6. 북한의 방위태세의 고양이라는 맥락에서 현재 모든 대규모 공장과 교육기관에서의 (추측컨대 농업협동농장에서도) 군사 기초교육이 강화되고 있다. 정기적인(매주) 교육이 실시되고 있다. 몇몇 공장에서는 작업장에 항상 총기와 자동권총이 구비되어 있다. (다수는 목재로 된 연습용 무기) 관측된 바와 같이 교육은 일반적으로 낮은 수준에 머물고 있으며, 참가자들에게서는 그다지 진지함을 찾을 수 없는 상황에서 수행되고 있다.

요즈음 우수한 교육담당자가 부족함에 틀림없다. 이러한 조치에 있어서 현재 단계에서는 제5차 전원회의의 구호들("전 인민을 무장화시키자"와 "국토를 난공불락의 요새로 만들자")을 위한 인민 대중의 동원을 위한 선전적인 의미가 실제 군사적 이득보다 의심할 여지없이 더 크다.

7. 북한이 지난 몇 달간 여러 분야, 특히 군사분야에서 중국과의 협력관계를 강화하였다는 사실에 중대한 의미가 부여되어야 한다.

금년 3월 5일 평양에서는 약 15~20명의 중국 군사사절단이 민간인 차림으로 도착하였다. 이들은 평양역에서 민족보위성 장관을 대리하여 나온 박광선 중장과 북한 인민군의 장성과 장교들의 영접을 받았다. 사절단은 민족보위성의 영빈관에서 숙박을 하고 일반 대중에게는 비밀에 붙여졌다.

사절단은 몇몇 그룹으로 나뉘어서 북한 장성과 장교들의 안내를 받으며 북한의 여러 지역에 걸친 확대 연수과정을 밟았다. 인원구성에 관한 개별 사항들, 사절단의 체류기간 및 목표에 대해서는 알려진 바 없다. 사절단은 요즈음 아직 북한에 체류하고 있다. 사절단의 긴 체류기간 및 이들에 대한 각별한 대우 등으로 미루어 보아 이들이 전문가 그룹이라는 점을 알 수 있다.

이러한 맥락에서 북한과 중국 사이에 서부(중국해) 연합 함대사령부의 구축에 대한 합의가 있었음이 언급되어야 한다. 동시에 오래전부터 북·소 동해(일본해) 함대사령부를 창설하기 위해 소련이 제시했던 제안들이 거절되었다. 이 사안에 대한 소련의 모든 노력이 수포로 돌아갔다.

이와 같은 태도에서 북한의 중국 편향이 명백하게 드러난다. 중국은 북한에 전투기 (Mik 시리즈의 소련판 라이센스 기종)를 제공할 의향이 있음을 천명하였다는 사실이 동시에 알려졌다. 이로써 북한은 작년 11월 성과없이 중단된 소련과의 협상을 더 이상 계속하지 않고 그대신 이 문제에 있어서는 중국에 전념하기로 명확하게 결정하였다.

개인적 의견표명

1. 이상에서 언급한 정보에서 알 수 있는 것은 조선 노동당의 지휘부가 북한의 군사력 강화를 위해 제5차 전원회의의 결의사항을 실현시키기로 결정하였다는 사실이다.

2. 조선 노동당은 확대된 군사적 과제를 해결하는 것과 동시에 인민경제를 이제까지의 속도대로 계속 발전시키는 노선을 추구한다. 북한의 현 발전상태를 볼 때 최대한의 노력을 기울이더라도 이러한 목표는 달성하기 어렵다는 것은 명백한 사실이다.
군사정치적 조치의 결과로 이미 현재 산업과 농업에서 심각한 노동력 부족현상이 두드러지게 나타나고 있다. 공장에서 뿐만 아니라 주민들 사이에서도 물자조달의 어려운 초기현상이 나타나고 있다. 북한정부가 국방의 조치를 최우선으로 여기기 때문에 주민들에 대한 물자조달의 악화와 기존 인민경제의 불균형을 고려해야 한다. 이것은 북한의 전체적인 발전에 불리하게 작용할 것이다.

3. 조선 노동당의 지휘부는 국가의 군사적 강화를 통하여 무엇보다도 북한의 국제적 위상 강화, 가능한 공격에 대한 안보를 높일 수 있다고 믿고 있다. 이러한 구상으로써 북한이 외교정책 기본노선에 있어서의 평화공존과 경제에 있어서의 경쟁의 관철을 지향하고 있지 않고, 다양하게 표현되고 있듯이, "압박에 맞서는 압박"정책, "이에는 이"정책을 추진하려 한다는 사실이 명백하게 표현된다. 이로써 북한은 중국과 일치하고 있다. 조선 노동당과 중국 공산당의 공통적인 이데올로기적 견해는 동시에 군사분야에서 양국의 강화되는 협력관계의 가장 강력한 기반이 될 것이다.

4. 최근 북한의 국방조치는 휴전조건을 저촉하고 있다고 남한 정부의 성명이 있었다. 남한 측은 자기들 쪽에서도 군의 강화를 시도할 수밖에 없으며 더 나아가서 북한의 조치에 대해 유엔에 통보하겠다고 한다. 이러한 정보는 판문점에서 온 체코 동지들에게서 입수하였다.

5. 북한의 국방조치와 연관하여 외교사절단에게는 다른 영역들은 통제되었다.

현재의 추이를 본인이 계속 추적할 것임.

[작성자] 쉬뢰터 중령

김일성 수상과 북한사절단의 동독체류 중 1956년 6월 8일 베를린 프리드리히스펠트내 소련추모지를 방문하고 있다.

문서번호 : 38844/2

중국 공산당이 조선 노동당의 정책에 미치는 영향

비유럽1과
북한 분과

[작성 장소 및 일자] 베를린, 1963년 4월 8일
[작성자 약호] Wu

비밀 공무사항
〈번호: 94/63〉
4통 발행
제1통 총 8 쪽

조선 노동당의 정책은 오늘날 광범위하게 중국 공산당의 막강한 영향력에 좌우되고 있다. 이것은 일부 공동 투쟁을 해온 전통적인 단단한 유대관계 때문만이 아니라, 북한이 중화인민공화국에 경제적으로 크게 종속적인 관계에 있기 때문이다.

소련 공산당 제22차 전당대회 때까지 북한은 마르크스–레닌주의 정당들과 중국 공산당 및 알바니아 정당의 교조주의적 입장 사이에 전개되었던 대결에 있어서 근본적으로 중도주의적 입장을 견지해왔다. 22차 전당대회에 북한사절단이 참석한 사실과 1961년 11월 조선 노동당 중앙위원회 제2차 회의에서 행한 평가로 미루어볼 때, 물론 당시에 이미 가시적인 중국의 영향력이 감지되었음에도 불구하고, 이것은 조선 노동당의 비(非)마르크스적이지만 중도주의적 태도로 평가되어야 한다. 한편으로는 조선 노동당이 소련 공산당 제22차 전당대회의 의의와 강령 및 국제 공산주의 운동에 있어서의 소련 공산당의 주도적인 역할을 높이 평가하고 동·서독 문제, 군비축소, 반식민주의투쟁 등 국제적인 문제들에 있어서 명확한 입장을 취한 반면, 알바니아 지도층의 개인숭배, 당에 적대적인 집단, 반(反)레닌주의적 입장 등 제22차 전당대회의 중대한 논쟁에 대해서는 화해적인 입장을 견지하였다. 알바니아 지도층의 개인숭배와 그에 따른 해악적인 결과 및 비(非)마르크스주의적 태도에 대해 다음과 같이 천명함으로써 마르크스주의적인 입장을 취하는 것을 회피하였다:

"이번 전당대회에서는 소련 공산당의 당 내부적인 활동에서 기인한 스탈린 및 당에 적대적인 계파들의 개인숭배 문제들이 논의되었다. 스탈린은 오랜 기간 소련 공산당의 지도자였고 그의 활동은 국제 공산주의 운동에도 지대한 영향을 미쳤다. 스탈린이라는 이름은 공산주의자들뿐만 아니라 전 세계 인민들에게 널리 알려져 있다. 그러나 소련 공산당의 공산주의자 자신들은 그 누구보다도 스탈린에 대해 훨씬 잘 알고 있으며 소련에서의 스탈린의 역할과 활동이 어떻게 평가되는가 하는 문제는 소련 공산당의 내부문제이다. 해당(害黨)행위를 하는 계파들의 문제 역시 완전히 소련 공산당 내부의 문제이다. 우리는 항상 그 어떤 정당도 형제 정당의 내정에 간섭할 권리가 없다는 입장을 견지하고 있다. 이것은 모든 형제 정당이 상호 관계에서 지켜야 하는 기본원칙에 속한다. 따라서 스탈린 문제와 소련 공산당 내에서 해당행위를 하는 계파의 문제는 우리 당과는 아무 상관도 없으며 우리 당의 논의의 대상이 될 수 없다…."

"제22차 전당대회에서는 알바니아 문제도 상정되었다. 최근 소련 공산당과 알바니아 노동당 사이에 일련의 문제에서 견해차이가 나타났으며 양국관계는 비정상적인 상태이다. 이번 소련 공산당 전당대회에서 이 문제가 집중 거론되었다. 그러나 그 이후에도 알바니아 노동당과의 관계는 개선되고 있지 않으며 이 문제는 지속적으로 해결되어야 할 과제로 남아있다. 소련 공산당과 알바니아 노동당의 관계는 현재 개선은 커녕 더욱 착종되어가고 있다. 이런 상황이 지속된다면, 이것은 사회주의 진영의 일치된 화합과 국제 공산주의 운동의 단결 및 모든 방면의 발전에 심각한 손실을 끼칠 것이며 이적행위가 될 뿐이다…."

조선 노동당 측에서는 알바니아 지도층의 태도에 대한 그 어떤 비판도 하지 않았고 조선 노동당은 알바니아 지도층의 비(非)마르크스주의적 태도에 대한 논쟁을 "견해차이"라고 표현했는데, 이는 공산주의 운동의 일치된 화합을 위하여 "상호 이해를 달성하려는 끈기있는 노력"을 통해 제거되어야 할 것이다.

제22차 전당대회 이후의 시기에 조선 노동당의 정책에 대한 중국 공산당의 영향력은 더욱 강화되었다. 이는 특히 1962년 3월 소련의 군비축소 제안에 분명히 반대하는 논조를 표방하는 중국의 보도기사들을 강조함으로써 더욱 명확해졌다. 이 점은 1962년 지속성이 결여되고 동요하는 조선 노동당의 통일정책에서도 드러나는 바, "우리 자신의 힘으로 남녘 동포들을 해방하고 통일을 이루자!"라는 구호가 점점 더 강력하게 강조되었다.

중국과 인도의 국경분쟁 시작 이후 조선 노동당은 무조건적으로 중화인민공화국의 정책을 지지하였다. 쿠바 사태에 대한 입장에서 북한 동지들은 평화공존 원칙을 내세우는 것이 아니라, 소련의 정책을 미제국주의에 대한 굴복으로 간주하였다. 동시에 이 시기 북한에서는 "모든 것을 자력으로!"라는 구호 아래 강력한 민족주의 경향이 장려되었으며, 현대 수정주의에 대한 투쟁이라는 구실 하에 반소(反蘇) 경향이 허용되었다.

1962년이 경과하면서 조선 노동당은 점점 더 중도주의적 입장을 버리고 더욱 공공연하게 중국의 입장을 지지하였음이 드러났다. 1962년 12월 조선 노동당 중앙위원회 제5차 전원회의에서 드러내놓고 중국의 입장을 지지하는 쪽으로 완전히 선회하게 되었다. 체코슬로바키아 공화국 공산당 전당대회, 헝가리 사회주의노동자당 전당대회 및 독일 사회주의통일당 (동독)의 전당대회에 파견된 조선 노동당 사절단의 태도에서도 조선 노동당이 중도 온건주의에서 완전히 중국의 입장으로 선회하였음이 입증되었다.

어떠한 점에서 조선 노동당의 정책이 중국 공산당의 정책과 완전히 일치하는가?

1. 전쟁과 평화라는 근본문제에서

중국의 동지들처럼 북한의 동지들은 이 문제에 있어서 비(非)마르크스주의적이고 모험적인 입장을 견지하고 있는 바, 이러한 입장은 결과적으로 평화공존 정책의 부정으로 귀결되고 평화 보장을 위한 제국주의자들과의 일체의 협상과 타협을 배제하고 있다. 북한 동지들의 견해에 따르면, 제국주의자들과 협상하게 되면 그들의 공격성과 전쟁위험을 높일 뿐이고 이는 마르크스–레닌주의로부터의 이탈을 의미할 뿐이라는 것이다. 전쟁위험을 제거할 수 있기 위해서는 제국주의자들에게 구걸해서는 안되고 그들에게 세찬 가격을 가해야 한다고 한다. 여기서 핵전쟁에 대해서조차 두려워해서는 안되는데, 그 까닭은 혁명정신의 힘이 그 어떤 핵폭탄보다 막강하기 때문이라는 것이다.

이러한 견해는 특히 조선 노동당 제5차 전원회의에서, 그리고 이미 언급된 바 있는 전당대회들에서 광범위하게 논의되었다. 이러한 견해는 1963년 2월 8일 조선 인민군 창군 기념일에 북한의 지도층 동지들이 행한 연설에서도 반영되어 나타나고 톨리아티(Togliatti) 동지 및 토레즈(Thorez) 동지와의 견해차이에 대한 보도기사들에서도 드러나고 있다. 조선 노동당

제5차 전원회의에 대한 당 기관지 "로동신문"의 기사에는 다음과 같이 실려있다 :

"반제국주의 투쟁에 대해 말하지 않고서는 평화투쟁이란 말을 할 수 없다. 현대의 수정주의자들은 오늘날 제국주의를 미화시키고 어루만지며, 전쟁에 대한 공포감을 불러일으키고 제국주의자들과의 타협, 제국주의자들에 대한 굴복을 훈계한다. 그들은 제국주의에 대한 환상을 유포시켜서 인민대중이 제국주의 앞에 투항하도록 한다. 평화는 모든 반제국주의적 역량들을 결집하여 제국주의에 맞서 집요한 투쟁을 전개할 때만 지켜질 수 있는 것이지, 수정주의자들이 주장하는 대로 구걸을 통해서라면 어림도 없는 것이다."

"제국주의에 대해서는 정면에서 그리고 뒤에서 공격을 가하고 압박해야 한다. 그리고 도처에서 제국주의자들의 손과 발을 묶어야 한다."

"조국을 지켜려는 북한 인민의 역량과 혁명정신은 그 어떤 핵폭탄과 미사일보다 막강하고 그 어떤 침입자라도 박멸할 수 있을 것이다."

인민 무장화에 대한 제5차 전원회의의 결의도 이러한 견해와 같은 맥락에서 볼 수 있다. 이 결의는 "한 손에는 무기를, 다른 한 손에는 망치와 낫을!"이라는 알바니아의 구호에서 실현되고 있다. 군사적인 당위성과는 전혀 관련없는 인민 무장화 결의가 신빙성이 없어 보이는 것처럼 1962년 6월 최고인민회의 제11차 대회에서 조선 노동당에 의해, 그리고 1962년 11월 23일 김일성의 정부 성명을 통해 천명된 평화 통일과 연방제 정책도 신빙성이 없어진다. 이 정책은 남조선에서의 인민 투쟁의 전개를 더디게 만들 것임에 틀림없다.

동·서독 문제 및 서베를린 문제의 해결에 대한 조선 노동당 정책에 있어서도 이와 같은 기본 경향이 나타난다. 예컨대 동독의 정부 및 정당 사절단의 1962년 가을 북한 체류시 리주연 부수상이 1961년 8월 13일 베를린 장벽 구축 사건은 어중간하게 한 일에 불과하고 협상해보았자 나올 게 없고 지금이 베를린 문제를 매듭지을 최적의 시간이라고 말했다. 제국주의자들이라도 베를린 문제 때문에 전쟁을 수행하지는 않는다는 것이다. 중요한 것은 유리한 상황을 과감하게 이용하는 것에 달려있을 뿐이라는 것이다.

2. 소련 및 소련 공산당에 대한 태도에서

북한의 지도층 동지들은 각종 기념행사 혹은 다른 행사들의 기회에 (예: 동독 사회주의 통일당 제6차 전당대회에 보낸 조선 노동당의 친서) 소련과 중화인민공화국을 정점으로 한 사회주의 진영이라고 말하기는 하지만, 실제에 있어서는 조선 노동당 내에 반소 경향이 강화되고 있는 사실이 나타난다. 평화를 담보하는 중요한 요소로서의 소련의 역할이 완전히 무시되고 있다. 이에 반해 평화를 담보하는 요소로서 그리고 혁명의 중심지로서의 아시아의 인민민주주의 국가들의 역할이 강조되는 바, 이는 혁명의 중심을 이전한다는 중국의 견해에 부합하는 것이다.

이에 대해 조선 노동당 제 5차 전원회의에서 다음과 같은 발언이 있었다 :

"조선 민주주의 인민공화국, 중화인민공화국, 베트남 민주공화국 및 여타 사회주의 국가들 덕분에 아시아가 평화의 보루로서, 국제적 혁명운동의 막강한 요인으로서 역사의 장에 들어서게 되었다."

북한 동지들은 쿠바와의 협력 하에 소련의 평화정책에 대한 직접적인 비방을 하기 시작했다. 이를 계기로 하여 소련에 의한 현대식 무기 인도에 관한 북한 군사사절단의 협상과 관련하여 다음과 같이 천명되었다: 쿠바에 대한 소련의 태도 및 북한에 현대식 미사일 무기를 제공할 것을 소련이 거부한 것을 볼 때, 소련의 약속을 더 이상 신뢰할 수 없다는 것이다.

3. 국가간의 견해차이가 국가 관계에까지 영향을 미치는 점에서

각종 성명에서 (예: 동독 사회주의통일당 제6차 전당대회에 보낸 서한, 동독 사회주의통일당 제 6차 전당대회 평가에 관한 1963년 1월 30일자 로동신문에 실린 보도기사 등) 조선 노동당은 견해차이가 공적으로 표출되어서는 안되고 국가 관계에까지 확대되어서는 안된다고 강조하였음에도 불구하고 북한 동지들은 마르크스-레닌주의 정당들의 정책에 반대하는 중국 동지들의 모든 보도기사들을 공표하였다. 더 나아가서 북한 동지들 측으로부터 국가 관계가 악화되었다. 이러한 점은 1962년 동독으로부터 북한 유학생들을 소환한 점, 동독에서의 대부분의 자문과 회의에의 참가 거부, 라이프찌히 국제박람회 불참, 평양 주재 대사관 작업조건의 악화 및 베를린 주재 북한대사관과의 협력관계의 냉각 등으로 나타나고 있다.

4. 민족주의 경향의 장려와 개인 숭배의 증가에서

북한에서는 "모든 것을 자력으로!"라는 구호에서 나타나는 민족주의 경향이 근본적으로 강화되었다. 이런 경향은 제 5차 전원회의를 계기로 군사 영역에도 확대되어 현재는 (정치, 경제, 군사, 문화 등) 모든 영역에 나타나고 있으며 제5차 전원회의에서는 이 구호가 "조선 노동당의 기치"로 불리워졌다. 이러한 민족주의 경향은 조선 노동당의 통일 정책에(자력으로 – 인민의 무장화 – 자립을 위한 국방 산업 육성), 경제 정책에(자력 구축 – 경제상호원조회의(RWG / COMECON)에서의 협력 거부 – 사회주의 국가들과의 협력 관계 거부) 및 문화정책에(사회주의 문화유산 및 세계의 문화유산의 거부 (1962년 2월 18일자 북한의 문화혁명의 발전문제에 대한 평가 참조)) 직접적으로 나타난다.

5. 알바니아 정당을 "마르크스–레닌주의 정당"으로 부르는 점에서

1962년 11월 28일자 알바니아 국경일에 김일성 동지와 최언건 동지의 공식 축전(祝電)에 다음과 같이 표명되어 있다 :

"알바니아 인민은 제국주의자와 그들의 조력자, 유고슬라비아 수정주의자들 및 모든 여타의 적에 맞서서 싸운 물러설 줄 모르는 투쟁을 통하여 혁명과업을 명예롭게 지켜내고 있다. 그리고 세계 평화를 위해 발칸 지역에서의 안보를 위해 단호하게 투쟁하고 있다. 알바니아 인민의 이런 모든 성공적인 업적은 알바니아 노동자당의 올바른 정책의 결과이다."

6. 유고슬라비아에 대한 태도에서

조선 노동당은 유고슬라비아에 대한 사회주의 국가들 및 공산주의 정당들의 접근을 거부하고 있다. 연설문과 보도 기사들에서는 유고슬라비아 공산주의자 연맹의 지도자들을 "티토 도당", "패거리", "유럽 내 미제국주의 반동 전위대"라고 부르고 있다. 브레즈네프 동지의 유고슬라비아 방문과 티토 동지의 소련 방문을 계기로 북한의 언론은 일련의 반 유고슬라비아 기사를 내보냈고 유고슬라비아와의 관계 개선을 위한 소련과 여타 사회주의 국가들의 노력에 반대하는 기사를 내보냈다.

조선 노동당 정책과 중국 공사당 정책의 차이점은 어디에 있는가?

이 차이점은 무엇보다 북한의 경제 및 내무 정책에서 나타난다.

1. 경제정책 분야에는 인민경제의 대약진 이론과 관련하여 중국의 영향의 징후가 보다 더 빈번히 나타나지만, 북한은 실제에 있어서는 인민경제의 계획적이고 균형적인 발전을 근간으로 한 국가 경제정책을 수행하고 있다. 제1차 5개년 계획의 틀에서 생겨난 불균형들이 1961년과 1962년에 현저히 감소될 수 있었다.

2. 농업정책에 있어서 중국의 인민 생활공동체 원칙이 받아들여지지 않고 농업생산 협동농장을 바탕으로 전개되고 있다.

3. 북한의 경제정책에서는 물질적 이해타산의 원칙도 널리 적용되고 있다.

4. 유럽 사회주의 국가들과의 무역에 있어서 중국이 이들 국가들과의 교역에서 보이는 급격한 감소추세를 볼 수 없다. 북한은 예컨대 소련과 다시금 높은 협상액을 지닌 조약을 체결하였는 바, 중국과의 협상액을 초과하는 것이다. 동독과도 1963년 비교적 유리한 물자협정을 체결하였다.

[문서작성자] 슈나이데빈트 과장 / 슈타르크 담당관
[수신자] 1부 : 정보과
      1부 : 중앙위원회 외교정책과 슈미트 동지
      1부 : 평양 주재 대사관
      1부 : 북한 분과

김일성 수상이 북한 FDJ단원들을 만나 격려하고 있다.

문서번호 : 38888/8N

북한의 군사정책에 관한 몇 가지 문제

외국과

과장

[일지번호] ?/63
[문서기호] Zei/Er
[발송 장소 및 일자] 베를린, 1963년 4월 9일
[수신] 장관 대리, 참모본부장
　　　　리델 중장 동지
　　　　슈트라우스베르크

이에 대해 북한주재 우리 대사관의 무관이 아래 사항을 통보하였음:

"방위태세의 고양과 국가강화에 대한 조선 노동당 중앙위원회 제5차 전원회의의 결의사항을 수행하기 위해 최근에 근본적인 조치들이 수행되었는데, 이 조치들은 공식적으로는 비밀에 붙여지거나 은폐되고 있지만, 그 규모 때문에 알려지게 되었다.

상호 정보교류를 위해 금년 3월 7일 소련 무관의 주선으로, 3월 16일에는 동독 무관의 제안으로 양측 무관들 사이에 협의가 개최되었다. 이 협의에는 소련 무관의 제1보좌관도 참석하였다. 협의과정에서 다음과 같은 문제들이 논의되었다.

1. 조선 노동당은 금년 초 제5차 전원회의의 결의사항들을 조직적으로 수행할 체제로 들어섰다. 이러한 점은 인민경제의 대부분을 군사적 수요조건들에 맞추어 전환하는 데서 나타난다. 1월과 2월에 국영 공장 내의 모든 운송제도를 조직개편하고 중앙집중화시키는 작업이 시작되었다. 모든 정보통신제도도 마찬가지로 중앙집중화되었다. 두 분야는 민족보위성의 통제 하에 두었다.

이러한 조치들의 목적은 전국을 보다 신속한 군사 동원태세로 만들기 위한 것이라 볼 수 있다.

2. 국가표준에 알맞게 진지체제와 특히 지하갱도의 건설이 강화되었다. 이러한 목적을 위해 북한 인민군의 단위부대와 대학생들 이외에도 공장들의 대부분의 직원들이 투입되었다. 이러한 조치들은 일반적으로 봄철 경작운동으로 위장되어 시행되었다. 공장들의 전 직원의 1/5 ~ 1/4이 파견되어 몇몇 공장에서는 노동력부족이 눈에 띄게 나타날 정도였다는 점에서 이 조처의 규모를 알 수 있다. 더 나아가서 지역주민들도 자발적인 노력동원을 통하여 이 작업에 동원되었다. 이 조처는 북한 인민군의 직접적인 조직적 지휘하에 실시되고 있으며 대규모의 폭파작전들도 인민군의 지휘 하에 실시되었다.

3. 금년 2월 이래 병역 징집 캠페인이 진행되었다. 북한에는 법정 일반 병역의무가 없기 때문에 이 조처는 당 기구들에 의해 조직되고 공장, 농업협동농장 및 교육기관의 직원회의의 결의를 통해 실현된다. 우리가 입수한 정보에 의하면 공장들이 병역기간도 개개의 경우에 따라 결정하는데, 일반적으로 병역기간이 3~5년 걸린다. 소녀들의 경우 22세로 병역의무가 종료된다. 징집 최소연령은 18세이다. 일반적으로 자원의 원칙이 참작된다. 징집 규모에 대해서는 알려진 바 없다. 그러나 이러한 조처가 전국적으로 수행되고 있기 때문에 더욱이 이제까지는 교육을 받은 간부들을 동원해제했다는 점에 대해서는 알려진 바 없기 때문에, 북한 인민군의 상당한 수적인 확충이 될 수 있을 것이다.

4. 동시에 상당수의 예비군들이 일시적인 교육과 예비군훈련에 동원되었다는 사실을 통하여 이러한 추측이 보강된다. 이러한 범위 내에서 예비역 장교단의 대부분도 소집되었으리라 소련의 동지들 쪽에서 추측하고 있다.

5. 1월과 2월에 제2군 (동해지역) 뿐만 아니라 제1군 (서해지역) 및 북쪽과 북동부의 몇몇 예비군부대에서 대규모의 군사작전이 실시되었는데, 여기에는 많은 수의 예비군들, 그 가운데는 예비역 장교들이 참가하였다.
군사작전과 부대훈련에는 북한의 해군과 공군 전체 병력이 참가하였다. 제1군과 제2군 영역에서 이번 군사작전의 임무는 적의 해상 및 영공 공격에 대한 방어에 있었다. 군사작전의 규모와 경과에 대해서는 알려진 바 없다.
이와 유사하게 계획된 군사작전은 북한에서 해마다 실시되고 있다. 그러나 금년의 군사작전은 참가 부대의 수에 있어서 뿐만 아니라 작전지역의 면적에 있어서 전년도보다 더 크다고 할 수 있을 것이다.

6. 북한의 방위태세의 고양이라는 맥락에서 현재 모든 대규모 공장과 교육기관에서의 (추측컨대 농업협동농장에서도) 군사 기초교육이 강화되고 있다. 정기적인(매주) 교육이 실시되고 있다. 몇몇 공장에서는 작업장에 항상 총기와 자동권총이 구비되어 있다. (다수는 목재로 된 연습용 무기) 관측된 바와 같이 교육은 일반적으로 낮은 수준에 머물고 있으며, 참가자들에게서는 그다지 진지함을 찾을 수 없는 상황에서 수행되고 있다.

요즈음 우수한 교육담당자가 부족함에 틀림없다. 이러한 조치에 있어서 현재 단계에서는 제5차 전원회의의 구호들("전 인민을 무장화시키자"와 "국토를 난공불락의 요새로 만들자")을 위한 인민 대중의 동원을 위한 선전적인 의미가 실제 군사적 이득보다 의심할 여지없이 더 크다.

7. 북한이 지난 몇 달간 여러 분야, 특히 군사분야에서 중국과의 협력관계를 강화하였다는 사실에 중대한 의미가 부여되어야 한다.

금년 3월 5일 평양에서는 약 15~20명의 중국 군사사절단이 민간인 차림으로 도착하였다. 이들은 평양역에서 민족보위성 장관을 대리하여 나온 박광선 중장과 북한 인민군의 장성과 장교들의 영접을 받았다. 사절단은 민족보위성의 영빈관에서 숙박을 하고 일반 대중에게는 비밀에 붙여졌다.

사절단은 몇몇 그룹으로 나뉘어서 북한 장성과 장교들의 안내를 받으며 북한의 여러 지역에 걸친 확대 연수과정을 밟았다. 인원구성에 관한 개별 사항들, 사절단의 체류기간 및 목표에 대해서는 알려진 바 없다. 사절단은 요즈음 아직 북한에 체류하고 있다. 사절단의 긴 체류기간 및 이들에 대한 각별한 대우 등으로 미루어 보아 이들이 전문가 그룹이라는 점을 알 수 있다.

이러한 맥락에서 북한과 중국 사이에 서부(중국해) 연합 함대사령부의 구축에 대한 합의가 있었음이 언급되어야 한다. 동시에 오래전부터 북·소 동부(일본해) 함대사령부를 창설하기 위해 소련이 제시했던 제안들이 거절되었다. 이 사안에 대한 소련의 모든 노력이 수포로 돌아갔다.

이와 같은 태도에서 북한의 중국 편향이 명백하게 드러난다. 중국은 북한에 전투기

(Mik 시리즈의 소련판 라이센스 기종)를 제공할 의향이 있음을 천명하였다는 사실이 동시에 알려졌다. 이로써 북한은 작년 11월 성과없이 중단된 소련과의 협상을 더 이상 계속하지 않고 그대신 이 문제에 있어서는 중국에 전념하기로 명확하게 결정하였다.

개인적 의견표명

1. 이상에서 언급한 정보에서 알 수 있는 것은 조선 노동당의 지휘부가 북한의 군사력 강화를 위해 제5차 전원회의의 결의사항을 실현시키기로 결정하였다는 사실이다.

2. 조선 노동당은 확대된 군사적 과제를 해결하는 것과 동시에 인민경제를 이제까지의 속도대로 계속 발전시키는 노선을 추구한다. 북한의 현 발전상태를 볼 때 최대한의 노력을 기울이더라도 이러한 목표는 달성하기 어렵다는 것은 명백한 사실이다. 군사정치적 조치의 결과로 이미 현재 산업과 농업에서 심각한 노동력 부족현상이 두드러지게 나타나고 있다. 공장에서 뿐만 아니라 주민들 사이에서도 물자조달의 어려운 초기현상이 나타나고 있다. 북한정부가 국방의 조치를 최우선으로 여기기 때문에 주민들에 대한 물자조달의 악화와 기존 인민경제의 불균형을 고려해야 한다. 이것은 북한의 전체적인 발전에 불리하게 작용할 것이다.

3. 조선 노동당의 지휘부는 국가의 군사적 강화를 통하여 무엇보다도 북한의 국제적 위상 강화, 가능한 공격에 대한 안보를 높일 수 있다고 믿고 있다. 이러한 구상으로써 북한이 외교정책 기본노선에 있어서의 평화공존과 경제에 있어서의 경쟁의 관철을 지향하고 있지 않고, 다양하게 표현되고 있듯이, "압박에 맞서는 압박"정책, "이에는 이"정책을 추진하려 한다는 사실이 명백하게 표현된다. 이로써 북한은 중국과 일치하고 있다. 조선 노동당과 중국 공산당의 공통적인 이데올로기적 견해는 동시에 군사분야에서 양국의 강화되는 협력관계의 가장 강력한 기반이 될 것이다.

4. 최근 북한의 국방조치는 휴전조건을 저촉하고 있다고 남한 정부의 성명이 있었다. 남한 측은 자기들 쪽에서도 군의 강화를 시도할 수밖에 없으며 더 나아가서 북한의 조치에 대해 유엔에 통보하겠다고 한다. 이러한 정보는 판문점에서 온 체코 동지들에게서 입수하였다.

11

5. 북한의 국방조치와 연관하여 외교사절단에게는 다른 영역들은 통제되었다.

[작성자] 쉬츠 대령

*** 〈목록 10의 문서는 내용상 목록 9의 문서와 대부분이 일치함〉**

1956년 6월 8일 김일성 수상이 윌쓰너와 회담하는 장면.

문서번호 : 38851/5N

북한의 경제상황 및 독일민주공화국 (동독)과 조선
민주주의 인민공화국 간의 경제관계의 지속적인 조성과 확장에 관한 정보

[작성 장소 및 일자] 베를린, 1963년 4월 20일

조선 민주주의 인민공화국 정부와 당 지도부는 7개년계획(1961~1967)의 목표달성을 위해 경제상호원조회의 (RGW/COMECON)의 회원국인 사회주의 국가들과의 경제관계 확대를 원하고 있다. 이에 조선 민주주의 인민공화국의 지도급 간부들은 경제관계가 참여국가 모두에게 이득이 되도록 해야지, 사회주의 국가들이 북한으로부터 우선적으로 광산업 원료를 채굴하고 수입해 가도록 조성되어서는 안된다는 점을 항상 특별히 강조하고 있다. 동독과 북한의 경제적인 역량은 몇몇 분야에서 이제까지 이루어진 것보다 더욱 유익한 협력을 가능케 할 수 있다.

우리 양국 관계의 다양한 형태의 규모는 최근 감소되었으며, 그 가운데 특히 무역관계와 과학기술협력관계도 감소되었다. 바로 그 원인이 단순히 경제적 성격의 것만이 아니기 때문에 조선 민주주의 인민공화국과의 경제관계를 돈독히 하고 그럼으로써 사회주의 진영의 단결과 일치된 화합을 강화하는데 기여하도록 동독이 노력해야 한다. 몇몇 중점과제에 집중하고 각종 협력 형태를 조율하는 것이 앞으로의 발전가능성을 위해 필수적일 것이다. 이러한 이유에서 다음과 같은 정보와 제안들을 제출하는 바이다.

I. 북한의 경제발전 상황과 전망에 대해

1. 북한은 석탄과 광석 및 에너지 원료에 있어서 괄목할만한 매장량을 확보하고 있다. 일본 점령기에 조선에서는 일방적으로 일본에 원료를 공급하는 것에 초점을 맞추어 산업이 발전되었다. 제2차 세계대전 이후 국가의 경제구조를 변화시키려는 조선 민주주의 인민공화국의 노력은 미제국주의의 침략으로 지장을 받았다. 한국전쟁이 전개되는 동안 약 8700개의 제조 공장이 파괴되었고 개별 경제 분야에서는 인민경제의 생산력의 15%~25% 정도로 감소되기도 하였다. 1954~1956년까지의 3개년계획을 통하여 경제 재도약의 발판이 마련되었으며, 1957~1961년까지

의 5개년계획에서 사회주의의 경제적 기반을 구축하게 되었다. 이 5개년계획의 중요한 과제는 북한 주민들에게 의복과 식량 및 주거공간을 공급하는 것이었다. 이 기간동안 공업의 성장속도는 연간 40~55%에 달했다. 이와 같은 도약은 사실상 모든 사회주의 국가들의 집중적인 원조와 북한에 대한 수많은 원조조치에 힘입은 바가 크다.

이 기간동안 공업과 농업의 비율은 다음과 같이 변화하였다 :

	1949	1953	1956	1959	1961
공업	47	42	60	76	71
농업	53	58	40	24	29

1960년대에 "완충기"제도를 도입하여 제1차 5개년계획 기간 중에 나타난 불균형과 국가재정의 과도한 지출을 조정함으로써 이 시기에 차기 7개년계획의 발판을 마련하였다.

이 기간동안에는 공업에 있어서 근본적인 구조변화가 일어났다. 1944년에는 연금공업, 벌목 및 목재가공공업, 광산공업 및 철강공업이 공업생산 전체의 50%를 차지하였던 것에 비해, 이 분야의 비중이 1960년까지 14%로 감소되었다. 동시에 기계공업, 방직공업, 식품공업, 기호식품공업의 비중이 이 기간동안 15%에서 54%로 높아졌다.

2. 7개년계획 기간에는 경공업과 농업의 발전과 동시에 중공업의 우선적인 발전이 이룩되어야 한다. 이러한 발전을 통하여 아직까지 비교적 낮은 생활수준을 획기적으로 개선시키도록 노력이 경주된다. 중화인민공화국 발전의 영향을 받아서 1961년에는 생산재 공업보다 소비재 공업의 괄목할만한 급속 성장에 온 힘을 기울였다. 1962년까지도 계획목표는 이러한 방향을 지향하고 있었다. 그렇지만 지난 해가 경과하면서 특히 1962년 12월 조선 노동당 중앙위원회 제5차 전원회의에서 경제계획에서 나타난 결점과 오류들이 비판을 받았고 1963년에는 제1분과의 우선적인 발전이 계획수치상으로도 다시금 강조되었다.

현재 북한의 경제활동은 6개 중점분야를 지향하고 있는바, 그것은 석탄, 철강, 양곡, 직물의 생산과 어업 및 주택건설산업이 그것이다. 각종 방법의 대중운동이 동원되었음에도 불구하고 1962년에는 가장 중요한 분야에서조차 계획목표 달성에 실패하였다. 즉, 석탄, 철광석, 철강, 시멘트, 종이, 소다, 트럭 및 트랙터 제조가 이에 해당한다. 전력, 화학비료, 곡물에 있어서는 괄목할만한 생산증가를 이룩했다.

소비재공업과 농업의 집중 육성을 통하여 북한 생활수준의 현저한 개선에 기여하였다. 농업에서 저조한 기계화에도 불구하고, 즉 트랙터가 약 9,000대 밖에 없음에도 불구하고 500만 톤의 양곡(쌀과 옥수수가 같은 비율로)이 수확되었다. 이는 역시 목축업에도 향상된 기반을 제공하였다. 현재 주민 1인당 연간 곡식 380킬로그램, 육류 10.5킬로그램, 우유 1.9리터, 달걀 15개, 직물 19미터가 수급되는 것으로 어림잡고 있다. 1960년 이래 연간 13만~18만 채의 주택(주택당 30제곱미터)이 건설되고 있다. 노동자들과 사무직 직원들은 국가를 통하여 국가가 3,800개 대협동조합[3]에서 사들인 것보다 10% 낮은 가격으로 식량을 공급받고 있다. 이러한 맥락에서 볼 때, 이상의 요인들은 북한 주민들에게 해방 이전시기에 비해 생활수준의 괄목할만한 향상을 의미한다.

3. 1963년의 주요과제는 6개 계획분야에서 이룩한 업적을 공고히 하고 아직까지 존재하는 불균형을 제거하여 1964년 계획목표 향상을 위한 준비작업을 이행하는 것이다. 이 해에도 "완충기"가 해당되는 바, 이는 경제를 안정시키고 차기연도 과제를 위한 준비에 기여한다. 에너지 생산과 농업에 주의가 기울여진다.

남조선에 대한 북한의 정책과 관련하여 북한 경제력의 상당한 부분이 방위태세의 고양에 투입된다. 나라 전체에서 "한 손에는 무기를, 다른 한 손에는 망치와 낫을!"이라는 구호가 널리 퍼져있다.

---

3) 대협동조합 : Grossgenossenschaften

기계제조 및 비철금속가공 분야의 수많은 공장들을 확충하고 생산량을 조정하는 것 및 수입조치가 이 과제에 속한다. 이러한 맥락에서 "인민경제와 주민에 대한 물자공급에 있어서 몇 가지가 제한되더라도 우선적으로 방위의 견고성이 보장되어야 한다"라고 1962년 12월 제5차 전원회의 기간 중에 주민들에게 호소한 바 있다.

4. 7개년계획의 목표는 1967년까지 금속가공과 기계제조에 있어서 괄목할만한 발전을 상정하고 있다. 여기에는 근본적으로 완전한 경제체제를 구축하는 일이 고려되어있다. 현재 이미 약 5,000개의 금속가공기계, 발전기, 수력 및 증기 터빈, 발전소 보일러, 트랙터, 트럭 및 승용차, 전기 기관차, 굴삭기, 화물선, 상당한 양의 중화학공업 생산품, 합성섬유 및 각종 플라스틱 종류가 생산되고 있다. 노동생산성으로 보나 공업생산품의 1인당 생산량으로 보나 북한은 중국의 수준을 훨씬 능가하고 있다. 그럼에도 불구하고 기술적인 과정의 조작능력 숙달, 생산지도체제의 자질, 인민경제 간부들의 과학기술 수준 등에 있어서 적지 않은 어려움이 있다.

II. 북한의 대외경제관계에 대해

1. 북한의 강력한 민족주의 경향은 경제에 있어서 "모든 것을 자력으로!"라는 주장에 나타나 있다. 자립적이고 민족적인 인민경제의 구축은 공업화 과정에서 국내의 모든 가능성과 자체의 문화 역량을 총동원하여 이룩된다는 것이다. 자립경제가 구축된 다음에야 비로소 이를 기반으로 하여 다른 사회주의 국가들과의 협력관계를 발전시켜나갈 수 있는 가능성이 조성될 수 있다는 입장이 견지되고 있다.

이와 같은 이유로써 경제상호원조회의 내에서의 상호원조원칙을 근간으로 한 협력이 거부된다. 몽고 인민공화국의 경우와 유사하게 북한의 가입은 고려되지 않으며 북한의 회원국 자격이 아무런 실질적인 의미가 없고, 북한에게 있어서 경제상호원조회의에 가입하는 것은 한 조각 종잇장에 불과하며 경제상호원조회의에서의 협동과 협력이 비(非)마르크스적이고 북한에게는 이로울 것이 없다고 북한 국가기관 고위관리가 언급하였다.
다른 한편으로는 형제 국가들과의 협력이 지속적으로 발전되어야 하고 머지않아 틀림없이 대외무역과 상품교역에까지 영향을 미치기 때문에 과학기술협력과 더불어 다른 형제국가들과의 장래 계획도 조율하고자 한다고 북한의 주석인 김일성 동지가 종종 강조하고 있다. 그러한 협력을 중단한다면 인민경제 발전에 있어서 큰 오류를 의미할 것이다. 1962년 9월 루이제 에르미쉬 동지를 필두로 한 당정사절단의 방문과 대사 슈나이데빈트 동지와 베커 동지가 이임 및 취임인사 방문을 계기로 하여 북한이 이와같이 협력할 태세가 되어있음을 천명하였다.

협력관계에 대한 이러한 의향은 수차례 북한의 철광석, 비철금속 및 귀금속의 채굴과 선광에 집중되었다. 북한은 이러한 지원을 국제적 사회주의 분업에 대한 기여로 간주하고 이와 같은 조치들을 형제국가들을 위한 커다란 원조로 간주하고 있다. 다른 한편으로는 사회주의 파트너 국가들의 관심이 비철금속 가공뿐만 아니라, 흑색합금 가공을 겨냥하고 있고, 천연자원과 농축물의 수입뿐만 아니라 이 분야의 반제품 및 완제품도 겨냥하고 있음을 알고 있다고 암시하였다.

2. 북한의 무역은 사회주의 진영과 80~85% 정도 진행되고 있다. 그 가운데 제품이동의 52%가 소련과, 29%가 중국과 이루어진다. 동독을 포함하여 나머지 사회주의 국가들의 비중은 북한 무역의 2~4%에 달한다.

1960년까지의 기간에는 거의 모든 사회주의 국가들이 북한에 대해 광범위한 원조조치를 수행하였고 제공된 차관의 상환을 면제해주었다. 이와 연관하여 특히 언급할만한 것은 소련이 제공한 10억 루블(구화폐) 이상의 차관인데, 이중 7억 5천만 루블의 상환이 면제되었고, 파괴된 공장의 재건과 식료품과 의복의 공급을 위해 8억 4천만 루블 상당의 원조가 중국으로부터 왔다.

1961년 이래 아래의 국가들이 차관을 제공하였다.
– 소련 : 철광석 탄광 확장을 위해 2,560만 루블 (신화폐) 제공.
– 중화인민공화국 : 전기기술 및 경공업 14개 제조공장 건립을 위해 1961~1964년 기간동안 9,500만 루블 제공.
– 폴란드 인민공화국 : 아연 탄광 및 경공업과 기계제조 분야의 9개 공장 건설을 위해

1962~1966년 기간동안 1,150만 루블. 차관 상환은 비철금속의
공급으로 이루어짐.

- 헝가리 인민공화국 : 상품공급을 위해 1961년 840만 루블 상당의 차관 제공.
- 체코슬로바키아 사회주의공화국 : 구리와 금 제조 확대를 위해 1962년 560만 루블제
공. 상환은 1967년부터 1,500톤의 구리와 275킬
로그램 금으로 함. 그 외에 체코슬로바키아 사회주
의공화국은 6천만 루블 이상의 현물차관을 제공하
였는데 이것은 마찬가지로 1970년까지 주로 북한
의 비철금속 납품으로 상환키로 함.

3. 일본에 거주하는 한인 교포들의 본국 송환이 시작된 이래 일본과의 관계도 현저히
개선되어서 오늘날 일본은 비(非)사회주의국가로서는 북한의 가장 중요한 무역상대
국이다. 1965년 일본으로부터 북한의 수입은 8,500만 달러, 일본으로의 수출은
3,600만 달러로 추산된다. 그밖에도 북한은 동남아시아와 아프리카의 진보적인 개
발도상국들과 미미한 교역관계를 맺고 있다. 서독, 영국, 오스트리아와도 산별적인
교역관계가 있다.

Ⅲ. 최근의 동독과 북한의 경제협력

1. 동독은 4개의 원조협정을 통하여 디젤엔진공장과 인쇄공업단지, 견직공장, 철강공장
의 건설을 위해 상환조건이 없는 1억 8,000만 루블 (구화폐) 상당의 지원을 북한에
제공하였다.
더 나아가서 함흥시 지역을 위해 1억 1,500만 마르크 상당의 1960년까지 한시적인
건설원조가 수행되었다. 두 가지 사업은 종료되었는데, 북한측이 다 사용하지 않은
금액의 일부는 1960년까지의 기간에 무역역조를 조정하는데 사용되었다.

2. 동독은 북한과의 대외무역에서 3%로 제4위이다. 동독의 대외무역에서 북한은 사회
주의 국가들 가운데 0.2%만의 비중을 차지하고 있다. 1955년 이래 무역은 겨우 미약
하게만 진행되었는데, 그 원인은 불리한 교통조건, 높은 운송료, 북한의 지속적이지

않은 수입요구, 심하게 변화하는 수출공급 등이 애초부터 제한되었고 불리한 영향을 미쳤기 때문이다. 따라서 무역을 가장 중요한 수입재에만 확대하는 것이 북한과의 대외교역에서 가장 중요한 조건이다.

해마다 무역협정이 체결되었고 1962년까지 장기무역협정, 1961년말부터 무역과 해운에 관한 조약이 체결되었다. 수확 손실, 품질 감소, 운송 지연 등의 각종 경제적 어려움 때문에 북한의 수출에 있어서 종종 합의된 규모의 20~25%의 납품 결손이 있었다. 그밖에도 북한으로부터의 동독의 수입은 1959년 이래 37%로 감소되었다. (동독의 수출은 45%로 감소) 1963년 무역협정은 1962년 협정보다 다시금 25% 감소하였다. 최근 수지 균형을 맞추도록 북한의 노력이 경주되어왔다.

1959년까지 동독 수입의 73%가 농업생산품이고 그 이후 1962년까지의 동독 수입의 81%가 천연원료와 반제품이었던 반면, 현재는 금속원료의 수출을 크게 제한하거나 아예 중지시키고 그 대신에 완제품을 수출하는 경향이 감지된다. 예컨대 1962년 납과 은의 수입이 1961년도에 비해 반으로 줄었고 같은 기간 북한으로부터의 구리, 동선, 금 등의 수입이 모조리 취소되었다.

3. 과학기술협력은 북한의 생산수준에 부합하게 아직 일방적으로 북한 측에 유리하게 진행되고 있다. 지금까지 다섯 차례 회의가 개최되었는데, 여기에서 과학기술조치와 관련하여 82:18의 비율로 북한에 유리하게 진행되었다. 앞으로도 이러한 비율이 우리(동독) 측에 유리하게 개선되리라 전망할 수 없다. 동독의 실질적인 수출의 이해관계는 극히 드문 경우에만 고려되고 있다.
북한 측으로 하여금 수출에도 기여할 수 있는 새로운 생산을 시작할 수 있도록 할 뿐만 아니라, 동독이 수입하고자 하는 그러한 생산품의 제조에 기여할 수 있도록 과학기술협력이 보다 광범위하고 관대하게 이용되어야 할 것이다. 과학기술협력의 중점은 이제까지 광산, 화학공업, 방직공업, 농업 및 건설 분야에 치중되었다.

북한과의 경제협력의 향후 진로를 공고히 하기 위해 협력관계를 확대하려는 북한 측의 의사가 고려되어야 한다. 물론 지도급 간부들의 말과 실제 행동에는 적잖은 불일치가 있다. 하지만 공식적인 성명에 기댈 수 있다. 협력관계를 발전시키겠다고 공식적으로 천명하는 자세와 동시에 물질적이고 재정적인 지출을 들여서라도 협력관계를 장려하려는 의도 없이는 현재의 퇴행적인 추세를 반전시키기란 불가능할 것이다. 이러한 일말의 기회가 있다는 것은 북한이 여타 경제상호원조회의 회원국들과의 협력관계를 지속하고 있다는 점에서도 입증된다. 또한 동독과의 장기 조약 체결을 위한 노력이 유감스럽게도 이제까지 허사였다고 대외무역부장관 리일건 (Li Ir Gen)이 베커 대사 동지에게 한 3월 18일자 성명도 이를 입증하고 있다.

Ⅳ. 제안

1. 대외 경제 · 과학 · 기술 협력 내각 평의회 의장 대리가 북한의 국가계획위원회 위원장에게 보낸 서한에서 동독은 광산 · 어업 등 몇몇 문제에 집중하고 장기차관을 제공함으로써 경제협력관계를 확대할 의향이 있음을 천명하였다. 더 나아가서 동독은 1964년 ~ 1967년 기간동안 투자원조조치와 결부된 장기 대외무역 합의를 체결할 의향이 있음을 밝혔다.

책임부서 : 경제 및 과학기술협력 사무국

2. 동독의 투자원조는 다음과 같은 제안에 담을 수 있다.
   ⓐ 광산업 분야, 특히 구리, 아연, 수정 및 귀한 광물들의 채굴과 가공.
   ⓑ 어업 분야(조선공업, 어획 및 가공에 있어서의 기술원조, 항만시설과 어획 장비).
   이 사업들은 과학기술협력의 틀 내에서 파견된 사절단이 수행하여야 한다.
   여기서 동독의 관심은 금속가공 반제품 및 생선가루 형태로 된 동물성 단백질의 수입에 있다.
   ⓒ 더 나아가서 동독에서 금에서 금박으로 가공하는 기술에 대한 북한 측의 관심이 참작되어야 한다.

개별 조치들을 준비하는 일은 인민경제위원회의 책임 하에 국가계획위원회와 대외무역 및 동 · 서독무역부와 조율하여 진행될 것이다.

3. 대외무역은 주안점을 수입 관계의 개선에 두어야 할 것이다. 이는 북한 측이 가능한 한 제공되는 모든 것을 동독으로부터 받아들일 수 있는 상태에 있기 때문이다. 여기에서 차관 및 투자원조 조치와 북한의 수출상품의 품질개선에 영향을 미칠 수 있는 과학기술협력의 가능성과의 긴밀한 연관성이 조성될 수 있다. 특히 흑색합금 가공의 제2가공단계의 제품의 수입에 대하여 조사할 필요가 있다.

책임부서 : 대외무역 및 동 · 서독무역부

4. 양국 관계의 발전과 전술한 과제의 실현을 위해 북한에 1967년까지 4년 거치 2%의 이자율로 1200만 루블의 차관이 제공된다. 상환은 1968년에서 1972년 사이에 금속 가공분야의 반제품, 동물성 단백질 및 기타 생산품의 수입을 통해 이루어지도록 한다.

책임부서 : 대외무역 및 동 · 서독무역부(국가계획위원회, 재정부, 외무부와 협력)

5. 1963년에는 1964년 ~ 1967년 기간 중의 대외무역 납품과 경제협력에 관한 새로운 장기협정이 준비되어야 한다.

책임부서 : 대외무역 및 동 · 서독무역부
(국가계획위원회, 인민경제평의회와 협력)

6. 과학기술협력에 있어서는 광산, 지질학, 화학, 방직공업, 농업, 포장산업 등의 경제 분야와 측량청 업무에 중점이 놓여질 수 있다.
동독의 조치들을 통하여 전술한 경제적인 목표설정을 장려하는 데에 기여하고 자격을 갖춘 사절단 파견을 통하여 특히 동독이 각별한 관심을 갖고 있는 생산품들의 품질을 향상시키는 것을 도와야 할 것이다. 이 점은 무엇보다도 흑연, 티탄철광, 중정석 및 활석 생산품과 어업 생산품에 적용된다. 지르콘 합금 분야에서의 협력작업은 북한에서의 생산을 기획 · 조정할 수 있는 과학기술적인 자료를 제공함으로써 다시금 착수될 수 있다.

책임부서 : 인민경제평의회 독일분과 의장

7. 북한 주재 동독대사관을 통한 북한의 경제발전의 분석과 경제협력관계의 확대를 위한 제안들의 실행. 여기서 공동으로 해결해야할 과제들을 어떻게 풀어나갈 것인가 하는 제안을 마련하는 것이 대사관에서 기울여야할 노력들의 중점에 놓여야한다. 북한 주재 동독대사관에는 경제정책부서를 신설하고 인력이 충원되어야 할 것이다.

책임부서 : 외교부, 대외무역 및 동 · 서독무역부
(경제 및 과학기술협력 사무국과 협력)

8. 동아시아 방면, 특히 중국, 북한, 일본으로의 선박운송과 관련하여 폴란드 인민공화국, 체코슬로바키아 사회주의공화국, 및 이들 나라의 정기노선 담당 부서들과 조율하여 정기운항 노선이 설치되어야 할 것이다.

책임부서 : 교통부
(대외무역 및 동 · 서독무역부와 협력)

"무장 항일투쟁기간에 축적된 우리 당의 혁명적 전통"이라는 당 내부용 소책자에 대한 입장

비유럽1과

북한 분과

비밀 공무사항
〈번호: 13263〉
5통 발행
제1통 총 7 쪽

[작성 장소 및 일자] 1963년 5월 16일

[작성자 약호] W1

[문서기호] A/2 - 219

---

1. 이 책자는 위의 구상에서 시작하여 항일 해방투쟁의 역사적 위상을 조사하고 이 투쟁의 경험과 전통을 집약하고 항일투쟁의 전통과 현재 사회생활 사이의 연관성을 조성해 내는 시도를 한다고 한다.

2. 항일 해방투쟁의 역사적 위상에 대한 설명 부분에서 이전의 모든 투쟁보다도 질적으로 더 높은 위상과 무장투쟁의 필요성이 뚜렷이 강조되고 있다.

a) 물론 이에 대한 논증은 불충분하고 옳지 않은 부분이 있다. 그 까닭은 무엇보다도 조선의 항일 해방투쟁이 압제자에 대한 중국민족의 투쟁과 분리되어, 그리고 국제적 상황과 그 영향과 분리되어 고찰되고 있기 때문이다. 중국민족의 투쟁과 조선의 애국지사들 사이에는 긴밀한 연관성이 존재한다는 사실 때문에 특히 그렇다. (조선의 많은 공산주의자들이 중국으로 피신한 점, 김일성도 그 중 한 사람이었다; 조선의 공산주의자들이 중국 공산당에 소속되었다는 점, 김일성도 그 중 한 사람이었다; 조선의 빨치산의 작전이 중국 인민해방군의 투쟁의 일부분으로서 감행되었다는 점, 수적으로 적은 조선인들의 비중 등등) 이 책자에는 이와 같은 연관성이 전혀 나타나있지 않고, 극히 일방적인 고찰방식을 그려내고 있다. 이러한 일방적인 고찰에 대한 다른 근거는 1929~1932년 세계 경제공황, 통일전선 및 민족전선을 둘러싼 투쟁, 조선의 공산주의자 대표도 참석한 바 있는 1935년 3월 코민테른 제7차 세계대회 등과 같은 국제적인 연관성을 부정하고 있다는 점이다. 이러한 사실들을 누락함으로써 이 책자

의 저자는 조선의 항일투쟁의 역할에 대해 과대평가를 하는 결과에 이르게 된다. 그 예로서 두 구절을 인용해보자 :

"항일 무장투쟁이 15년간의 고난의 세월을 지내오면서 일본 제국주의자들에게 가차없는 일격을 가해 그들의 패배를 가속화시켰다는 사실이 여기에서 나타난다.
항일 무장투쟁은 군사적인 측면에서 뿐만 아니라, 정치적인 측면에서도 일본 식민주의자들에게 엄청난 일격을 안겨주었다."(8쪽)

항일 해방투쟁에서 조선인들이 담당한 역할을 이와 같이 민족주의적으로 지나치게 계속 강조함으로써 이 책자는 도가 지나칠 정도로 민족주의적으로 우쭐대고 있다. 다음의 인용문이 이를 입증하고 있다:

"우리는 동서양의 과거사 및 현대사에서 사느냐 죽느냐 하는 위기의 순간에 특출한 영웅들이 민족의 운명에 대한 책임을 스스로 짊어지고 대다수 인민 대중에게 용기와 희망을 준 사실들을 알고 있다.
그렇지만 엄청난 고난의 시기에 수행된 김일성 동지를 필두로 한 조선 공산주의자들의 항일 무장투쟁만큼 더할 나위없이 정당하며 애국적이고 영웅적인 투쟁은 없다."(23쪽)

b) 이러한 맥락에서 저자가 서술하고 있듯이 지도자의 역할을 보다 상세히 조사할 필요가 있다. 지도자의 역할에 대한 진정한 마르크스–레닌주의 이론이 김일성 동지를 위한 개인숭배를 뒷받침하는데 이용되었다. 이 책자의 전체에 걸쳐 김일성 동지의 역할을 지나치게 강조하고 있다. 최용건, 김일, 박금철 등과 같은 북한의 지도층 동지들이 마찬가지로 중요한 역할을 했다는 사실이 널리 알려져 있음에도 불구하고, 김일성의 이름 이외에는 그 어떤 이름도 언급되고 있지 않다. 이미 고인이 된 김책과 박달 등도 같은 경우이다.

이에 대한 두 가지 예:

"김일성 동지는 일제 암흑기에 조국과 민족의 운명에 대한 책임을 스스로 짊어지고, 혁명의 깃발과 항일투쟁의 횃불을 드높여 올린 민족의 위대한 영도자이자, 조선 혁명의 탁월한 영도자이시다."(15쪽)

"김일성 동지가 아니라면, 그 누가 일제의 암흑기에 엄청난 곤경에 빠진 조국과 민족을 구해내

고 투쟁과 승리로 영도할 수 있었겠는가?" (16쪽)

특히 조선에서의 혁명투쟁을 위해 마르크스-레닌주의적인 전술과 전략을 만들어낸 공적을 김일성 동지에게 돌리고 있다.

"항일 빨치산부대의 탁월한 전술과 전략과 빨치산의 숭고한 공산주의 혁명 정신, 위대한 노동양식과 위대한 노동방식, 무장 항일투쟁 기간동안 축적된 이 모든 숭고한 혁명의 경험들은 김일성 동지의 이념, 지도방식과 지도방법, 그리고 김일성 동지의 투쟁과 결부되어 있다." (16쪽)

"김일성 동지는 무장 항일투쟁 전 기간동안 마르크스-레닌주의 이념을 실제 현실에 창조적으로 적용하면서 가장 과학적인 전술과 전략을 만들어냈으며, 유리한 위치에 있는 적을 항상 적은 병력으로써 이겨낼 수 있었다." (13쪽)

이로써 중국 공산당, 코민테른 및 조선의 여타 공산주의자들의 영향이 완전히 무시되고 과소평가되고 있다. 그 밖에도 예를 들어 조국의 재탄생을 위한 연맹의 10개항 강령은 — 설령 긍정적으로 평가될 수 있다 하더라도 — 심각한 결함을 갖고 있다는 것도 사실이다. 농민들의 혁명이 전체 주민의 대부분의 삶을 결정짓는데도 불구하고 농민문제는 전혀 고려되고 있지 않다. 그럼에도 일체의 비판적인 논쟁도 없다.

3. 저자는 귀중한 혁명적인 경험으로서 다음과 같은 것들을 들고 있다: 마르크스-레닌주의 정당을 창당하기 위한 이념적인 준비과정, 민주조국 통일전선의 구축, 정책노선을 인민세력에 고정시킨 작업, 인민병력의 창출, 혁명적인 낙천주의, 마르크스-레닌주의에 대한 신념, 엄격한 투쟁정신, "모든 것은 자력으로"라는 원칙, 사회주의적 애국주의, 프로레타리아 세계주의, 노동양식 등등.

모든 마르크스-레닌주의적 투쟁정당에 고유한 일반적인 특징 이외에 조선 노동당의 전통에 "특수한 특징들"을 찾아내려는 노력으로 말미암아 학문적인 관점에서 보편타당한 것들도 "특수한 특징들"이라는 낙인이 찍혔다: 예를 들어 그들의 전통이 마르크스-레닌주의적 전통이라는 점, 이 전통이 극히 고된 장기적인 투쟁에서 생겨났고 시련을 이겨냈다는 점, 이 전통이 진정한 프롤레타리아적, 국제적인 관계의 존재 가운데 생겨났다는 점이 그것이다.

후자는 조선 빨치산이 소련과 중국을 위해 수행한 관점에서만 서술되었다: "그들은 혁명의 씨를 중국 인민의 광범위한 계층들에게 뿌리기 위해 전혀 동요함이 없이 자신들의 삶을 헌신하였다"라는 언급을 보더라도, 이는 중국 동지들에 대해 상당히 오만한 표현이다.

이 점에 있어서도 논증은 극히 박약하고 억지로 꾸며낸 듯한 인상을 갖게 한다.

4. 이와 같은 조선의 항일 빨치산의 경험들로부터 북한의 오늘날의 모든 정책이 유래되고 있다 :

항일 무장투쟁 기간 동안 습득한 조직상의, 이념적인, 전술전략적인 기초에서 출발하여 오늘날 우리 당은 동일한 방법으로 승리에 도달할 것이다." (14쪽) 특히 "모든 것을 자력으로"라는 원칙, 주체 원칙, 천리마운동, 청산리 방법, 대안 체제, 항일 빨치산에 대한 기억을 통하여 모든 어려움을 극복해내기, 빨치산의 정신으로 살아가기 등등. 여기에 "혁명적인 전통들이 모든 방면으로 전수되고 개발되었다."

이 점에 있어서 "경험들"과 "전통들"이 너무 크게 강조되는 것이 대부분 현재에 이르러서야 비로소 시작되었다는 점이 특별히 언급되어야 한다, (예: "모든 것을 자력으로"라는 원칙.

물론 빨치산들은 가능한 한 자급자족해야 했지만, "모든 것을 자력으로"라는 원칙은 지금에서야 비로소 빨치산에 적용하여 빨치산에 고유한 것으로 간주하고 여기에서 하나의 전통, 하나의 원칙을 만들어내서 오늘날 완전히 다른 맥락에서 적용되는 것이다.

그런 경험의 역할을 지나치게 강조함으로써 항일 해방투쟁 시기 이후 나타난 근본적인 질적인 변화들이 의심의 여지없이 간과되는 바, 특히 막강한 사회주의 진영의 태동과 소련이라는 유력한 세력, 북한에서의 사회주의 구축 등등이 그것이다. 과도한 강조로 인하여 사회주의 진영의 경험들과 세력이 무시된다.

"자립적인 국가 경제의 창달노선은 사회주의 경제 구축에 있어서 "주체"사상과 일치하는 우리 당의 경제정책의 위대한 결과이고, "모든 것을 자력으로"라는 원칙을 전제로 한 항일 빨치산의 혁명적 정신의 빛나는 구현이다." (37쪽)

"모든 것을 자력으로"라는 원칙은 특히 경제 분야에서 북한의 보다 빠른 전진을 가로막았다. 그 밖에도 여기에는 모든 것을 하나로 뭉뚱거리기 위해 허구적인 연관성도 지어냈다.

13

사회주의 국가의 방향설정과 지휘체계에 있어서 당과 국가의 오늘날의 노동방식을 위한 바탕으로서 일본 제국주의에 맞선 투쟁에서의 빨치산의 노동양식과 노동방식과 관련해서 이러한 허구성은 더욱 뚜렷해진다.

"우리 당은 창당 첫날부터 항일 무장투쟁 시기에 습득한 항일 빨치산의 위대한 노동방식과 노동양식을 광범위하게 전수받아서 간부들의 노동양식과 노동방식의 개선과정에서 그리고 승승장구하는 사회주의 체제를 더욱 공고히 하는데 있어서 계속 발전시키고 있다." (38쪽)

의식을 강하게 강조하는 것이 철두철미하게 나타난다. 인간 교육에 있어서 이러한 올바른 노선도 마찬가지로 과장되고 지나치게 강조된다. 예컨대 "그들이 어려움에 봉착하면 항일 빨치산의 혁명적인 분야에서 힘과 용기를 찾고 어려움을 극복한다"라는 단언도 달리 평가할 수 없다.

이 책자 출간에 대한 일련의 소견들이 있다. 전체적으로 다음과 같이 말할 수 있다:

요약 :

1. 이 책자에 있는 조선인의 항일 빨치산투쟁의 서술과 그 역할에 대한 평가는 역사의 실제 진행과정을 반영하고 있지 않다. 이 책자는 1930년부터 1945년 사이의 조선의 역사에 대한 허위적인 서술의 한 토막이다. 이러한 점이 이 책자가 당 내부자료로 사용되는 까닭이기도 할 것이다.

2. 항일 빨치산투쟁의 역할과 경험들을 지나치게 강조하는 것은 민족주의의 표현이고 조선노동당과 북한 정부의 현 정책의 근간이다.

3. 항일 빨치산 투쟁과 연관하여 김일성의 역할을 지나치게 강조하는 것은 현재 계속되고 있는데, (예: "우리 당이 전수받은 항일 빨치산의 위대한 노동방식과 노동양식들을 집결하는 것은 김일성 동지가 고안해낸 그 유명한 청산리 방식이다" (39쪽)) 이는 마르크스-레닌주의와는 본질적으로 다른 것이다.

4. 일본의 속박으로부터 조선을 해방시킨 존재로서의 소련의 역할과 북한의 민주적 상황의 발전과 평화통일에 있어서의 소련의 원조뿐만 아니라 사회주의-공산주의 구축에 있어서의 소련의 엄청난 경험들이 부정되고 있다.

5. 이로써 북한 사람들에게 그들 자신의 역사와 국제적으로 연대하는 노동자계급의 역사에 대한 그릇된 모습을 계속 심고 있다.

[문서작성자] 벡리히트
　　　　　선임 담당관

[수신자] 1부: 중앙위원회 외교정책과
　　　　1부: 대사관
　　　　1부: 대사관 무관
　　　　1부: 문화과, 그루너르트 동지
　　　　1부: 북한 분과

북한 인민군 내 조선 노동당 당위원회 제6차 확대 회의

북한 주재 동독 대사관
무관

[문서기호] 110-10 Schr.
[일지번호] 58/63
[작성 장소 및 일자] 평양, 1963년 5월 23일
[수신] 국방성 외국담당과 과장
   쉬츠 대령 동지
   베를린

1963년 5월 16일과 17일, 즉 조선노동당 중앙위원회 제6차 전원회의 직후에 북한 인민군 내 조선노동당 당위원회 제6차 확대회의가 개최되었다. 의사일정은 다음 문제들을 포괄한다:

① 1963년 제1기 수련기의 군사정치적 교육의 수행상황에 대해 그리고
   제2기 수련기의 군사정치적 교육의 성공적인 수행에 대해
② 행정상의 문제

첫 번째 의사일정 사안에 대해 북한인민군 총정치국장 허봉학 중장이 발언하였다. 언론에는 짧막한 공식발표 이외에는 회의의 진행에 관한 그 어떤 자료도 배포되지 않았다. 공식발표와 제출된 정보들에 의하면 제6차 회의는 이제까지 경험의 평가와 북한 인민군의 방어력 구축 및 공고화와 관련하여 개최된 1962년 12월의 제5차 중앙위원회 전원회의 결의사항의 수행에 있어 이행상태를 다루었다. 여기서 제1기 수련기 (1월부터 4월까지)가 평가되고 제2기 수련기를 위한 중심과제가 결정되었다. 회의의 중심에는 두 가지 주요문제가 논의되었다.

① 군사정치교육의 개선
② 북한 인민군 전투교육의 전체 수준 고양을 위한 결정적인 전제조건으로서의 사령부

의 자격강화

이러한 문제들의 해결을 위한 중심과제로서 정치적 군사적 지휘기관으로서의 ("조타수"로서의) 당위원회의 역할의 고양과 당기구의 임무의 활성화가 요청되었다.

차기 수련기들을 위한 구호로서 "1당 100"이라는 핵심구호가 제시되었다.

l. 정치적 이데올로기적 임무 :

정치적인 연수와 교육과 관련하여 개별적으로 다음과 같은 문제에 대한 입장표명이 있었다: 공식발표에 언급된 내용 : 정치적 연수와 교육 분야에서는 커다란 성과가 성취되었다. 그렇지만, 상세한 논의 없이 결함이 있다고 언급되었다.

다음 시기를 위한 가장 중요한 임무로서 정치적 교육과제의 이데올로기적 이론적 수준을 높이고 계급교육을 강화시킬 것을 요구하였다. 이러한 맥락에서 제국주의, 특히 미국과 일본의 제국주의에 맞서는 이데올로기 교육, 지주와 자본가들의 계급적 성격에 대한 이데올로기 교육, 수정주의에 맞서는 이데올로기 교육을 향상시키는 임무가 제시된다. 더 나아가서 조선의 빨치산 운동의 혁명적인 전통과 당 정책의 기반위에 사회주의적 애국주의와 공산주의 윤리의 교육에 특별한 주의를 기울여야 한다.

2. 군사적 교육의 문제 :

군사교육과 관련하여 금년의 핵심 임무는 계속 전투교육이라고 언급되었다. 여기에서는 무엇보다도 교육에 있어서의 형식주의가 극복되어야 한다.

이미 작년 12월의 당 위원회 제5차 회의에서 결의된 바와 같이, 전투교육에 있어서 핵심과제로서 사령부와 참모들의 교육이 강조된다. 현대전의 특성을 고려하여 개개 병력과 병과의 조건들을 충족시키는 장교들과 참모들의 군사학적, 군사기술적 교육에 중점을 두어야 한다. 행정팀과 참모부에 대해서는 전투교육을 위한 물자와 기술의 확보가 우선적인 임무로서 요청된다.

3. 당 위원회들에 대한 임무제시 :

14

교육 목표의 성공적인 완수에 대한 "주요보장"이 당위원회들의 지도적 역할의 고양이
라고 공식발표에 나와 있다. 당위원회들은 금년이 가는 동안 전투교육에 총력을 쏟아야하고,
특히 참모들과 장교들에 대하여 "조타수"의 역할을 떠맡아야 한다. 당위원회들은 단위부대와
단체들에서 모든 분야에 있어서 모범사례가 만들어질 수 있도록 전력을 다해야 하고, 참모들
의 과업에 있어서 "민중에 대한" 체제와 "청산리 방식"(기층민 교육에 대한 효과적인 지도)이
적용되도록 관철시켜야 한다.

4. 당 기구들에 대한 임무제시 :

북한 인민군의 당 기구들에게는 우선적으로 "당의 과업을 사람과의 과업으로 변화시킬
것"과 특히 지휘급 간부들에 있어서 혁명적 이데올로기 교육을 강화시킬 것, 그리고 군의 구
성원들에게 정치적 임무를 공고히 할 것이 임무로 제시된다.

개인적인 입장표명 :

제6차 회의에서 다루어진 모든 문제에 대해서는 이미 북한 인민군 당위원회의 12월 전
원회의에서 결의사항이 채택되었다. 이에 반해서 이번에 새로운 것은 "1당 100"이라는 구호이
다. 이 구호는 1963년 5월 13일부터 15일까지 열린 조선노동당 중앙위원회 제6차 회의에서
남한문제에 대한 협의와 관련하여 나온 것이라 할 수 있다. 아마도 이 구호로써 수적으로 우세
한 남한의 군대를 북한 인민군의 정신적, 정치적인 우세로 극복할 수 있다는 것을 나타내려고
했을 것이다. 북한 측으로부터 이 구호에 대한 그 어떤 보다 상세한 정보도 주어지지 않았다.

금년 제1기 교육기간의 중점은 방어시설의 선도기술적인 구축이었다. 이 임무는 군사교
육을 보류한 가운데 우선적으로 다루어졌다. 공식발표에는 이 문제에 대해 아무것도 언급된
바 없지만, 방어시설의 건설에 계속해서 북한 인민군의 대부분의 단위부대들이 동원되는 것이
확실하다. 이점은 앞으로 지속적인 군사정치교육에 불리하게 작용할 것이다.

북한 인민군 창설 15주년을 계기로 경쟁을 통한 방식이 제1기 수련기의 교육임무를 완
수하기 위해 특별한 역할을 했다. 15주년 기념행사가 진행되는 동안 정치 군사교육에 많은 노
력이 경주되었다. 그렇지만 15주년 기념일이 지난 후에는 이러한 경쟁 열기가 식은 것 같다.

특별한 어려움은 여전히 지휘급 간부와 참모들의 자격강화에 있는 것 같다. 당 기구들이 지휘급 간부와 참모들에 대한 교육임무를 강화해야 한다는 지적이 이를 암시하고 있다.

정치-이데올로기 과업에 있어서는 여전히 김일성 개인숭배의 선전과 결부하여 항일 빨치산운동을 민족주의적으로 과대평가하는데 핵심이 있다.

특이한 점은 당위원회의 제6차 회의의 공식발표에도 다른 사회주의 국가의 군대들과의 협력과 경험교류의 문제에 대해서는 한 마디 언급이 없다는 것이다.

이상에서 언급된 문제들은 본인이 앞으로 계속 추적할 것이다. 이와 관련하여 새로운 자료와 사실이 알려지게 되면, 본인이 귀하에게 통보할 것이다.

[작성자] 쉬뢰터 중령

독일의 평화조약 체결, 서베를린 문제 및 군비축소에 대한 규정 협정과 관련한 북한의 정책에 대한 정보 (기간: 1963년 1월부터 5월까지)

북한 주재 동독 대사관

비밀 공무사항
〈번호: 114/63〉
6통 발행
제1통 총 4 쪽

[작성 장소 및 일자] 평양, 1963년 5월 25일

[작성자 약호] Me.

독일 및 서베를린 문제 전반에 대해 같은 시기에 북한 측에서 발간된 자료는 그다지 많지 않고 아래의 1항과 2항에서 짧게 설명된 바와 같이 문제의 핵심을 비켜갔다.

I. 군비축소의 성공적인 해결을 위한 전제조건으로서 독일의 평화조약 체결의 국제적 의미에 대한 북한의 입장

독일 사회주의 통일당 제6차 전당대회 기간 동안 북한의 언론에서는 전당대회에 대해 (다른 자매 정당들의 전당대회에 대한 보도로서는) 비교적 상세하게 보도되었고, 평화조약 및 서베를린 문제에 대한 우리 당의 정책 문제가 전해졌다. 발터 울브리히트가 제출한 7개항 제안도 공표된 바 있어서 독일문제 규정과 관련하여 군비축소의 문제도 민중에게 전달되었다.

1963년 1월 22일 북한 언론에는 공개되었지만, 우리 당의 전당대회에서는 북한의 대표가 발표하지 않은 연설문에서 독일의 평화조약 체결문제에 대한 북한의 정책구상에 대해 전반적으로 상론되었다.

연설문에 나와 있듯이 미 제국주의의 호전적 태도와 "도발적인 모략과 전쟁의 소요"에서 시작하여 공격의 중점으로서 우선 아시아가, 거기서 다시금 남한이 거론되었다. 이 점에 관해 연설문에서는 다음과 같이 씌어있다: "동양에서, 즉 남한, 타이완, 남베트남 및 도처에서 미 제국주의는 전쟁을 도발하려고 하고 있고 일본 제국주의가 다시 태동하게끔 하고 있으며, 공개적인 음모를 꾸며서 이를 북한과 아시아에 대한 공격의 실마리로 이용하고 있다.

더 나아가서 미 제국주의자들은 호전적인 나토 (북대서양 조약기구)의 병력을 대규모로

강화하고 서독의 주전론자들을 재무장토록하고 유럽의 심장부에 위험한 전쟁의 불씨를 지피고 있다.”

　　“……서독에서부터 동독과 유럽의 안보에 지속적인 위험이 초래되고 있다.” 따라서 “독일이 평화조약을 체결하고 미 제국주의로 인하여 되살아난 서독의 주전론자들을 통제하기 위한 투쟁을 전개”할 필요가 있다는 결론이 내려진다.

　　여기서 강조되어야 할 핵심쟁점들은 세계정치적 상황에 대한 한 가지 설계도를 제시하는데, 여기에는 군비축소를 위해 독일 평화조약을 체결하는 의미와 군비축소를 둘러싼 투쟁이 들어설 자리가 없다. 전반적인 완전한 군비축소에 도달하기 위해서는 독일 평화조약 체결이 세계평화 보존을 위한 핵심문제에 유리한 전제조건을 마련한다는 사실을 북한 측에서 인식하지 못했음이 분명하다. 연설문에 나타나 있듯이 독일 평화조약의 문제를 그러한 문제에 종속시킨 것도 이와 같은 북한의 입장에서 나온 것이다.

　　북한 언론에서는 몇몇 기사에서 독일관련 문제들이 다루어졌다. 이런 계기를 제공한 것은 소련에 의해 독일이 히틀러파시즘으로부터 해방된 기념일, 공산당 선언 출판 115주년, 아데나워와 드골 사이의 독불협정, 파리 코뮨 92주년 등 이다. 독일문제에 대해 이 기사들에서 표명된 생각의 핵심은 리호순의 연설문에서와 유사하게, 서독의 주전론이 미 제국주의에 의해 “새롭게 무장되어” 미 제국주의의 비호 아래 있다는 것이다. 따라서 이러한 행태에 종지부를 찍기 위해서는 독일 평화조약이 지체없이 체결되어야 한다는 것이다.

　　독일 평화조약의 체결이 전 세계의 평화보존을 위해 훨씬 커다란 의미를 지닌다는 점은 고려되지 않았다.

　　대사교체로 인하여 전후임 대사 동지들을 위해 개최된 북한의 고위층 인사들과의 많은 대화에서 북한의 동지들은 독일 평화조약 문제를 다루지 않았다.

2. 동·서독 양국 관계의 단계적인 정상화 제안과 서베를린 상황에 대한 북한의 입장

　　7개항 강령과 나토 깃발을 유엔의 깃발로 대체하자는 제안에 표현된 바와 같이 동·서독 문제와 서베를린 문제의 단계적 해결을 위한 동독과 소련의 제안에 대해 북한의 의견표명에서는 다루지 않았다. 우리 전당대회를 위한 리호순의 연설문 해당 부분에서는 서베를린을

15

비무장 자유도시로 전환하는 문제에 대해 북한 측의 지지를 약속했다. 그렇지만, 서베를린 문제에 UN을 개입시키자는 제안은 거절되었고 그대신 비무장 자유도시 입장을 지지한 것이다.

제6차 전당대회에서 전개된 것과 같이 7개항 강령에 대해서는 이 연설문에서 한 마디도 언급되지 않았다. 마찬가지로 우리 전당대회의 이모저모에 대한 1963년 1월 30일자 당 신문의 사설에서도 언급이 없었다.

7개항 강령에 대한 이와 같은 침묵은 그 이후 전 시기에 계속되었는데, 대사관 측의 여러 차례 부탁에도 불구하고 "새로운 독일지"(동독의 정부 기관지 성격의 일간지)에서 7개항 강령에 대한 국제적인 설문조사에 대해서도 의견표명을 거부하였다.

조선 노동당 중앙위원회 위원장의 대리인 박남철 동지는 4월 19일 벡커 대사 동지가 그를 방문한 것을 계기로 하여 독일의 상황에 대해 의견을 진술하였다. 여기서 그는 독일의 상황에 알맞게 연방제 정책이 옳은 것으로 본다고 강조했다. 7개항 강령에 대해서는 역시 다루지 않았다. 그럼에도 불구하고 그의 이번 의견표명은 이 시기에 서독에 대한 우리의 정책에 대해 북한 측에서 한 언급 중 가장 광범위한 것이다.

요약해서 말한다면 북한 측으로부터는 전반적이고 완전한 군비축소를 위한 독일 평화조약 체결의 국제적인 의미에 대해서나, 동·서독 양국간의 긴장완화와 서베를린 문제의 단계적 해결의 제안에 대해서도 전반적으로 입장표명이 없었다고 할 수 있다.

해당 시기에는 전반적이고 완전한 군비축소 문제에 대해 공식적으로나 비공식적으로 언급이 없었다.

이상의 정보는 페어비베 동지에 의해 작성되었으며 5월 10일 업무회의에서 논의되었다.

[수신자] 1부 : 중앙위원회 외교정책과

      1부 : 외무성 비유럽1과 / 쉬나이데빈트 동지

      1부 : 외무성 비유럽1과 / 2

      1부 : 정보과

      2부 : 대사관

1956년 6월 7일 동독의 오토 그로테볼 수상이 김일성 수상 등을 공항에서 영접하고 있다. 왼쪽부터 김일성수상, 오토 그로테볼 동독수상, 피쉐르 리하르트 평양주재 동독대사, 뒷줄 왼쪽부터 박길용 동독주재 북한 대사, 남일 외무상의 모습이 보인다.

문서번호 : 38829/8N

북한의 국내정책 및 외교정책의 몇 가지 문제에 대한 정보

외무부 비유럽1과/2

> 비밀 공무사항
> 〈번호: 145/63〉
> 5통 발행
> 제2통 총 5 쪽

[작성 장소 및 일자] 베를린, 1963년 5월 28일
[작성자 약호] Wi.

(벡커 대사 동지의 취임인사 방문에 대한 문서기록을 바탕으로 북한 분과에서 작성)

I. 1963년 북한의 경제발전

a) 공업

주요방향은 1962년에 달성한 성과를 공고히 하고 1964년도의 새로운 성과를 달성하기 위한 유리한 제반조건을 조성하는 것이다. 따라서 북한의 동지들은 1963년을 "안정화의 해"라고 부르고 있다. 여기서 중점은 광산공업, 기계공업, 화학공업 등이다. 현재 원료산업과 제조업 간의 심한 불균형이 존재한다. 특히 금속가공 공장들이 최대한 가동을 하지 못하고 있다. 경제계획에 예정된 몇몇 새로운 공장의 건설을 중단해야 했다. 주요 원인은 원료 부족에서 찾을 수 있다.

b) 농업

주요 방향은 양곡생산의 증가이다. 중점은 경작면적의 확대와 기계화이다. 기계화 정도가 아직 낮기 때문에 인력을 공업 분야에서 농업 분야로 재분배하는 조치가 취해지고 있다.

(현재 공업과 농업 분야의 인력분포 상황은 50:50이다.)

북쪽 지방에서는 중국의 인민공사를 본보기삼아 4개의 농업협동농장이 조성되었으나, 아직까지 작업이 매우 빈약하게 진행되고 있다고 말할 수 밖에 없다.

2. 동·서독 문제 해결에 대한 북한의 입장

여전히 북한의 동지들은 서독의 주전론과 제국주의에 대한 우리의 투쟁에 있어서 우리에게 지지를 약속했다. 조선 노동당 중앙위원회 부위원장인 박금철 동지는 다음과 같이 말했다: "연방제를 통한 귀국의 통일 정책은 현 독일 상황에 알맞게 올바른 정책이라고 생각합니다. 평화조약 체결은 따라서 매우 중요합니다. 우리가 1961년 8월 13일의 조치 (베를린 장벽 건설조치)도 지지한 것과 같이 평화조약 체결을 위한 귀국의 투쟁도 지지합니다. 우리는 우리들의 나라를 평화적으로 통일할 커다란 과제를 갖고 있으며 이 과제를 우리는 꼭 완수해야만 합니다."

박금철 동지도 취임인사 방문을 받은 북한의 다른 고위층 동지들도 7개항 제안에 대해서는 언급을 하지 않았다. 벡커 동지가 취임인사 방문에서 7개항 강령 등에 대해 설명한 것에 대해 중앙위원회 위원이자 평양시 인민위원회 위원장인 강희원 동지가 한 대답은 그 원인들을 밝힌 것 같다: "제가 반박한다고 해서 화내지 마십시오. 우리는 과거로부터 경험들을 갖고 있습니다. 우리는 무장해야 되고 무기를 갖고 적과 맞서 싸워야 합니다." 이 제안의 의미를 올바르게 인식하지 못했음이 분명하다.

북한의 정책과 연관하여 볼 때, 북한의 동지들은 7개항 강령을 "적으로부터의 후퇴"로 파악하고 있을 것이라는 가정이 명백하다. 따라서 우리 대사관의 모든 외교관들이 제아무리 모든 힘을 쏟아서 7개항 강령에 대해 의견표명을 받아내려고 해도 성공하지 못할 것이라고 볼 수 있을 것이다.

3. 의견 차이에 대한 논쟁의 억제문제에 대한 북한의 입장

취임인사 대담들에서 북한 동지들은 논쟁을 시작하려 하지 않았다. 다만 고등교육성 상만이 — 분명히 준비된 듯한 — 시도를 하였다.

소련 대사의 정보에 부합하게 4월초와 4월 28일에 조선노동당 중앙위원회에서 회의가 개최되었는데, 국가간부들, 특히 무역성과 외무성의 간부들이 두 자매정당 사이의 의견 차이를 국가관계에 옮겨놓았다고 김창만에 의해 비판을 받았다. 김창만은 자신이 최초로 소련 공산당과 소련 정부의 태도를 비판하였지만, 소련이 북한을 위해 큰 도움을 준 것을 바탕으로 하여 소련과 우호적인 관계를 유지할 필요가 있다고 말했다.

회의에서 국가간부들은 특히 소련, 체코 및 동독의 대표들과의 관계를 향상시키라는 요구를 받았다. 이점은 북한의 외무성과의 협력관계에서 뚜렷이 나타난다. 3월말까지는 특히 소련, 체코 및 동독 대표들의 업무 전반이 심하게 제약을 받은 반면에, 그 이후에는 약간 완화된다. 1963년 4월 23일 외무장관이 벡커 대사에게 한 말도 이러한 맥락에서 이해될 수 있다: "동독과 북한의 두 정당과 두 정부가 외교정책적인 사건들과 관련하여 상이한 견해를 가진 적은 있지만, 양국간에 견해 차이는 이제까지 단 한번도 없었습니다. 국내정치적인 분야에서도 양측이 개별 사안들에 다가가는 방식이 다를 수는 있습니다. 그렇지만 이것이 우리 양국간의 관계를 저해해서는 안됩니다."

전략적인 수단에 있어서 이와 같은 변화가 있다고 해도 원칙적인 문제에 있어서 이제까지의 북한의 입장에는 변한 것이 아무것도 없다.

4. 동독과 북한의 국가간 관계의 문제

a) 북한의 동지들은 총론적인 표현으로는 양국간의 우호적이고 형제같은 관계의 존속을 언급하고 특히 동독의 큰 원조를 강조하였다. 우리 관계의 구체적인 문제는 다루지 않았다.

b) 국가계획위원회 위원장, 무역상, 외무상과의 의견교환에서 북한 측이 경제 교류관계의 발전에 많은 관심을 갖고 있다고 언급되었다. 여기서 북한은 양국간의 무역에 있어서 원료뿐만 아니라 우선적으로 반제품 및 완제품을 수출하고자 한다.

박금철 동지는 다음과 같이 말했다: "경제 협력과제에 관해서 김일성 동지는 모든 경제간부들에게 사회주의 국가들과 특히 동독과 상호 지원과 지지의 기반위에서 좋은 협력관계를 수행도록 유도하셨습니다."

5. 북한의 통일정책

1962년 10월 23일 최고인민회의의 회의석상에서 김일성 동지가 발표한 평화적 통일을 지향하는 정부성명이 북한의 통일정책의 근간이라고 대화들에서 표현되었다. 물론 "방어태세의 고양"을 위한 북한 노동당 제5차 전원회의의 결의와 "한 손에는 무기를, 다른 한 손에는 낫과 망치를"이라는 구호, 그리고 평화적 통일정책에 대한 일관성없고 지속성없는 언급은 부정적으로 작용한다. 후자는 특히 남북한간의 연방을 구성하자는 제의에 해당한다.

　　박금철 동지의 말 : "우선적으로 남한의 호전적이고 파쇼 정권이 제거되어야 하기 때문에 현재 우리는 연방제를 전면에 내세우지 않고 있을 따름입니다. 우리의 기본 원칙은 그럼에도 불구하고 연방제입니다."

[작성자] 벡리히트
　　　　선임 담당관
[수신자] 1부 : 쉬밥 장관
　　　　1부 : 중앙위원회, 오트 동지
　　　　1부 : 정보과
　　　　1부 : 평양대사관
　　　　1부 : 북한 분과

조선 노동당의 정책에 대한 정보

국제교류과

[작성 장소 및 일자] 베를린, 1963년 6월 20일
[작성자 약호] Zi/Br/Zs/Hm

비공개

(조선 민주주의인민공화국 주재 동독 대사관의 평가에 의한 것임)

I. 조선 노동당의 국내정책에 대하여

지난 두 달간 국내정치 분야에서 가장 중요한 사건들은 1963년 5월 13일부터 15일까지 개최된 조선노동당의 제6차 전원회의와 1963년 5월 9일부터 11일까지 열린 최고인민회의의 제2차 대회이다. 북한이 이 나라의 인민경제를 발전시키고 공고히 하려는 큰 노력을 기울였다는 것을 위 두 회의가 나타내고 있다. 조선 노동당의 제6차 전원회의에서는 당의 지도방식, 특히 공업에서의 당의 지도방식과 공장에서의 사회주의적인 민중경쟁(천리마 운동)에서 취득한 경험들을 어떻게 일반화시킬 것인가 하는 문제가 다루어졌고 이에 걸맞는 결의사항들을 채택하였다. 공장 내에서의 당위원회의 집단지도체제와 공장의 관리에 근로자들이 적극적으로 참여하는 문제가 특히 강조되었다. 여기에서는 관리의 집단체제가 강조되지만, 공장관리자의 개별관리나 공장관리 및 당위원회 관리의 임무 구분에 대해서는 별로 주의를 기울이지 않은 점이 눈에 띈다. 관리의 집단체제를 올바르게 강조하더라도 반면에 김일성 동지에 대한 강화된 개인숭배로 인해 주어진 한계에 부닥치게 된다. 몇몇 공장방문을 통하여 확인할 수 있었던 사실은 공장 책임자 모두가 해당 공장의 생산의 발전에 있어서 김일성 동지의 직접적인 지시를 강조하고 자체적인 숙고와 조치들은 덜 참작한다는 것이다.

전원회의 자료들에 의하면 민중경쟁은 기술 지식의 고양, 기존 장비의 최대한의 이용, 원료를 사려깊고 아껴서 사용하기, 새로운 노동규정의 개발과 자기비용의 체계적인 인하 등과 같은 중요한 과제를 지향하고 있다. 이러한 운동에 현재 3백만 명 이상의 근로자가 참여하고 있다.

제6차 전원회의와 최고인민회의 제2차 대회의 결의사항들을 살펴보면 이러한 조치들이 "모든 것은 자력으로"라는 민족주의적 구호를 보다 확고하게 관철시키는 바탕위에 실현되어야 한다는 점이 명확해진다. 정치위원회 후보위원인 재정상은 예산을 둘러싼 논쟁에서 두 시간에 걸친 그의 주제발표에서 국제 협력과 북한을 위한 사회주의 국가들의 원조에 대해서는 한 마디도 하지 않았다. 그는 다음과 같이 말했다: "우리 당은 자립적인 민족 경제를 건설하였기 때문에 우리들은 오늘날 필요한 공작기계와 장비들을 우리 손으로 만들어낼 수 있고 새로운 공장들을 세우고 증가하는 인민의 수요를 계속적으로 충족시키면서 자립적으로 경제를 발전시킬 수 있다." 이 주제발표에서 그는 북한이 오늘날 필요한 공작기계와 장비의 92%를 자체 생산해낼 수 있다고 언급하였다. "우리의 안전한 자립적인 경제는 민족 자율권과 공화국 정부의 정치적 주권에 대한 확고한 보증이다"라고 다른 자리에서 언급한 바 있다.

재정상의 주제발표 뿐만 아니라 첫 번째 의사일정에 대한 제6차 전원회의에 대한 보도기사들에서 알 수 있는 것은 북한이 1963년에 원료산업의 발전에 특별한 주의를 기울이고 있다는 사실이다. 원료 산업에는 1962년도와 비교하여 1.4배의 예산이 투자되었다. 여기에 무엇보다도 석탄과 광석(철광, 비철금속 및 귀금속)의 채굴의 증가가 강조된다.

5월에는 소련의 대표사절단이 1963년부터 1965년까지 소련의 차관의 이용에 대해 북한 측과 협상을 했다. 북한 측은 예를 들어 김책 제철소의 확장을 위해, 그리고 다른 의도(화력발전소 건설), 특히 광산의 기술 장비를 위해 사용할 수 있도록 차관을 요청하였다. 소련의 사절단은 이 요청을 수락하였다. 북한측 대표도 1963년도 비철금속광석의 공급량을 줄여달라는 요망사항을 제시하였다. 이는 북한이 1963년에 7개년계획의 과제를 원료산업에서 뿐만 아니라 금속가공 분야에서도 이행하지 못하였다는 결론을 이끌어 낼 수 있다.

2. 사회주의 국가들과의 협력

경제상호원조회의(COMECON) 회원국들과의 협력에 대한 북한의 입장에서 지난 몇 주 동안 정치 문제에 있어서의 협력은 한참 뒷전으로 밀리고 경제적인 분야에서의 협력은 북한 측에 명백하게 이득이 있을 경우에만 긍정하는 경향이 한층 더 강하게 나타난다.

외무성에서의 대화, 그리고 북한의 간부급들과의 대화에서 북한이 현재 7개항 강령을 지지할 의사가 없다는 점이 나타난다. 북한의 간부들은 우리의 정치적 논거를 경청하기는 하지만, 그들의 발언에서는 좀처럼 동독에 대한 지지라는 일반적인 표현 이상을 넘어서지 않는다.

경제 분야에서 북한은 동독에 대한 수출의무를 기한에 맞게 이행하고 있다. 5월 말 우리의 무역협정에 따라 북한 수출량의 28%가 이행되었다. 어려운 점은 무엇보다도 운송에 있다. 북한 측은 상품을 제때에 공급하지만, 운송수단 부족으로 인하여 우리가 연기를 요청해야 한다.

정보를 제공받고 공장시찰을 하고자 하는 대사관의 요망사항들은 대체로 외무성의 조서과를 통하여 의전상으로 정확하게 충족되었다. 그러나 사회기구들과의 관계는 현재 불가능하다. 북한 측 대화상대자들은 정치적 토론에서 대단히 자제하고 국제문제에 대해서는 일반적인 대화만 할 뿐이다. 양 측의 견해 차이에 대해 논의하기 위해 그 어떤 주도적인 시도도 하려 들지 않는다.

대사들과의 협력에서 드러난 점은 루마니아 대사가 경제상호원조회의에 속하는 국가의 대사들이나 대리공사들에 대해 자제하고 정치적인 대화를 기피한다는 점이다. 그에 비해 중국 대사와 알바니아 대사와의 대화에는 매우 열심이다. 북한의 동지들도 마찬가지로 그와의 대화에 각별한 주의를 기울인다.

금년 6월에는 정치국 위원인 최용건을 단장으로 한 조선 노동당의 사절단이 중화인민공화국을 방문한다. 이번 방문여행의 목표는 소련 공산당 중앙위원회의 사절단과 중국 공산당 중앙위원회의 사절단의 임박한 회동에 대한 양 측의 입장을 중국측 노선에 맞게 조율하는 것이다.

이러한 관점에서 조선 노동당의 정치국 위원이자 우리 전당대회에 조선 노동당의 사절단을 이끌고 참가한 바 있는 리호순 동지가 참여하는 것도 각별한 의미가 있다. 그가 참가함으로써 (그는 정치국에서 대남공작에 대한 책임을 지고 있다) 경우에 따라서는 남한에 대한 양국의 정책을 계속 조정해 나갈 수 있다. <u>자립적인</u> 통일에 대한 구호가 제시되는 것도 최근 들어 특별히 눈에 띄는 현상이다.

3. 남한에 대한 조선 노동당 정책에 대하여

박정희 정부의 부패한 음모에도 불구하고 남한에는 어느 정도의 경제발전이 존재한다. 이는 특히 외국의 차관원조를 받아 국가자본주의적 부문에서의 공업 구축에서 가시화된다. 북한이 명백하게 외면하는 이러한 발전을 박정희 등등이 의심의 여지없이 가능하게 만들었다. 남한 주민의 특정 부분을 매수하여 (어쨌든 새로운 헌법을 위한 1962년 12월 17일의 국민투표에서 유권자의 78.6 %가 찬성표를 던졌다. 유권자들은 새로운 헌법으로 그들의 처지가 개선되기를 기대하였다) 공업과 농업을 사회주의적으로 구축한 본보기를 통하여 매우 정확하게 그리고 문화 분야에서 특히 방송을 통하여 북한이 남한의 주민들에게 행사하려고 했던 선전적인 영향력조차도 별 성과가 없었다. 이와 같은 영향력은 현재 대체로 매우 미약함에 틀림없다.

남한 주민들 일부분에 명백히 존재하는 민주적인 노력을 남한의 지배계층의 부패한 정치에 맞서는 투쟁으로 집결시키고, 북한이 남한의 정치에 대한 영향력을 행사할 수 있는 통로로 사용할 수 있는 혁명적인 정당은 존재하지 않는다. 따라서 미 제국주의자들과 그들과 연루된 자들이 인민으로부터 완전히 유리되어 있다라는 북한 인민군 15주년 기념일에 북한 인민군 총참모장의 발언은 그릇된 평가임이 분명하다.

남한에서의 북한과 조선 노동당의 영향력, 특히 박정희에 반대하는 집단들에 대한 영향력은 대단히 미약하다. 그 원인은 무엇보다도 북한이 남한의 어떤 세력을 지원해야 할 것인지에 대해 정확한 구상과 명확한 파악이 없다는 데에 있다. 그 밖에도 남한의 계급세력들에 대한 정확한 분석이 없기 때문에 재야 그룹들에 대해서도 아무런 접촉이 없음이 분명하다.

1962년 12월 조선 노동당 제5차 전원회의의 조치들과 "전 인민을 무장하고 전 국토를 요새로 만들자"라는 구호는 1962년 7월 최고인민회의 제11차 대회에서 제출되고 1962년 10월 23일 김일성의 정부 성명에서 좀더 확대된 평화통일을 위한 제안이 돌파구를 마련하는 데에는 역부족이었다. 북한은 이로써 기대되었던 반향을 불러일으키지 못했음이 분명하고 그래서 1963년 1월 중순에 "고향의 평화통일 위원회"의 성명에서 다음과 같은 구호를 내놓았다:

17

"남한의 현 상황을 변화시키고 인민대중을 부패로부터 구해낼 수 있는 유일한 길은 미국의 침략자들을 남한에서 몰아내고 조선 민족의 자력으로 조국의 평화통일을 이룩하기 위해 노력하는 것이다." 더 나아가서 단결된 인민대중을 이길 수 있는 적은 세상에 없으며, 박정희 도당은 타도되어야 한다는 것이다. 동일한 맥락에서 이미 최고인민회의 제11차 대회에서 제기된 주장―남·북한에서의 군부대의 축소, 민족통일과 남·북한의 경제적, 문화적 협력과 교류의 달성―들도 마치 모든 문제를 해결할 수 있는 것처럼 반복된다.

아래 열거한 근거들로 인하여 북한의 당과 정부가 이미 전에 사용된 구호, "우선 남한의 호전적, 파쇼 정권을 타도하고 나서 협상을!"이라는 구호를 다시 사용하게 되었다.

① 평화공존정책만이 세계평화를 보존할 수 있다는 점을 소련이 입증한 바 있는 카리브 지역에서의 위기 이후 조선 노동당의 지도층 동지들은 일체의 협상과 절충을 거부하였고, 소련이 제국주의자들에 대해 양보한 것을 책망하였다.

② 북한의 당과 정부의 지도부는 이데올로기적 관점에서 완전히 중국의 입장으로 넘어갔으며, 평화공존정책을 그들의 외교정책의 일반노선으로 간주하지 않는다.

③ 군사독재지배를 의도적으로 연장함으로써 정치적 난관이 남한에 초래되어 북한은 더 이상 박정희 정권과 협상할 의도를 잃게 되었음이 명백하다.

"자력으로 통일을!"이라는 구호는 통일이 한국인 스스로의 사안이라고 이해한다면 완전히 올바른 것이다. 그러나 이러한 맥락에서 이와 같은 구호는 "종속"이라는 일체의 인상을 피하기 위해 사회주의적 형제국가들과의 긴밀한 협력에 대해서도 반대하고 있다. 이러한 구호는 생활의 모든 영역에서, 특히 인민경제에서도 지배적이므로, 앞으로 북한에서는 현재 도달된 기술수준을 유지하고 개선시켜서 남한에 본보기를 보여줄 만큼 영향을 미치기가 점점 더 어려워질 것이다. 그리하여 결국에는 틀림없이 통일정책에 부정적인 결과를 가져오게 된다.

[작성자] 27통 정치국
       7통 국제교류과

1956년 6월 12일 김일성 수상이 오토그로테볼 동독수상, 울브리히트 등과 회담하고 있는 장면. 오른쪽은 박정애 조선노동당 부위원장, 당시 박정애 부위원장은 1949년 김일성 수상의 부인인 김정숙이 사망한 후 대외 외교석상에서 퍼스트레이디 역할을 대행했다.

문서번호 : 38925/1N

조선 민주주의인민공화국 건국 15주년 기념행사에 대한 평가

외무부 비유럽 제1과
북한 분과

비밀 공무사항
〈번호: 245/63〉
5통 발행
제2통 총 4 쪽

[작성 장소 및 일자] 베를린 1963년 9월 17일
[작성자 약호] M?

I. 아래의 사절단들이 북한 건국 15주년 기념일을 계기로 평양에 참석하였다 :

정부사절단 : 쿠바, 예멘, 아랍 에미레이트, 기니, 인도네시아, 알제리, 말리, 캄보디아,
이라크

의회사절단 : 인도네시아, 일본

노조사절단 : 동독, 체코슬로바키아, 폴란드, 루마니아, 알바니아

정당사절단 : 유고슬라비아 사회주의당, 인도네시아 공산당(아이디트(Aidit))

우호단체 사절단 : 소련, 중국, 몽고, 일본 조총련

북한에 체류하는 사절단의 수는 33개라고 박성철 외무상이 보고하였다. 헝가리에서는 부다페스트에 천연두가 발생하여 사절단이 참석하지 않았다.

사절단 초청과 대우에 있어서 사회주의 국가들보다 신생 민족국가들에 우위가 주어졌음이 나타난다. "사회주의 국가들의 노동자 계급이 신뢰를 받아서" 몇몇 사회주의 국가들로부터는 노조사절단을 초청하였다는 정치위원회 위원 김광협의 발언이 흥미롭다. 이러한 발언 뒤에는 노조들이 사회주의 국가들의 정부 정책에 동의하지 않는다는 해석이 숨어있다.

신생 민족국가들로부터 많은 수의 사절단이 참석하였다는 것은 북한의 국제적 위상을 입증한다. 다른 한편으로는 초대에 있어서 무원칙성이 드러난다. (이라크의 정부사절단)

2. 북한 건국 15주년을 기념하는 북한 동지들의 연설들에는 다음과 같은 문제들이 특히 강조

된다 :

- 모든 성과는 "모든 것을 자력으로"라는 원칙을 바탕으로 이룩된 점,
- 우선적으로 자력에 의지하고 그 다음에 이차적으로 외부의 도움이 있어야 한다는 점, 사회주의 구축에 있어서 우선 자국의 근로자들을 동원해야 한다는 점,
- 당과 정부의 정책과 당과 정부의 마르크스–레닌주의적 견해의 "정당성",
- 북한은 남한과의 통일문제를 무기로써가 아니라, 평화적으로 해결할 것이라는 점, 남한 상황에 대한 기술,
- 일본에 살고 있는 조선인 문제와 그들이 북한으로 자유롭게 왕래할 수 있도록 하는 투쟁에 대한 지원문제,
- "모스크바 조약을 핑계삼아 핵실험을" 계속하고 "동맹국들에게 핵무기를" 제공하는 미 제국주의자들에 대한 북한의 투쟁,
- 제국주의에 기여하는 현대 수정주의자들에 대한 투쟁, 당과 정부와 조선 인민은 마르크스–레닌주의의 순수성을 위해, 사회주의 인민들과의 우호적 관계를 강화하기 위해 계속하여 투쟁할 것이라는 점,
- "우리는 상이한 사회질서를 갖고 우리 인민의 자유와 독립을 높이 존중하는 나라들과의 국가적 관계를 평화공존의 원칙에 의거하여 구축해나갈 것이다. 이것이 우리 공화국 외교정책의 시종일관된 조치이다."

북한동지들의 태도에는 민족적인 문제와 국제적인 문제에 대한 이제까지의 잘못된 중국의 견해가 강하게 지지되어 나타났다. 이는 신생 민족국가들의 역할을 지나치게 강조하고 소련 및 다른 사회주의 국가들에 대한 숨겨진 공격이 결부되어 있다.

외국 사절단에게 북한의 정치력, 경제력, 군사력 및 북한의 당과 정부의 정책의 정당성을 외국 사절단에게 보여주어야 한다.

3. 아이디트 동지의 지휘 하에 인도네시아 공산당 사절단이 유럽의 인민민주주의를 방문하고 나서 북한 건국 15주년 기념행사에 참석하였다.

아이디트는 자신이 유럽의 사회주의 국가들에 체류한 것을 강조하면서 그의 연설에서 주로 현대 수정주의자들에 대한 투쟁의 필요성을 언급하였다. "수정주의의 위험은 수정주의

18

자들이 편안한 삶을 원하는 데에 있다. 그들은 노동의 사랑에 대해서만 얘기할 뿐이지, 실제로 인민들로 하여금 노동을 사랑하도록 교육을 시키지 않는다. 그들은 돈만을 사랑하고, 쾌락을 추구하며, 결국에는 개인주의자들이 된다. 그밖에 그들은 세계평화 추진에 있어서 근로자의 교육을 방해한다." 이와 같은 험담과 모욕적인 언사로 보아 그가 자신의 유럽여행에 대해 어떻게 평가하고 있는가 하는 것이 드러난다. 다른 한편으로 그는 다음과 같이 강조한다: "우리는 우리나라의 간부들을 북한에 보내서 (민족 자립적인 경제구축의)원칙들이 현실에서 어떻게 적용되는가를 그들이 배우도록 할 것이다. 이러한 방식으로 정치적으로 자립적인 세력이 되고 경제적으로 독립할 수 있다." 이렇게 말함으로써 그는 분명하게 조선노동당과 북한의 편에 선다. 다음과 같은 그의 말도 이러한 방향으로 이해될 수 있다. "우리는 현재 세계 공산주의 운동에서 누가 진정한 마르크스-레닌주의자이고 누가 그릇된 마르크스-레닌주의자인지 판가름하는 매우 중요하고 결정적인 단계에 서 있다."

4. 소련, 체코슬로바키아, 동독, 폴란드의 노조사절단들은 대체로 통일적인 태도를 보였다. 소련사절단을 격리시키고 루마니아 노조사절단에게 특수지위를 부여하려는 북한 동지들의 시도는 명명백백하였다. 그러한 시도가 우리 사절단에게는 통하지 않은 반면, 루마니아 사절단을 편애하는 것은 그대로 접수되었다. 루마니아 사절단 단장은 무턱대고 전면에 나서서 북한 측의 환영사에 번번이 첫 번째로 응수하였다. 여기서 그는 김일성의 영도 하에 조선 노동당의 올바른 마르크스-레닌주의 정책이 북한을 위한 성공에 이르게 했다고 번번이 강조했다.

우리 사절단에 대한 태도에서 우호적인 태도가 드러났고 사회주의 국가가 다른 사회주의 국가, 특히 소련에 맞서서 겨루어 볼 수 있는 기회가 모색되었다. 우리 사절단에게 북한의 정책이 설명되었고, 한국전쟁 당시 동독의 도움이 언급되었으며, 동독에 대해 북한의 경제적 이해관계에 대한 관심이 표명되었다. 자유독일노동조합연맹 (FDGB) 사절단은 우리의 정책을 설명할 기회를 가졌다.

박물관 방문시에 "우리는 산 속에 안전한 방공호가 있고 현대 수정주의자들은 핵전쟁 걱정을 하고 있다"라고 사절단들에게 설명하였다. 프랑스 전체를 파괴시킬 수 있는 강도를 지닌 핵폭탄이 있다는 캄포트 교수 동지의 대응에 엄청난 놀라움을 표시했다.

5. 1963년 9월 15일 리우차오치 동지가 평양에 도착했다. 우리가 파악한 바에 따르면 사절단은 이미 9월 9일 휴일에 오지 않았는데, 만일 이날 도착하였다면 사회주의 국가들 가운데 당과 정부 사절단을 파견한 유일한 국가가 될 뻔 하였다. 그럼에도 불구하고 최용건 동지의 초청으로 북한에 체류하는 중국 사절단이 참석하였다는 사실만으로도 정치적 시위이다.

[문서작성자] 벡리히트

　　　　　　임시 분과 책임자

[수신자] 1부 : 쉬밥 동지

　　　　　1부 : 중앙위원회, 오트 동지

　　　　　1부 : 정보과

　　　　　1부 : 평양대사관

　　　　　1부 : 북한 분과

추 신 : 본 분 과에 의해 우 리 시대의 동 향의 주 요 현안에 대한 북 한의 입장과 논 거들 의 정확한 분 석

　　　　이 준비 중이다.

1963년 10월 27일 피메노프, 비텍, 쉬햐 동지의 대담에 관한 문서기록

북한 주재 동독 대사관

[문서번호] 232/63
[작성 장소 및 일자] 평양, 1963년 11월 8일
[문서기호] A/805/219

비밀 공무사항
〈번호: 245/63〉
5통 발행
제2통 총 4 쪽

소련대사관 참사관 피메노프 동지는 폴란드와 체코슬로바키아 대사관의 1등 서기관 비텍과 쉬햐 및 본인을 평양 근교로의 소풍에 초대하였다. 이날 대화에서 다음과 같은 흥미로운 사실들이 언급되었다:

① 10월 27일까지 소련의 동지들은 북한 외무성 대표자들과 10월혁명 46주년 기념 프로그램에 대해 대화를 나누지 못했다. 소련 동지들은 최소한 공장과 농업협동농장에서 만나 얘기할 기회가 주어지기를 원했다.

② 모스크바에서 북한과 소련 대표자들 간의 무역회담에 대해 피메노프 동지는 이 회담이 질질 끌듯이 진행되고 아주 어렵게 전개되고 있다고 말했다. 북한은 될 수 있는한 적게 비철금속과 귀금속을 수출하고자 하지만, 그러면서도 완성된 제품을 수입하려고 한다. 소련 동지들은 현재 품질문제를 강조하고 예를 들어 손수건이 표준에 맞지 않으면 사들이지 않는다. 피메노프 동지는 북한 측이 요구하는대로 계속 원조를 해줄 수는 없고 무역은 엄격한 상호주의에 입각해서 이루어져야 한다고 말했다.
비텍 동지는 마찬가지로 협상기간 동안의 어려움에 대해 언급하면서 협상의 주요문제는 북한과의 교역 전체의 75%를 차지하는 마그네사이트 광재의 공급이라는 점을 강조했다. 폴란드 인민공화국이 제시한 품질에 대한 요구에 대해서 아직까지 아무런 합의도 없다고 한다.

쉬햐 동지는 체코슬로바키아의 사절단이 경우에 따라서는 11월 중순에 파견되리라

예상된다고 말했다. 북한이 어느 정도 이쪽 나라들과의 관계를 희생해가면서까지 자본주의 국가와의 무역을 확대하려고 한다는 점에 대해 대담 참가자들 모두가 동의했다(참조: 일본과 강화된 무역 및 영국에 북한의 무역사절단을 파견하기 위한 준비 등).

③ 피메노프 동지는 박정희가 "국가와 혁명과 나"라는 제목으로 책을 출간하였는데, 이 책에서 박정희는 남한의 현 상황, 경제와 주민 생활의 안정, 자유 시장경제, 남한의 자립과 국가발전에 대해 서술했다고 전했다. 한 장(章) 전체가 소위 서독의 경제기적을 다루면서 서독의 경험을 남한에 전수받는다고 한다. 이 책을 입수하도록 해야 할 것이다.
이 대담에서는 박정희 정부가 모든 어려움을 무릅쓰고 어느 정도 안정이 되었으며 이러한 점이 80% 이상의 높은 투표율에서 나타났다라는 견해가 일반적으로 피력되었다.

④ 북한과 중국의 점점 더 긴밀해지는 접촉에 대한 비교적 긴 논의에서는 특히 리우챠오치의 방문 이후에 북한이 완전히 중국 노선 쪽으로 선회하였다는 사실이 언급되었다. 중국의 입장을 지지하는 신문의 두 기사와 양국 간에 점점 더 빈번해지는 사절단 왕래가 이를 입증하고 있다. 피메노프 동지는 이제는 더 이상 북한의 입장이 동요하지 않는다고 궁극적으로 말할 수 있다고 했다. 흥미로운 것은 분열에 이르게 되더라도 조선 노동당 지휘부가 중국 공산당과 마오쩌뚱의 주도적 역할을 승인할 것인가의 문제라는 것이다. 승인의 문제는 극히 중요하기는 하지만, 양국 간의 관계, 그리고 양국 당 간의 현재 관계에서는 더 이상 원칙상의 문제가 아니라고 피메노프 동지는 말했다. 중국 공산당의 지도층은 조선 노동당 지도층의 민족주의적 자존심을 상하게 하지 않고 조선 노동당 구상에 완전히 들어맞는다고 하는 김일성 개인숭배 문제를 건드리지 않기 위해 분명히 능란하게 대처할 것이라고 한다.

⑤ 북한에서의 쿠바 대사의 역할에 관한 짧은 대화에서는 쿠바 대사가 분명 중국과 북한에 모든 것을 그대로 전할 것이기 때문에 주의하라고 독려하였다. 쿠바 대사가 북한에서 추진하고 있는 정책 때문에 완전히 북한인들의 손아귀에 있으며, 과거와는

반대로 북한의 정책을 지지한다고 한다.

[문서 작성자] 빈켈만

[수신자] 1부 : 외무성 비유럽1과/2

　　　　1부 : 중앙위원회, 외교정책과

　　　　1부 : 대사관 / 빈켈만 동지

1956년 6월 7일 김일성수상이 정부대표단과 함께 동독 베를린쉐네펠트공항에 도착해 도착성명을 읽고 있다. 뒷편에 최현 민족보위성 부상, 남일 외무상등이 도열해 있다. 환영나온 동독 어린이가 목에 둘러준 붉은 스카프가 이채롭다.

문서번호 : 38829/13N

1963년도 북한의 군사정치적 상황의 변화에 대한 평가

북한 주재 동독 대사관
무관

[문서기호] 29a – 40 Schr./Me
[일지번호] 19/64
[작성 장소 및 일자] 평양, 1963년 12월 25일

I. 1963년도 조선 노동당 정책의 동향

1963년이 경과하는 동안 조선 노동당과 북한 정부는 이제까지의 분열된 태도를 점차 버리고 이해 여름과 가을에는 완전히 중국 공산당의 입장으로 넘어섰다. 이해 종반 몇 달 동안 노동당 신문의 일련의 기사에서 국제 정치와 노동자 운동에 대한 여러 가지 문제에 대해 중국 공산당의 유명한 성명들의 본보기를 따라 조선 노동당의 입장을 보도하기 시작했다. 이 기사들로써 조선 노동당은 중국 공산당과의 완전한 연대감을 표시하고 소련 및 다른 공산당과 노동자 정당에 반대하는 정책에 노골적으로 참여한다. 이데올로기 문제에 대한 조선 노동당의 이러한 태도는 동시에 북한의 국내 및 외교정책 전반에서, 그리고 경제정책 및 군사정책에서 점점 더 강력하게 반영되어 나타난다.

1. 북한의 경제 동향

1963년 북한의 전체 경제 동향을 규정짓는 것은 "자력 생산"이라는 민족주의 구호이다. "천리마운동" (북한판 "대도약 정책")은 당의 일반노선으로 격상되었다. 경제 운용에 있어서는 인민 경제 모든 분야에서 당 위원회를 통한 집단 지도체제와 생산의 계획수립이라는 "대안체제"가 관철되었다.

1963년 인민경제계획을 이행하는데 있어서는 대단한 노력에도 불구하고 설정된 계획수치들에는 전반적으로 도달하지 못하였다. 석탄공업, 금속가공공업, 화학, 건설업, 기계공업의 생산은 대체로 1962년의 수치를 넘어서지 못했다. 1963년도에 계획된 11%의 총생산 증가율

은 조선 노동당 제7차 전원회의에서 8%로 하향 조정되었지만, 소련 측의 평가에 따르면 이 상승률조차 달성하지 못할 것이라 한다. 주요 원인은 우리들 생각으로는 다음과 같다:

> - 사회주의 국가들의 원조에 있어서 조약상의 만료
> - 1963년 전반기에 방위산업 및 방어진지 구축에 인민경제를 지나치게 혹사한 점
> - 부족하거나 목적에 부합하지 않는 투자활동
> - 원료 부족과 가공용량 부족
> - 그러나 무엇보다도 주요 원인은 인민경제 수립과 관리의 결함에 있다.

의복문제와 주택문제는 몇몇 개선점이 있음에도 불구하고 아직 해결되지 않았다. 식량 문제는 여전히 어려운 상황이다. 식물성 지방과 같은 몇몇 항목에서는 심지어 악화되기까지 했다. 무엇보다도 채소, 육류 및 몇몇 섬유제품의 가격이 인상되었다.

이러한 과제를 해결하기 위해 1964년에는 대량 생활필수품의 생산과 농업 (관개시설)을 크게 발전시키고 투자를 통해 지원할 것이라고 한다.

위에 언급한 결점들은 부분적으로는 조선 노동당 제7차 전원회의에서도 언급된 바 있다. 그러나 그에 대한 이유로서 제국주의자들의 방해공작과 "현대의 수정주의자들"의 방해공작이 언급되었다. "현대의 수정주의자들"은 "제국주의자들과 거래를 하려고 하고 우리를 고립시키고 우리에게 경제적인 압박을 가하려고 한다." "현대의 수정주의자들은" 원료를 "싼 가격에 빼내 와서 기계와 함께 비싼 가격에 지불하려한다." 이러한 비방을 "자력으로 사회주의 건설"을 위한 근거로서 들고 있다.

2. 북한의 국내정치 동향의 문제에 대해

국내정치에서는 김일성 개인숭배가 더욱 강화되었다. 제5차 전원회의(1962년 12월)의 결의사항에 걸맞게 전 사회활동과 국가활동은 한층 더 국토방위 확대를 지향하도록 했다. 이는 통신체제 전반과 운송체제 전반에서 그리고 개별 행정, 기관, 기구들에서, 또한 이러한 행정, 기관, 기구들을 북한 인민군을 통해 지도하는 데서 나타난다.

국내정치 생활에서의 절정은 북한의 건국 15주년 기념일이었다. 15주년 기념일은 한편으로는 "자력 생산"이라는 구호 아래, 다른 한편으로는 "현대 수정주의자에 대한 투쟁"이라는

기치 속에서 진행되었다. 이 두 가지 문제가 북한의 당내 노선과 국내정치 노선 전반을 점점 더 큰 폭으로 규정짓고 점점 더 강하고 노골적으로 드러났다.

국내정치의 또 다른 절정은 1963년 12월 3일 지방인민회의 선거였다. 지방인민회의 선거는 같은 구호 아래 준비되었다. 선거를 계기로 하여 "천리마운동"의 틀 내에서 광범위한 생산의무가 발표되었다. 한 거대한 집회유세에서 조선 노동당의 정책이 선전되었다. 도인민위원회, 시인민위원회, 군인민위원회, 구역인민위원회, 마을인민위원회 선거가 공식 공고에 따르면 100% 투표율에 100% 찬성으로 끝났다고 한다.

3. 조선 노동당의 통일정책

1963년에는 통일정책에 있어서 일관된 노선이 없었다. 1962년 6월과 10월 북한의 최고인민회의가 제출한 평화통일을 위한 제안이 조선 노동당 제5차 전원회의 (1962년 12월)에서 그리고 그 후 몇 달 동안 더 이상 언급되지 않았다. 그 대신 "전인민의 무장화, 전국토의 요새화"라는 구호가 널리 선전되었다. 동시에 "3천만 조선인의 단결된 힘으로 미 제국주의자들을 남한에서 몰아내고 박정희 도당을 타도하자"라는 비현실적이면서 위험한 주장이 제안되었다. 그러나 북한은 이와 같이 무력통일을 암시하는 정책으로는 특히 중립적인 국가들에게서는 기대하였던 반향을 얻지 못했다.

따라서 1963년 4월/5월 이후에 북한은 다시 연방제를 포함한 평화통일 제안을 한층 더 선전하게 되었다. 7월 25일자 아시아 및 아프리카 국가들에게 보내는 각서에서 그리고 다른 문서, 연설문, 기사 등에서 북한 정부는 평화통일에 대한 입장을 재차 설명하고 구체적인 남·북한 두 분단국가의 단계적 접근 방안들을 제시했다. (그렇지만 여전히 단일국가론이 유지되었다.) 실제로 이 제안은 평화공존 원칙에도 부합한다. 가장 중요한 군사정치적 제안은 미군철수, 불가침조약의 체결, 남·북한 각자 10만 명으로 병력감축 등이다. 1963년 12월 13일자 정부신문은 심지어 남·북한 간의 평화조약 체결을 제안하였다.

이러한 사실에도 불구하고 1963년 가을에 나온 조선 노동당의 한 소책자에는 다음과 같이 씌여있다: "우리나라의 평화통일은 한 가지 길이고 대전쟁을 통한 통일의 실현은 다른 길이다." "따라서 우리는 모두 예기치않은 사건을 각오하고 있어야 한다."

많은 간부들이 북한이 제안한 문제들의 실현가능성은 진지하게 믿지 않고 무엇보다도 미국과 남한 정부의 정체를 드러내기 위한 선전적인 조치로 간주한다.

평화통일을 위한 북한의 공식적인 제안들은 북한 상황의 실제 조건들에 부합하지만, 최소한 대부분의 간부들은 이를 제대로 인식하지 않거나 과소평가한다. 그 원인은 무엇보다도 중국 공산당에서 출발하는 이론들에 있다.

Ⅱ. 북한의 외교정책

민족주의 사고방식과 김일성 개인숭배의 강화는 1963년 북한의 외교정책에 엄청난 영향을 미쳤으며, 북한의 국제관계를 근본적으로 새로운 방향으로 정립하는 근간이다. 모든 국제문제에 있어서 중국 지도층의 이데올로기적 입장 쪽으로 명백하게 선회하고 그들의 그릇된 견해를 공개적으로 지지하고 방어하는 것은 1963년 북한의 외교정책의 지향과 발전에 결정적인 요인이 되었다.

북한은 최용건(북한의 최고인민회의 위원장)의 중화인민공화국 방문으로서 전쟁과 평화, 평화공존, 군비축소, 소련의 지도적 역할, 제국주의에 대한 투쟁, 수정주의 및 민족해방운동과 같은 중요한 국제적 문제에 있어서 중국 지도자들의 정책과 북한의 정책이 일치한다는 것을 공식문서에 최초로 표현하였다. 그 결과 북한은 3개 매질(媒質)에서의 핵실험 중지에 관한 모스크바 협정을 거부했으며, 다른 사회주의 국가들의 핵무장에 대한 중국의 요구를 적극적으로 지지했다. 중국 지도자들의 입장과의 일치는 더 나아가서 북한의 외교정책의 다음과 같은 문제들에서도 나타난다:

- "평화 보장" 및 "세계혁명의 수호"에 있어서 아시아 사회주의 국가들의 국제적 역할의 지나친 강조
- 소련의 지도적 역할에 반대하는 중국 지도자들의 외교적 구호의 지지 혹은 적극적인 참여
- 알바니아와 루마니아를 제외한 유럽의 사회주의 국가들과의 국가관계의 제한
- 아시아, 아프리카 및 라틴아메리카 국가들 또는 정당 및 기구들과의 관계의 강화된 발전

- 일본 및 서유럽 자본주의 국가들 그 가운데 서독과의 경제적 교류관계의 시작 및 확
  대를 위한 강화된 노력

북한 외교정책의 완전한 노선변경은 특히 군사정책에도 영향을 미쳤다. 동맹조약에 의
거한 북한의 소련과의 군사협력은 이미 1962년에 크게 제한된 바 있는데, 1963년에 완전히
중단되었다. 일체의 소련측 제안들(예: 동해에서의 연합 함대사령부의 구성)이 거절되었다. 북
한 인민군의 군사생도들은 더 이상 소련에 파견되지 않았다. 그에 반하여 중국과의 군사협력
은 크게 발전하여 알려진 한에 있어서 현재 다음의 분야에까지 확장되고 있다:

- 군사사절단 및 자문단의 교환
- 무기 및 장비 생산분야에서의 협력 준비
- 제한된 범위 내에서의 중국을 통한 무기 공급 (소수의 전투기와 대포)

Ⅲ. 1963년 북한 인민군의 동향

1963년 북한 인민군의 발전은 조선 노동당 중앙위원회 제5차 전원회의와 1962년 북한
인민군의 당위원회 제5차 회의의 결의사항을 바탕으로 전개되었다.

핵심과제는 방어기반의 구축, 조선 노동당의 정책을 관철시키기 위한 강화된 정치교육
과업, 북한 인민군의 참모와 간부의 우선적인 군사학적 자격강화 등에 있다. 군사적, 정치적
지휘기관으로서의 당 위원회의 역할을 격상시킨 것은 각별한 주목을 받았다. 북한 인민군의
과업 전체는 "자력 부흥", "1당 100", "전국토의 요새화, 전인민의 무장화" 등등의 구호 아래
있었다.

1963년 전반기는 무엇보다도 38선 북쪽과 해안 지역을 따라서 층층이 쌓아내려간 지하
갱도체제와 방어시설의 구축의 영향 아래 있었다. 이 과업은 무엇보다도 북한 인민군 단위부
대들의 대량동원을 통해 성취되었고 대체로 장마 시작 전에 마칠 수 있었다.

그러나 후반기에도 북한 인민군의 대부분은 도로, 병영, 및 인민경제를 위한 공용시설

(관개시설 등)의 건설에 동원되었다.

북한 인민군에서의 이데올로기적, 정치적 과업 전체의 성격을 규정짓는다면, 그것은 명백하게 민족주의적 경향의 강화와 중국 지도자들의 이데올로기적 입장 쪽으로의 완전한 선회이다. 이러한 맥락에서 "수정주의자의 정체를 폭로"(이 용어 뒤에는 소련과 여타 사회주의 국가들의 정책에 대한 비방이 숨어있다)하자는 구호가 선전과업 및 교육과업에서 결정적인 역할을 하였다. 정치-이데올로기적 과업의 다른 중점들은 다음과 같다:

- 당 위원회의 정치적, 군사적 지휘기관으로서의 지위의 공고화
- "민족 자긍심 교육"
- 조선 빨치산 운동과 한국전쟁의 경험의 면밀한 검토와 평가
- 제국주의, 무엇보다도 미 제국주의 특성과 정책에 대한 선동과업

1963년 군사교육 과제의 이행 상황에 대해서는 공식적인 발표는 없다. 매우 불완전한 비공식적인 정보에 따라 판단한다면 전년도의 교육상황이 뚜렷이 향상되지는 않았다. 중앙 정치국 행정실 책임자가 1963년 10월에 발췌 요약하여 발행한 주제발표에서 이미 전년도에 언급한 과제를 북한 인민군의 향후 교육기간의 목표로 반복하였다는 사실 또한 이를 나타낸다.

[작성자] 쉬뢰터 중령

벡커 대사 동지의 주재 하에 수행된 동독 대사관 외교관 일행의 평안북도 및 신의주 시 조사 여행 / 문서기록 (번호: 9/64)

무관

2통 발행 제1통

[작성 장소 및 일자] 평양, 1964년 5월 18일
[문서기호] 29a – 80 Schr.
[일지번호] 77/64

일시 : 1964년 5월 10일 ~ 5월 15일
장소 :
참석자 : 벡커 대사 내외, 쉬뢰터 중령 내외, 랑에 상무관, 빈켈만 1등서기관, 다미쉬 파견위원, 페어비베 무관

쉬뢰터 중령은 소련 무관을 통한 초청과 판문점 중립위원회에 폴란드 집단의 신임 책임자의 도착과 관련, 벡커 대사와 합의하여 이미 5월 13일에 평양으로 돌아왔다.

본문 :

동독 대사관이 신청한 조사여행이 6주 후 북한의 외무성에서 승인되었다.

조사여행의 목표는 참가자들이 중국 국경에 위치한 평안북도 지방의 경제 및 사회 동향에 친숙해질 수 있도록 하는 것이다.

조사여행 기간 동안 대사관과 북한의 외무성의 합의에 따라 다음의 공장과 공공시설을 방문하였다.

① 신의주 화학섬유공장
② 락원 기계공장
③ 신의주 경공업 중간간부 학교
④ 압록강 관개체제

⑤ 수풍 수력발전소

⑥ 북천 기계공장

⑦ 소규모 지역의 직물공장

조사여행 기간 동안 동독 대사는 북한 외무성 직원 한사람과 도위원회 대표 한사람의 수행을 받았다. 신의주 도 및 시인민위원회 위원장과의 회동은 허물없고 꾸밈없는 분위기에서 진행되었다. 대화의 중점은 양국의 국가관계 및 무역관계의 발전에 초점이 맞추어져 있었다. 공장에서 대사관 직원이 제기한 질문에 비교적 솔직히 답변되었다. 조사여행기간 동안 북한의 정치적 경제적 상황에 대해 이미 이전의 평가 및 정보에서 확정된 내용들이 새로운 사실자료 들로 입증되었다.

북한의 군사정치적 및 군사경제적 상황에 대한 판단에 있어서 다음 사실들이 각별한 관심사안이다:

① 평양–신의주–중국 철도노선이 복원되고, 전화(電化)되고, 대피선로로 보강된다.

② 신의주 항 근방에 북한 해군기지가 설치된다. (추측컨대 남포 함대기지 소속)

③ 신의주 동쪽에 이미 예전부터 있던 작은 군사비행장이 제트비행기 항공교통을 위해 증축된다. (소련무관은 그곳의 단위부대들을 중국산 기계로 무장시키는 것이 가능하다고 생각한다.)

④ 락원 기계공장은 자동 기중기와 굴착기 (개별생산) 외에 주로 외국산 엔진, 그중에서도 트럭과 탱크의 엔진 부품들을 생산한다. 개별생산은 아마도 시찰하는 동안에도 있었던 군소속자의 지도 아래 진행되는 것 같다. 3000명 직원을 거느리고 사회주의 국가에서 생산된 비교적 현대적 기계장비를 갖춘 공장인데 대량생산을 하지 않고 있다. 기술 인력이 충분히 활용되고 있지 않다. 이 공장은 대체로 수리공장의 특성을 띠고 있다. 이 공장은 다른 공장들과 일체의 협력체제를 갖추고 있지 않다. 나사에서부터 주조부품에 이르기까지 모든 수요 부품이 자가 생산된다.

⑤ 북천 기계공장의 경우도 마찬가지이다. 이 공장은 약 5000명의 직원을 거느리고 관개시설을 위한 펌프, 여러 가지 종류의 광산장비 및 공업장비를 생산한다. 100~400 마력급과 1000 마력급 디젤엔진 생산은 폭넓은 규모의 생산프로그램을 포괄하고 있

다. 소련과 유럽의 사회주의 국가들에서 생산된 공작기계들로 공장의 기술장비를 비교적 현대적으로 갖추었음에도 불구하고 여기에서도 완제품의 생산 및 품질의 기술수준은 낮은 수준이다. 군속자들이 있는 것으로 보아 이 공장도 군의 주문을 수행하고 있음을 알 수 있다.

의견표명

① 동독의 기관들을 통하여 북한 대사관이 후하게 대접받은 것을 참작해서 북한 외무성은 조사여행을 허가해달라는 동독 대사의 요청에 응하지 않을 수 없었다.

② 이번 조사여행은 특히 인민경제적 문제들에 대한 구체적인 지식을 넓히는데 기여하였다. 시찰한 공장들의 예에서 볼 수 있듯이 공장 내의 현대적인 노동조직도 없고, 사회주의적 생산조건에 부합하는 분업과 특화 체제도 없다. 국가적 협력의 부재와 이로 인한 북한의 낮은 생산수준은 북한의 경제 수요를 양적, 질적으로 충족시키는 것을 가로막고 다른 사회주의 국가들과의 경제협력의 발전을 저해하는 결과를 가져오게 될 것이다.

[작성자] 쉬뢰터 중령

1956년 6월 10일 북한사절단이 드레스덴의 막심고르키-하임을 방문. 북한출신의 고아 청소년과 소녀들이 새로운 고향에서 커가는 것을 둘러보았다. 사진은 김일성 수상에 대한 환영행사 장면.

소장번호 : 38888/9N

22

조선 노동당과 북한 정부의 현 정책의 몇 가지 문제에 대한 정보

외무성 비유럽 제1과
북한 분과

비밀 공무사항
〈번호: 108/64〉
5통 발행
제2통 총 4 쪽

[작성 장소 및 일자] 베를린 1964년 5월 19일

[작성자 약호] M?

---

1. 한편으로는 중국 지도자들의 분열주의적 행동이 지지를 받는 반면 소련 공산당과 흐루시초프 동지에 대한 일대 공격이 가해졌다. 일련의 언론 발표들(소련공산당 2월 총회에 대한 입장표명, 레닌 탄생 94주년에 대한 기사, 당 기관지 "노동신문"의 사설)은 이러한 경향의 표현이다. 중국 지도자들의 트로츠키식 분파행동을 지지하는 것은 (오스트레일리아 공산당으로부터 축출된) 변절자 힐이 북한에 체류하고 있는 것, 푸에르토리코에서 온 청소년 사절단이 북한에 체류하는 것에서 나타난다.

2. 다른 한편으로 북한의 지도자들은 그들의 전략적인 행동에 있어서 소련과 다른 몇몇 사회주의 국가들과의 국가적 관계 형성에 어느 정도 관심을 표명하려고 애쓰고 있다. 그들은 공식적인 경축문을 주고받고, 사절단 교류를 하는 순전히 형식상의 조치들을 통하여 그와 같은 노력을 하고 있다. 이와 같은 태도는 북한 지도자들이 중국의 분열주의적 행동을 완전히 지지하면서도 겉으로는 의견의 상이함이 국가관계에는 영향을 미치지 않도록 하려는 듯한 인상을 줄 수 있는 한 특히 위험하다.

소련의 해당 기관들이 5월 1일 북한에 사절단을 파견하는 것을 적절하다고 보지 않는다고 북한 주재 소련대사가 북한 측에 보낸 통지도 이러한 맥락에서 이해할 수 있다. 그렇다면 이것이 북한의 사절단도 소련에 초청받지 않는 것을 의미하는 것이냐는 북한 동지의 질의에 소련대사는 맞게 이해한 것이라고 답변하였다.

소견 :

앞으로는 우리측의 조치에 있어서도 우리가 북한지도자들에게 어느 정도까지 그러한 여지를 줄 것인가를 보다 신중하게 고려하는 것이 중요하다.

3. 북한의 지도자들과 그 누구보다도 김일성은 소련에 대한 표리부동한 정책을 계속하
   려고 애쓰고 있는데, 그 까닭은 :

- 조선 노동당과 무엇보다도 김일성은 소련 및 우리의 정당들과 노골적으로 대결하는
  것을 두려워하기 때문이다. 그와 같은 대결을 한다면 무엇보다도 북한의 주민에 대한
  그리고 중국 지도자들에 대한 김일성의 지위에 크게 충격을 가하는 결과가 될 것이다.
  이는 북한 지도자들이 1960년과 같은 구성으로 열리는 공산당 및 노동자당 국제회의
  에 왜 별다른 관심이 없는가에 대한 근본적인 이유인 듯 하다.
- 북한의 지도자들이 자신의 경험과 역시 중국의 경험으로 미루어보아 북한의 경제적,
  정치적, 군사적 과제 해결에 소련과 여타 사회주의 국가들이 필요하다는 것을 인식하
  고 있기 때문이다. 북한 동지들이 소련 및 몇몇 다른 사회주의 국가들과의 무역을 희
  생하고서라도 몇몇 자본주의 국가들과의 무역관계를 발전시키려는 온갖 노력에도 불
  구하고 경제상호원조회의 국가들과 대체적으로 1963년도와 동일한 총액의 비철금속
  교역량을 합의하지 않을 수 없었다는 점을 오늘에서야 확인할 수 있다. 몇몇 국가들
  에서 감소된 부분은 다른 국가들에서 증가분으로 ― 무엇보다도 차관의 변제로 ― 메
  워졌다.

4. 북한의 외무상 박성철은 소련이 공공연한 논쟁을 다시 시작하는 경우에는 북한이 기
   회주의적이라는 비난을 누구라도 할 수 없도록 북한의 입장을 보다 명확하게 결정해
   야겠다고 4월 2일 폴란드 대사에게 말했다. 조선 노동당의 입장은 "사회주의 진영을
   지켜라"라는 1963년 10월 28일자 기사와 다른 자료들을 통해 이미 명백하게 나타냈
   다라고 한 폴란드 대사의 응답에 조선 노동당의 자료들에는 소련이라는 말이 아직
   포함되어 있지 않다고 박성철은 대답했다.

5. 북한의 외무상 박성철은 같은 대화에서 북한과 불가리아의 관계는 우호관계에 있는
   사회주의 국가들 사이에서는 있어서는 안될 그러한 상황에 있다고 말했다. 그러한
   상황은 일반적으로 불가리아 동지의 잘못에서 기인되었다고 한다. 북한 측으로서는

책임이 있는 불가리아 동지들이 자신의 잘못된 관점을 철회할 때에만 상황에 대한 해명이 가능하다.

6. 독일 사회주의 통일당 및 동독 정부의 긴장완화정책에 대해, 그리고 서독의 군사적, 보복적 노선의 강화에 북한 동지들과 대화하려는 우리 대사관 동지들의 노력은 점점 더 냉담한 태도와 맞닥뜨렸다. 우리의 논거에 아무런 대꾸도 없었다. 동독과 서독에 대한 보도는 계속 감소하는 추세이다.

이상의 정보는 최근의 평양 대사관의 외교행랑으로부터 작성되었다.

[문서작성자] 벡리히트
       임시 분과 책임자
[수신자] 1부 : 키제베터 장관 동지
     1부 : 중앙위원회, 국제교류과
     1부 : 정보과
     1부 : 평양대사관
     1부 : 북한 분과

김일성 수상과 사절단의 동
독방문 1956년 6월 7일, 베
를린쉐네펠트공항 도착연설
장면.

문서번호 : 38829/12N

벡커 대사의 평양시 인민위원회 위원장 강희원 고별방문
(1964년 8월 19일 12시)에 관한 문서기록

북한 주재 동독 대사관

[작성 장소 및 일자] 평양, 1964년 8월 22일
[작성자 약호] Ht
[문서기호] B 805/219

참석자 : 강희원 시인민위원회 위원장
　　　　　2명의 직원
　　　　　조서 작성자
　　　　　벡커 대사
　　　　　슈트라우스 1등 서기관
　　　　　통역사 리

대담시간 : 1시간

　　벡커 대사는 평양시의 발전에 대한 자신의 인상들을 서술했다. 금년의 중점은 5층 건물들의 건축이라고 강 동지가 말했다. 중앙위원회의 계획에 따르면 주택건설은 내년에 더욱 확대될 것이라고 한다. 1964년에는 약 1만 가구를 위한 주택단위가 세워진다고 한다. 주안점은 질적 향상에 놓여지고 단위당 면적도 확대된다고 한다. 건설사업의 조직과 지휘체계에 대한 질문에 강 동지는 이제까지는 건설 콤비나트들(복합산업단지)이 총 책임을 맡고 있다고 대답했다. 이제는 이들을 통합하여 특별 분과들을 만들려고 한단다. 평양은 건축자재를 자급자족하고 있다고 한다. 당의 새로운 체제에 따르면 "지역조건에 따라 건설계획을 수립"하는 데에 좀 더 많은 힘이 집중될 것이라고 한다. "도 계획수립기관들이 지역의 계획들을 통합하고 국가계획위원회의 관할 하에 있다"고 한다.

　　지역의 공장들과 그 공장들의 생산 및 생산계획의 이행에 대한 벡커 대사의 질문에 위원장은 온갖 미사여구를 동원하여 대답하였고, 동독에서의 지역 공업은 어떠한 상태인지 물었다. 벡커 동지는 충분한 정보를 제공했다.

이에 대해 강 동지는 잘 이해했으며 몇 가지 차이점이 있는 것 같다고 말했다. 이전에는 개인 수공업자들도 있었지만, 일본인들에 의해 절멸되었다고 한다. 전쟁 이후 조합을 창설하기 시작했다는 것이다. 1958년 6월 전원회의에서 중공업과 지역 공업의 발전을 위한 훈령이 내려졌다. 그 결과 6개월 내에 약 2800개의 지역 공장이 세워졌고, "이것이 소비재 산업의 견고한 기초가 되었다." 최근에 아직 생산조합들이 있는데, 수공업자들은 "성과"에 따라서만 돈을 받는데, "투자된 생산재료는 국가에 의해 환불되기 때문이다." "아직도 자기 수단으로 생산하는 몇몇 조합들이 있다." 파편과 잿더미만 남긴 한국 전쟁 이후 사람들은 개인 수공업자에 의지할 수 있었으면서도 김일성의 지시에 따라 행동하였다. 물론 전에는 지역 공업의 노동생산성이 낮았지만, 오늘은 큰 성과를 올릴 수 있을 것이다. "길은 옳았다. 큰 공장을 세운 다음에야 소비재를 생산하는 것은 아니다. 동시에 지역 상황을 잘 이용해야 한다." 지역공업은 2만 내지 3만 가지의 제품을 생산하며 "농부들에게 물질적인 자극을 제공하기 위해" 농업을 위해서도 중요하다고 보충 설명을 했다. "기술문화를 구매함으로써 농부들은 이를 계속 생산하려는 자극을 갖게 되었다."

벡커 동지가 전후 우리의 복구과정에서의 숱한 어려움을 서술하고 난 뒤, 강 동지는 말했다: "우리 두 나라는 공통점이 많군요. 두 나라가 분단되었고 제국주의에 맞서 투쟁하고 있다. 두 나라의 제휴가 우리의 관심사이다. 우리는 노력을 강화하여 미 제국주의에 맞서 투쟁할 것이다. — 모스크바 성명에 나와 있다.

일본 제국주의는 조선을 36년간 점령하면서 끔찍한 잔학행위를 저질렀다고 말을 이었다. 하지만 "미국이 19년간 한국을 점령하면서 만행을 저지른 선례는 이 세상에 없으며 이루다 말할 수 없을 정도이고 일본 제국주의와는 비교할 수도 없다."

우리 두 나라의 결속을 고대하며 양국 관계를 공고히 하는 것이 주민들의 바람이다라고 끝맺는 말을 했다. 벡커 대사가 본국으로 돌아간 뒤에도 양국의 결속을 위해 노력해주리라 믿는다고 했다. 벡커 동지는 몇 마디 더 언급하고 시인민위원회를 통한 지원에 감사했다.

[문서작성자] 슈트라우스

　　　　　1등서기관

[수신자] 1부 : 쉬나이데빈트 동지

23

1부 : 오트 동지, 중앙위원회 국제교류과
1부 : 퓌츠너 동지
1부 : 대사관 / 비서실

1956년 6월 7일 동독수상 오토 그로테볼이 베를린에서 북한정부 사절단을 접견하고 있다. 참석자는 김일성 수상과 그로테볼 동독수상, 박정애, 오토 누쉬케, 로탈 볼쯔, 파울 쏠쯔 등

소장번호 : 38837/2N

내각 부수상이며, 조선 노동당 정치위원회 위원 및 무역상[4] 리주연(Li Dju En)에 대한 브리 동지의 취임인사 방문을 계기로 열린 대담에 대한 문서기록

북한 주재 동독 대사관

[작성 장소 및 일자] 평양, 1964년 10월 9일
[작성자 약호] Ht
[문서기호] B 0001/811/805/108-219

대담 참석자 :

동독측 : 상무고문관 랑에 동지
북한측 : 무역성 행정1실장 최 동지와 3명의 직원

대사 동지가 향후 양국 관계의 발전에 지대한 공헌을 할 것이라고 리주연은 말하고 그에게 북한의 소관 기관들의 지원을 약속했다. 대사가 이미 북한에 체류한 적이 있는지를 묻고 난 뒤 리주연은 조선의 역사에 대해 설명했다. 대사는 오랜 기간 중국에 있었다고 대답했다. 중국과 조선 사이에는 이미 오랫동안 교류관계가 있었다. 상호 문화교류도 두 나라 역사에 영향을 미쳤다. 하지만 조선에는 고유한 독립적인 역사가 있다. 이미 1500년 전에 뛰어난 독립적인 국가가 있었다고 한다. 문화와 문자도 고유한 특성을 지니고 있다.

인민의회에서 발터 울브리히트 동지가 한 연설에 대해 전날 김일성이 한 발언과 일치하는 말을 한 뒤 리주연은 다음과 같이 말했다 : "동독, 베트남, 북한 우리 세 나라는 분단국가

---

4) 내각 부수상이며, 조선 노동당 정치위원회 위원 및 무역상
 : beim stellvertretenden Vorsitzenden des Minister Kabinetts, Mitglied
   des Politbueros der PdAK und Minister fuer Aussenhandel

입니다. 물론 세 나라 사이에 차이점들이 있기는 합니다. 이들 세 나라가 각각의 제약조건 아래서도 사회주의적 관계 속에서 통일을 이룩해낼 것이라고 굳게 믿고 있습니다. 우리는 이 과제를 혁명과업으로 생각하고 있습니다. 대사님도 그러시겠지요." 베트남은 남쪽에, 북한은 동쪽에, 동독은 서쪽에 있다. 우리 세 나라 각국은 각자의 위치에서 자신의 지위를 방어해내고 있다. 북한은 독일의 상황과 분단의 문제를 매우 잘 이해하고 있다고 한다.

**[1] "아시아 국가들에게서 집 한 채, 땅 한 구획이라도 도적질해가는 것을 공산주의자로서 허용해서는 안됩니다." 북한은 전력을 다하여 통일과 경제발전을 위한 동독의 노력을 지원하겠다고 한다. 물론 사회주의 국가들에서 각각의 상황에 대해 이데올로기 문제에 있어서는 상이한 평가들이 있다고 한다. 그렇지만 사회주의 국가들의 단결과 혁명의 완수가 중요하다. 상이한 견해들이 국가 관계에 영향을 미쳐서는 안된다. "우리는 우리나라의 역사적 발전에 대한 …… 정책을 분단이라는 역사적 조건 하에서 보고 있으며, 따라서 우리의 …… 정책을 관철시킬 것입니다. 선진 사회주의 국가들이 열 걸음 앞서 나간다면 북한은 백 걸음 더 앞서 나가야한다고 김일성 동지는 우리에게 교시하고 계십니다."

그리고나서 그는 소위 "천리마운동"에 대해 언급하였다. "이 운동은 외국 동지들이 북한의 구체적인 여건을 과대평가하여 잘못 평가하고 있습니다. 북한은 분단되었지만 민주적 발전을 계속 진전시켜서 이 나라를 분단 상태에서 벗어나게 해야 합니다. 따라서 북한은 형제 국가들의 원조를 존중합니다만, 자력으로 발전하는 것을 게을리하지 않을 것입니다. 우리가 전진하지 않으면, 우리는 남한의 동포들을 ……하지 않을 것입니다." "물론 우리들 중에도 우리나라는 작고 중국과 소련은 크다라고 말하는 사람들이 있습니다. 이 나라들이 우리를 도와주고 있다는 것을 우리도 압니다. 하지만 소련이 어떻게 우리의 들판에서 논밭을 갈고 어떻게 중국이 우리를 위해 물고기를 잡아줄 수 있겠습니까? 우리 스스로가 우리 땅에서 경작하고 수확을 거두어 들여야 합니다. 따라서 우리 힘이 제일 먼저입니다. …… 한 손에는 다섯 손가락의 힘만이 있습니다. 한 두 손가락 — 넷째 손가락과 다섯째 손가락 — 은 그저 도움 구실만 할 뿐입니다. 첫째 손가락, 이것이 우리 자신의 힘입니다. 따라서 '모든 것을 자력으로'라는 구호가

---

[1] **에서부터 다음 **까지의 부분은 원문의 오른쪽이 잘려있어서 보이지 않는 단어들을 전후 맥락에서 추정하여 번역한 것이기 때문에 부정확할 수 있음. ……은 해독불가한 내용임

결코 민족주의가 아니라고 말하는 것입니다. 이 원칙은 프로레타리아 세계주의를 의미합니다."**

그는 다시 서독의 제국주의에 대해 언급하며 북한은 동독에 가해진 압박을 느끼고 있다고 언급했다. 북한은 미 제국주의에 맞서 3년간 싸웠다고 한다. 이 대담에 참석한 북한 동지들 중 전쟁 중에 그들 가족 가운데 한 명 혹은 그 이상 목숨을 잃지 않은 사람은 아무도 없다고 한다. 따라서 미 제국주의와 친숙해지려는 자가 있다면, 미 제국주의를 타도하는 정책만이 있을 뿐이라고 얘기해주어야 한다고 했다.

조선 노동당과 정부의 정책은 북한의 역사적 조건, 사회적 상황, 문화, 경제 등에 기반을 두고 수립되었다고 한다. 이러한 역사적 여건으로부터 주민들의 소망과 희망이 나온다. 이것이 북한의 당 정책을 위한 뿌리이다. "우리는 귀 국가가 아주 멀리 떨어져 있기 때문에 귀 국가에 대해 구체적으로 말하기는 대단히 어렵습니다. 우리는 귀국의 통일정책을 지지합니다. 동·서독 문제에 대해서는 다른 누구보다도 독일인들이 더 잘고 있겠지요. 따라서 대사님께서 우리의 투쟁을 지지해 주시리라 바라고 또 희망하고 있습니다."

본인은 독일의 상황에 대한 우리의 생각을 설명했다. 특히 서독 제국주의에 대항하는 투쟁에서의 독일 노동자 계급의 역사적 과제를 설명했다. 그에 이어서 사회주의 국가들 공동체의 경제 발전에 있어서 중대한 요인들에 대한 우리의 생각을 설명했다. 북한과 동독의 관계와 협력을 발전시키고 공고히 하는 것이 본인의 과제라고 생각한다고 말했다. 양국간의 협력은 우리나라를 위해서도 매우 중요하다고 했다. 우리도 무역관계를 계속 발전시키려는 우리의 노력이 성공하기를 바라고 있다.

리주연 동지는 경제계와 무역분야에서 평판있는 대표자들이 협의하고 경험을 주고받으면서 구체적인 윤곽을 만들어내야 한다고 대답했다. 북한이 공업생산을 확대하려고 하기 때문에 많은 가능성이 있을 것이라고 한다. 북한이 생산하지 못하는 많은 장비들이 부족한 상태이다. 여기에 동독이 적절한 지원, 무엇보다도 시멘트 제조에 대한 지원을 해줄 수 있을 것이다. 마그네사이트 광재의 생산을 위해서도 장비 기술을 제공해 줄 수 있을 것이다. 우리는 현재 새로운 협정에 대해 협상하고 있다. 서독과의 대결과 관련해서 초래된 상황으로 인하여 함흥시를 위해서 귀 국가로부터 여러 가지 장비를 더 이상 구입할 수 없었다. 그렇지만 우리는 이러한 공공시설들을 완공하고 싶다. 우리가 공동으로 협의한다면 우리는 귀국으로부터 장비를 구입할 수 있을 것이다. 가능하다면 무역협상을 통해서라고 말했다.

이에 대해 본인은 총리 동지의 설명을 매우 주의깊게 경청했으며 양국 간의 물자교류를 확대시킬 유리한 조건이 있다는 점에서 그와 의견이 일치한다고 대답했다. 동독은 다른 국가들, 특히 사회주의 국가들에게 장비 및 장비부품들을 공급하고자 하며, 귀 국가의 정부사절단 지휘부가 베를린에 체류할 때 경제교류 및 무역관계의 발전에 대한 지휘부의 생각을 설명할 수 있기를 희망한다. 상호 간의 의사와 가능성을 검토하기 위해 의견교환을 할 수 있다고 말했다. 이것은 1965년 협정과 장래성에 있어서도 유효하다고 말했다. 몇 가지 문제에 있어서는 당장 의견의 일치를 볼 수 없을 수도 있다. 그럴 경우 계속해서 가능성을 검토해야 할 것이라고 말했다. 동독에게는 장기적인 합의를 이루는 것이 중요하다. 이 협상을 금년에 제때에 시작하는 것이 유리하다고 말했다.

북한의 사절단장이 루마니아에서의 협상 후에 동독으로 갈 것이라고 리주연 동지는 전했다. 북한은 협상과 사절단 지휘를 두 그룹으로 조직하였다고 말했다. 루마니아와 동독 (그 사이 우리는 체코슬로바키아도 이 그룹에 포함되었다고 들었다), 폴란드와 헝가리 두 그룹으로. 협상하는 동안 양국간의 물자교류관계와 관련된 모든 문제를 공동으로 구체적으로 논의할 수 있다. 그는 이미 브리 대사의 전임자에게 말했고 브리 대사도 북한이 서독, 네덜란드, 벨기에, 스웨덴, 스위스, 프랑스, 이탈리아, 영국으로부터 계속적으로 공업장비 공급을 위한 제안을 받고 있다는 사실을 들었으리라 생각한다고 말했다. 이 국가들의 사업가들은 장비를 공급하려고 한다. 네덜란드와는 이미 협정이 체결되었다고 했다. 자본주의 언론들은 이미 네덜란드가 생선가공선을 북한에 공급한다고 보도하였다고 한다. 더 나아가서 요소 공장과 컴프레서를 위한 장비도 공급될 것이다. 5년까지 상환이 가능한 차관조약이 체결될 수 있었다. 자본가들은 5%의 이자를 고려하고 있다. 2년 내에 장비가 공급된다고 한다. 이로써 북한은 차관상환을 제품생산에서 나오는 이득에서 변제할 수 있다. 같은 제안이 오스트리아, 벨기에, 스웨덴, 서독, 일본에서도 쇄도한다. 그렇지만 우리는 기왕이면 사회주의 국가들로부터 해당 장비를 공급받기를 원한다. 우리는 사회주의 국가들 사이에서 공급조건을 어떻게 변경시킬 수 있을지 생각해보자고 소련에 제안하였다. 자본주의 국가의 회사가 제시한 무역교류 형식을 사회주의 국가들 사이의 교역관계의 조건에 적용할 수 있으리라 생각한다. 아직 소련으로부터 아무런 답변도 받지 않았다. (이점은 소련 대사로부터 확인됨) 자본가들은 내가 언급한 바와 같이 그와 같은 장비들도 신생 민족국가들에게 공급할 의사가 있을 것이다. 하지만 신생 민족국가들에서는 당장에는 장비들이 적은 규모로만 팔릴 수 있다고 한다. 소련은 일본이나 영국으로부터 비료공장을 들여올 것을 제안하였다고 한다. 자본주의 국가들에서 생산되는 장비의 발전상황은 고도의 과학·기술적 수준이라는 점을 고려해야 한다. 하기야 소련도 높은 과학기술수준을 갖추었지만, 자본주의 국가들의 발전을 무시해서는 안된다. "우리가 협력의 세부사항을 논할 때에는 동독과 체코슬로바키아만을 생각하지는 않습니다. 우리 당과 정부의 입장은 이렇습니다, 즉 이데올로기 문제에 있어서 견해차이가 있을 경우 이것이 국가관계에 영향을 미쳐서는 안된다는 것입니다. 견해차이가 계속 더 복잡해지더라도 협력 가능성을 증진시키는 것이 과학과 기술분야의 직원들의 일이라는 것입니다."

리주연은 동독에 체류하고 있는 정부사절단이 진심으로 환영을 받았다고 들었다며 이에 대해 사의를 표명했다. 대사가 이미 발언했듯이 국가적 여건 및 다른 특별한 여건들을 고려할 때 공통의 목표는 바로 양국간의 공통점이라는 것이다. "논의와 협상, 이것이 우리가 사회주의 진영의 공동체에 대해 갖고 있는 우리의 책임입니다. 우리는 대사님의 임무를 적극 지원할 것입니다. 이 역시 국제 협력의 한 가지 형태입니다. 우리는 자립이라는 우리의 구호에서 몇몇 유럽국가들이 보는 것처럼 양국관계의 첨예화라든가 민족주의 따위가 아니라 프로레타리아 세계주의를 생각하고 있습니다. '모든 것을 자력으로' 라는 원칙을 우리는 객관적으로 봅니다. 우리는 공통점을 부인하지 않습니다. 왜 우리가 이런 기계들을 자체 생산하느냐고 몇몇 사람들이 묻습니다. 사회주의 국가로부터 사게 되면 훨씬 더 싸게 구입할 수 있다는 것이지요. 이는 곧 우리는 원료나 생산하고 있으라는 요구를 담고 있습니다. 그러한 요구에 우리는 분개하고 있습니다. 우리는 그렇게 하지는 않을 겁니다. 우리가 10년 내지 20년 노력한다면 우리는 최고 선진국 대열에 들 수 있을 것입니다."

리주연 동지의 설명에 대해 상세히 대답하면서 나는 자본주의 국가들 및 서독과의 무역에서 우리가 겪은 경험에 대해 이야기했다. 원칙적으로 올바른 정신만 갖고 있으면 자본주의 국가들 및 회사들과의 교역을 두려워할 필요가 없다는 점을 언급했다. 올바른 정치적 입장을 견지한다면 이러한 관계들은 제국주의자들에 대한 우리의 투쟁에 이득이 될 것이고 평화공존 원칙을 관철하는 데에서도 버팀목이 될 것이다. 자본주의 국가들이 이러한 교역을 통하여 돈을 벌려고 하는 것이 이러한 교역의 한 면이라고 한다면, 다른 한 면은 예를 들어 케네디의 이른바 평화전략의 한 면이 사회주의 국가들에게 정치적 영향력을 행사하기 위해 경제적 교류관계를 이용하고 있다는 것을 우리가 알고 있다는 사실이라는 것이다. 이어서 나는 경제교류에 있어서의 모든 문제는 협상사절단 측에서 발표할 수 있을 것이라고 언급했다. 협정에 관한 협상의 현재 상황에 대해서 나 자신은 아직 공식적인 통보를 받지 못했다고 말했다. 우리 파견위원의 구두 보고로부터 추론한 바에 따르면 별다른 성과가 없었다고 한다. 이 발언에 대해 리주연은 대꾸하지 않았다.

리주연은 북한의 사절단이 수일 내로 출발할 것이며 루마니아에 8~10일 체류한 뒤 동독에 도착할 것이라고 한다. 사절단장은 루마니아에서와 마찬가지로 8일간 체류할 것이라고 한다. 본인은 다음과 같은 질문을 제기했다: 본인이 리주연의 말을 제대로 이해했다면, 사절단장은 베를린에서 일련의 새로운 원칙적인 문제들을 발표하려고 한다고 한다. 북한 상황에 대해 본인은 다만 불충분하게만 알고 있다. 사절단장이 경우에 따라서는 베를린에서 제기할 수 있는 그러한 문제들이 8일이라는 기간 내에 논의되고 결정될 수 있으리라고는 생각하지 않는다고 말했다.

리주연 동지는 그것이 원래 의도는 아니라고 대답했다. 다만 의견교환은 할 수 있을 것이고 해결될 수 없는 문제에 대해서는 훗날에 대화를 계속해서 할 수 있을 것이라고 말했다.
끝맺는 말은 리주연이 오토 그로테볼 동지의 업적을 상세하게 기리는 것과 몇몇 의례적인 인사말을 주고받는 것에 국한되었다.

대담에 대한 평가는 1964년 10월 2일 PS에 의해 이루어졌음.

[작성자] 브리
[수신자] 발코프 동지
      키제베터 동지
      플로린 동지
      대사관 / 비서실

북한의 경제, 사회에 대한 정보 보고

북한 주재 동독 대사관

비밀 공무사항
〈번호: 190/64〉
3통 발행
제2통 총 2 쪽

[작성 장소 및 일자] 평양, 1964년 10월 19일

[작성자 약호] Me.

[문서기호] B /7/805/219

한 대담에서 대사관은 다음과 같은 정보를 입수하였다:

1. 북한의 공대를 졸업한 엔지니어는 월 60원을 번다. 월급날이 되면 그중 약 40원이 남는다. 나머지는 저금통장에, 더 나아가서 사회보험료, 사회 기구에 내는 회원비 등으로 나간다. 공장으로부터는 매해 양복 한 벌 해 입을 수 있는 옷감이 지급되고 2년에 한번 외투용 옷감을 받는다. 양복 한 벌 제작비는 10원에 달한다.

   평양 밖에서는 현재 쌀이 없고 옥수수가 배급된다. 평양에서는 80% 쌀과 20% 다른 곡식이 배급된다. 쌀과 옥수수에는 식료품카드가 있는데, 일의 종류에 따라 여러 단계로 구분되어 있다. 공대를 졸업한 엔지니어는 하루에 쌀 700~800g, 중고생은 400~500g을 받는다. 쌀만 따져도 4인 1가구에 소요되는 쌀이 월 약 10원에 달한다. 손실분으로도 아주 적은 액수가 나간다. 생선과 조개는 평양 밖에서도 부분적으로는 자유롭게 판매되는데, 1kg 값이 종류와 품질에 따라 20전에서 4원이다. 감자 3.5kg에 4~5원, 고기 1kg에 6~8원을 주고 산다. 사고나 질병의 경우 노동자는 질병보조금으로 급여의 50%를 받는다.

   작업계획이 완수되지 못할 경우 노동자는 보다 적은 급여를 받는다. 예를 들어 노동자 한 사람은 계획이 완수되지 않아서 월급으로 16원을 받았다. 북한에서는 사고율이 특히 높다고 한다. 1일 8시간 제도는 없고 평균 12시간 내지 그 이상 일한다.

2. 공장에서는 수많은 집회가 열리는데, 하루에 2~3개의 집회(당 집회, 노조집회, 청년집

회)가 있다고 한다. 대부분의 경우 집회는 과(科) 차원에서 개최된다. 교육을 바탕으로 해마다 2번 시험이 실시된다. 이때 10문제 (전공영역문제, 정치적 문제, 무엇보다도 소련의 역할, 현대의 수정주의 등에 관한 문제들)에 대해 필기로 답변해야 한다. 언론에서는 "현대의 수정주의"에 대해서 출판되는 것이 별로 없는데도 집회와 교육에서는 노골적으로 소련과 "현대의 수정주의"에 반대하는 태도를 보인다고 한다.

남자들은 일요일에는 근본적으로 건설작업동원, 집회나 노동자 전투부대에 나간다고 한다.

마르크스–레닌주의 문제와 문학의 문제도 공동으로 연구하는 일련의 북한인들이 있다고 한다. (주스리프 연설)

대학생들은 최근 실습으로부터 되돌아와서 학교와 대학교에서 식사를 하고 그곳에서 숙박을 하기도 한다. 대학생들은 조선 노동당 창립 기념일 및 수카르노의 방문을 위해 매스게임을 연습한다.

공장의 지도체제에 있어서는 완전히 당 지도부의 손에 달려있다. 잘못과 결함이 나타날 경우에는 기술 파트의 지도층이 책임을 진다.

[작성자] 메르텐
[수신자] 1부 : 외무성 비유럽1과/2
      1부 : 중앙위원회 국제교류과
      1부 : 대사관 / 문화담당

26

정보 보고

북한 주재 동독 대사관

비밀 공무사항
〈번호: 190/64〉
3통 발행
제2통 총 2 쪽

[작성 장소 및 일자] 평양, 1964년 11월 24일

[작성자 약호] Me.

[문서기호] B /7/805/219

1964년 10월 29일 한 대담에서 대사관은 다음과 같은 정보를 입수하였다 :

a) 북한주민의 생활수준에 관한 문제

북한에서 가장 좋은 급여를 받는 간부직은 인민군 장교이다. 엔지니어가 약 월 60원 (세금 공제이전 총액) 정도 번다면 장교의 월급여는 120 내지 150원에 달한다. 최근 한 인민군 장교가 중고 라디오를 망설이지도 않고 500원에 구입했다. 중고 기계치고는 너무나 높은 액수이다.

반면에 단순한 사병들은 극히 적은 급료를 받아서 병역을 마친 사병에게 그가 배치되었던 북쪽 지방에서 고향으로 돌아올 수 있도록 가족들이 차비를 보내야 할 정도이다. 게다가 고향에 돌아온 이후에는 가족이 완전히 새로 옷을 해 입혀야 할 정도이다.

평양 밖에서는 현재 다시금 쌀 배급이 있다. 김치를 담그기 위한 채소(배추와 무우) 배급도 시작되었다. 이것은 가정에 큰 경제적 부담이다. 이러한 채소 종류는 1kg에 8전이다. 하지만 각 가정마다 1~2톤의 채소를 받고 김치를 담그기 위해 여기에 또 몇 킬로그램 고추가 필요하다 (1킬로그램에 15원) 채소 구입을 위해 북한의 형편에는 매우 높은 금액이 추가된다. 적지 않은 가정은 이러한 물품 구입을 위해 저축해야 하기 때문에 휴양소에서의 휴가를 포기하곤 한다.

양복 한 벌은 자유 시장에서 120~150원 하고, 신사복 상의는 20~25원 한다. 생선은 요즈음 충분히 있고 여러 가지 가격으로 (1kg에 20전~4원) 살 수 있다.

b) 흐루시초프 동지의 해임 문제

해임이 알려졌을 때, 수많은 북한사람들이 우리측 대화 상대자와 얘기해보려고 하였고 흐루시초프의 소환에 대한 다음과 같은 "개별사항"들을 전달하거나 서로 토론들을 하였는데, 그들은 방송보도들을 증거로 내세웠다 :

① 흐루시초프가 소환되고 감옥에 있다

② 흐루시초프는 휴가 중이다

③ 흐루시초프는 자본주의 국가로 피신하였다

④ 흐루시초프는 동독을 서독에 팔려고 했기 때문에 해임되었다. 울브리히트 동지가 소련의 정부에게 보내는 편지에 의해 알려지게 되었다. 흐루시초프는 이 편지에서 이러한 계획 때문에 비판되었다

흐루시초프의 해임과 연관된 맥락에서 미코얀이 자본주의 국가들에 무수히 많이 여행하였으며 자본주의 국가 정치가들하고 협상을 하기 때문에 배신자라고 언급되었다.

c) 당 교육의 문제

대사관에 보내진 다른 내용들의 정보들과는 반대로 우리와 대담한 상대자는 당원들과 비당원을 대상으로 한 교육이 공동으로 진행되고 있다고 확증했다. 교육이 실시되는 저녁시간에 전공관련 문제들도 다루어지기 때문에 (예를 들어 시험문제에는 전공관련 문제도 포함되어 있다) 완전히 이데올로기 교육이라고만 말할 수는 없다는 것이다.

그밖에 우리에게 보고된 바에 따르면, 예전에 완전히 조선 노동당 편에 서있던 여러 북한 주민들이 사고를 전환하여 조선 노동당의 정책을 좀더 비판적으로 바라보기 시작했다는 것이다. 예를 들자면, 평양시 당위원회 위원장의 사촌이기도 한 한 동지가 오늘 이미 당 정책에 있어서 많은 것을 준엄하게 비판했다는 것이다. 그가 얼마 전까지 친구들과의 대화에서 당 정책을 강력하게 옹호했었다는데 말이다. 이러한 경향은 다른 간부들에게서도 볼 수 있다.

＊＊[2)]

＊＊2) 이후 페이지들은 빠져있어서 번역 불가

북한의 생활수준에 대한 정보

북한 주재 동독 대사관

비밀 공무사항
〈번호: 205/64〉
3통 발행
제2통 총 4 쪽

[작성 장소 및 일자] 평양, 1964년 12월 22일

[작성자 약호] Ht

[문서기호] B /7/805/219

본 정보는 단지 앞으로의 지속적인 조사작업을 위한 시작일 뿐이다.

I. 보수

중간층 정도의 평균 임금은 – 농업을 예외로 할 때 – 45원 정도이다. 여성과 남성, 모두 동일한 작업량에 동일한 임금을 받는다. 보수는 분야별로 세분화된 분류기준에 의거 지급된다. 이때 교육 수준에 상응하는 보수가 주어진다.

광산업 및 철강공장 노동자	90 ~ 100 원
섬유공장 노동자	30 ~ 40 원
엔지니어 (공학사 학위 소지자)	60 원
교사	60 ~ 70 원
경공업 노동자	25 원
군 장교	120 ~ 150 원
대학생	17 원
사무직 종사자 (평균 수입)	45 원

우리가 입수한 1962년도 자료를 보면 임금인상이 전혀 없었던 것을 확인할 수 있다. 공장이 계획한 목표가 달성되지 않으면 노동자는 그에 준해 더 낮은 임금을 받는다. 공대를 졸업한 엔지니어의 경우 60원의 보수를 받으면 실제 임금으로 40원이 지급된다. 약 20원 정도는 보험, 여러 가지 분담금, 영화– 연극 관람비 등으로 공제 된다. 이때 이런 공연을 실제로 관람했는지 여부는 별개의 문제이다.

농업에서는 1963년도 북한 자료에 따르면 가구당 2.5톤의 곡물과 1500원의 소득액이 나왔다. 1964년 12월 15일자 "노동신문"의 보도에 따르면 한 농업협동농장에서 – 여기서는 최고액수의 경우를 말하는데 – 가구당 2.1톤의 곡물과 806원의 현금이 돌아간다. 고려해야 할 사항은 북한 북부지역에서는 가구당 지급되는 곡물에 쌀이 전혀 들어있지 않다는 것이다.

Ⅱ. 쌀 배급(배급표 기준. 하루당 배급량)

광산노동자	900	g
일반노동자	700 ~ 800	g
엔지니어	700 ~ 800	g
사무직 종사자	700 ~ 800	g
대학생	700	g
연금생활자	600	g
중고생	400 ~ 500	g
소아	300	g

여기서 곡물 지급에는 쌀, 옥수수, 밀가루 및 다른 잡곡 (잡곡에는 감자, 땅콩도 포함된다)을 토대로 한다는 점을 유의할 필요가 있다. 쌀은 계절에 따라 차등적으로 배급되고 쌀과 옥수수, 밀가루, 기장 등의 가격은 배급표에 따라 4인 가구 한 세대당 월 약 10원이 된다. 1964년 북한의 쌀 생산량이 예상보다 더 감소했기 때문에 쌀 공급에 있어서 차질이 있는 것으로 확인되었다.

1일 배급량은 11월부터 대폭 줄었다. 800g 받던 사람이 700g 밖에 못 받는다. 그 이하 수급자들은 50g 적게 받는다. 노동 인구 4명인 7인 가구의 경우 현재 쌀 및 잡곡을 하루 500g씩 덜 받는다. 한 달에 15kg 감량인 셈이다. 이에 대해 북한 측에서는 통일을 위해서 절약할 수밖에 없다는 이유를 든다. 1964년 말에는 채소(당근)도 1963년 보다 적은 양이 배급되었다 (김치 생산에 있어서).

Ⅲ. 사회복지적 조치들

사고나 질병의 경우 노동자는 임금의 50%를 질병보조금으로 받는다. 노동 종류에 따라 근로자들은 2주 내지 4주간의 휴가를 받는다. 최소 휴가 기간은 2주이다. 4주간의 휴가를 낼 경우 2주간은 산업요양소에서 지내야 한다.

여성들은 평균임금에다 총 78일간의 임신휴가를 받는다. 자녀양육 수당은 없다. 그러나 자녀가 많은 가정을 위해서 의류 구매시 30%~60%의 할인 제도가 있다.

근로자들은 그 가족을 포함하여 병원 진료가 무료이다. 약, 항생제 비용은 본인이 부담해야 한다. 약초로 만든 약은 무상으로 받는다 (항생제는 아주 비싸다).

사회복지보험 납입액은 임금의 5~8%이며 연금생활자는 6년 이상 근무했을 경우 평균 임금의 80%, 2년 근무 기간의 경우 60%를 받는다.

Ⅳ. 물가

국외 여행안내소 가격(외국인과 교환권을 주고 구매하는 북한 간부들 대상)과 북한 주민에게 파는 가격차가 상당히 크다.

1964년도 물가를 보면 :

쌀/kg당(배급)	5전	(외국인 여행안내소 8전)
옥수수가루/kg당(배급)	5전	
밀가루/ kg당(배급)	10전	
감자/kg당	약 1원 20전	(외국인 안내소 30전)
생선/kg당	20전 ~ 4원	(외국인 안내소 3원)
정육/kg당	6원 ~ 8원	(외국인 안내소 3원50전)
배추/kg당	8전	
무우/kg당	8전	(외국인 안내소 30전)
고추/kg당	15원	
우유/리터당	70전	
사과 /kg당	80전	(외국인 안내소 1원)
식용유/100g당(배급)	4원 등이다.	

고급 양복 가격은 일반 시장에서 한 벌에	300원까지 나가며
작업복 (일반 시장에서)	120원 ~ 150원
고급 흰색 셔츠	20원 ~ 25원
중간급 셔츠	15원 ~ 18원
고무창을 댄 구두 1켤레	15원 ~ 20원 한다.

작업복과 재해방지 작업복은 근로자들에게 공장에서 대여방식으로 제공된다. 동복의 경우 10월 20일부터 4월 20일까지 공장에서 무료로 빌려준다. 식용유 배급(배급표에 따라)은 1인당 월 100g씩 위의 가격으로 계산된다. 주민들에게 식료품, 의류, 석탄 등의 공급은 주로 공장에서 배급을 통해 또는 주거공동체를 단위로 하여 관리 운영된다.

냄비를 살 경우에는 예를 들어 알루미늄이나 놋쇠를 갖다내야 한다. 아동복의 경우에는 배급시에 적정 비율의 금액을 지불해야 한다. 이는 가구당 아동의 수에 따라 계산된다.

V. 참고사항

평양에서는 지난 수 개월간 소비물자의 공급량이 증대되고 있음을 알 수 있다. 물론 제품의 질이 아직은 충족 요건에 못 미친다. (의류, 식기류, 재봉틀)평양을 제외한 다른 곳에서는 그러나 소비재 및 식료품 공급이 여전히 형편없다. 물자 조달은 공장에서 배부하는 배급표나 교환권을 근거로 이루어진다. 자유 구매의 경우에는 가격이 월등히 높다.

우리에게 주어진 이 정보 자료와 1962/63년도 자료를 비교해 본 결과 북한 주민의 생활 수준이 전혀 개선되지 않고 있음을 확인하게 된다.

[작성자] 메르텐
[수신자] 1부 : 외무성 비유럽1과/2
       1부 : 중앙위원회 외교정책과
       1부 : 대사관 / 문화담당

정보에 대한 보고

북한 주재 동독 대사관

[작성 장소 및 일자] 평양, 1965년 2월 4일

[작성자 약호] Ht

[문서기호] B /7/805/219

비밀 공무사항
〈번호: 6/65〉
3통 발행
제2통 총 1 쪽

1965년 1월 28일 한 대담에서 대사관은 다음과 같은 정보를 입수하였다 :

1. 현재 북한에는 석탄 부족현상이 심각하다. 따라서 공장들이 수시로 작업을 할 수 없었다. 이를테면 남포 유리 공장에서는 14일간 작업을 하지 않았다.

   소견 : 1월 대사관의 무역정책과가 유리공장 시찰을 하기로 한 것이 여러 차례 연기되었는데, 이는 위에서 언급한 내용을 입증하는 것이리라 생각된다. 이번 시찰은 1월 말에야 실시되었다.

   공장 작업장의 기온은 0도에서 영상 5도이다. 가구당 석탄이 월 200kg 배급되며 가격은 1원 40전이다. 물론 그중 연탄은 100kg일 뿐이다. 더 혹독한 추위에도 많은 아이들이 양말이나 신발도 신지 않고 돌아다니거나 기껏해야 고무신을 신는다고 한다. 견고한 신발공장은 별로 찾아볼 수 없다. 평양의 상점들에 진열된 많은 상품들은 팔리지 않는다.

2. 공장들의 지휘부에는 요즈음 기술 간부 대신에 정치 간부들이 투입된다고 한다. 이로써 공장에서 조선 노동당의 정책이 좀더 힘차게 관철될 수 있다고 한다. 외국에서 발간되는 잡지들을 평가할 수 있도록 공장들에서는 외국어 전공에 요즈음 보다 더 큰 비중을 둔다고 한다.

3. 이제까지 일본에서 귀환한 자들에게 주던 특혜가 더 이상 없다고 한다.

4. 금년에는 북한의 의학 분야 석박사 과정생들 몇몇이 그들의 가족과 함께 연수차 동독에

파견될 것이다.

[작성자] 메르텐 3등 서기관
[수신자] 1부 : 외무성 비유럽1과 /2
　　　　　1부 : 중앙위원회 국제교류과
　　　　　1부 : 대사관 영사과

북한 경제의 계획수립과 운영의 수준 및
그 과정에서 나타나는 본질적인 문제들에 대한 평가

북한 주재 동독 대사관

비밀 공무사항
〈번호: 31/65〉
3통 발행
제1통 총 4 쪽

[작성 장소 및 일자] 평양, 1965년 4월 20일

[작성자 약호] Ht

[문서기호] A 321/219

---

1. 공업, 투자, 국내 상업과 무역 및 농업 분야에 1964년 초 이후 어떠한 새로운 경제 계획과 운영방식이 도입되어 실험적으로 운영되고 있는가?

현재 북한에는 과학적인 근거에 기반을 둔 경제계획 운영 시스템이 존재하지 않는다고 보아야 한다. 경제 운영의 주된 방식은 "대안 체제"에서 비롯되며 이 체제는 과도한 중앙집중화를 나타내는 것으로 당위원회가 작업 현장에 명령 일색으로 권력을 행사한다. 반면 개별 간부들은 모든 책임을 지고 주로 실행에 옮기는 기관이다. 이 체제는 상부 당 조직과 김일성 동지의 지시와 지도 내용을 수행하는 것과 연결되어 있다.

1956년 초 조선노동당 제10차 전원회의 이후 이 체제에 몇 가지 변화의 조짐이 있는데 이는 기술담당 간부들에게 회계 임무를 처리하는 데 있어 보다 많은 결정권이 주어진 데서 알 수 있다. 특히 강조되는 것은 개혁운동의 행동화, 개선 제안의 수행과 신속한 검토 등이다.

현재 당은 노동시간의 효율적 이용과 근무 성과의 향상에 모든 노력을 경주하고 있다. 뿐만 아니라 1964년 중반 이후 "사회주의와 공산주의 건설의 핵심과제"로 노동생산성 향상을 들고 이에 매진하고 있다. 노동생산성 향상에 있어서는 이념적 요소가 개인적인 물질적 자극보다 훨씬 우위에 놓이게 된다.

최근 들어 은행 개혁이 단행되었다. 지금까지는 4개의 은행이 있었는데 이제는 중앙은행과 산업은행만 있게 된다. 이 개혁의 목표는:

- 모든 국가재원의 집중화
- 원화를 통한 통제
- 수익성 높고 신속한 효과를 내는 프로젝트로 투자재원 유치
- 유동자본 및 신용자본 위탁시 단계별 이자율 적용을 통해서 생산조건을 개선시키기
  위한 동기유발 마련 등이다.

이 개혁안은 경제상의 동력을 동원해보려는 경향을 보인다. 그러나 경제운영의 강도 높은 중앙집중화의 경우 이런 추세가 효과적이지 않을 수도 있다.

2. 기술 혁명의 의미는 어떻게 평가되고 있는가? 효율적인 지휘체제가 어떻게 기술혁명의 규칙성 활용을 지향하고 있는가?

"기술 혁명"이라는 개념이 내용적으로 어떤 과제를 내포하고 있는지 제시되고 있지 않다. 그에 대한 조건은 객관적으로 아직 마련되지 않고 있다. 그럼에도 불구하고 "기술혁명"이라는 개념은 중대한 역할을 하고 있다. 사안의 본질과는 달리 기술혁명이라는 것은:
- 공업과 농업의 기계화
- 개혁운동의 적극적 전개
- 기존의 장비 100% 활용
- 원자재 및 재료의 효율적 사용으로 이해된다.

품질 향상을 위한 노력은 효율적인 동기유발하고는 별로 연관이 없다. 즉, 주로 정치적-도덕적 수단에 의해 좌우된다. 기술의 발전과 생산품의 질 향상에 장애로 작용하는 것은 "모든 것을 자력으로!"라는 민족주의적 구호이다.

얼마 전부터 이 구호는 제한적이나마 수정되고 있는데 여기서 기술-과학적 협력의 필요성이 인식되고 있음을 보게 된다. 이러한 인식이 민족주의를 물리치고 실천에 옮겨질 수 있을지 주목된다. 지난 반 년 동안 고가의 투자재 수입을 위한 노력이 강화되었다.

3. 중앙에서부터 작업장에 이르기까지 과학적인 관리체제가 어떻게 개선되었는가? 어떻게 근로자가 영업 운영 및 영업 감독업무에 흡수될 수 있는가?

선전을 보면 "민중노선"이라는 개념이 중요한 역할을 한다. 민중과의 연대가 필수불가결한 요소로 간주된다. 실제로 개인숭배의 영향은 공장과 업체의 경영에 있어 다수의 종사자들이 대거 외면하는 결과를 초래한다.

4. 이런 과제를 해결하는 데 있어 지도급 당 기관과 국가기관 및 공장의 당 조직은 어떤 역할을 하는가?

지도급 당 기관은 과학적으로 입증된 계획수립 및 운영 체제를 실현시키도록 영향력을 행사하지 않는다. 당 기구들은 규칙성의 준수를 지향하지 않는다. 지도급 당 기관들은 끊임없이 새 과업을 제시하고 있는데, 이는 즉흥성과 주관주의의 발로에 지나지 않는다. 실제의 경험으로부터 당 지도급 기관들은 실질적인 운영 체계에 있어서도 궤도 수정을 감행하라는 요구를 받게 된다. 그 수정 사항은 당 위원회가 보유한 공장의 직접 운영권이 제한되는 공장에서도 영향력을 행사한다.

동독 경제의 계획수립과 운영의 새로운 효율적 체제에 대한 견해들의 평가

1. 동독의 경제의 계획수립 및 운영의 새로운 효율적 체제에 관한 출판물에는 어떠한 것이 있는가?

이에 관해서는 어떤 형태로도 출판된 서적이 없다. 북한 대표와 사절단은 동독 공장 시찰시 새로운 경제계획수립 및 운영체제에 대한 안내를 받았다. 그런데도 공식적으로 전혀 입장 표명이 없었다. 그러나 지금까지는 북한이 지배적인 견해를 (쉬나이데빈트의 박람회보고서) 근거로 승인을 하지 않고 있는 것으로 추측된다.

2. 사회주의 국가 상호간의 경제 관계에 있어서 이해득실을 따지는 것에 대해 어떤 의견이 있는가?

상호적인 경제 관계에 있어 이해득실을 따지는 것은 용납되지 않는다. 이는 저개발국가를 약탈하는 수단으로 간주된다. 상호 경제 관계에 있어서는 간접적 지원이 기대된다. 간접 지원이란 다수의 생산품들에 대해 세계 시장에서 그리고 사회주의 국가들 사이의 무역에서 평균 가격을 훨씬 웃도는 가격을 요구하는 형태로 나타난다.

예를 들어 동독은 1톤의 강철 값으로 소련에 1500루불을 지불한다. 그런데 북한은 이보다 300루불을 더 요구한다.

비철금속, 아연과 납의 경우는 금속 순도에 있어 품질 개선을 달성했다. 북한은 현재 실질적으로 상대국의 필요는 고려하지 않은 채 비교적 높은 가격으로 "높은 품질의 제품"을 공급하고 있다.

공업 가격 개혁을 공고히 한 다음 동독에서는 공업이 필요한 만큼의 품질에 대해서만 값을 지불한다. 따라서 1965년 무역 적자가 약 130만 동독 마르크 발생했다.

[수신자]　1부 : 중앙위원회 국제교류과

　　　　　1부 : 외무성 비유럽1과/2

　　　　　1부 : 대외무역 및 동 · 서독 무역성 북한 담당부서

　　　　　1부 : 대사관, 1등 서기관

　　　　　1부 : 평양 무역정책과

군사분계선에서 조선 민주주의인민공화국의 강화된 활동에 관한 약식보고

외무성 비유럽1과
북한 분과

비밀 공무사항
〈번호: 123/65〉
3통 발행
제2통 총 1 쪽

[작성 장소 및 일자] 베를린, 1965년 6월 18일

(북한 주재 동독 대사관 정보)

폴란드 대사로부터 브리 대사에게 군사분계선을 따라 북한군의 움직임이 극도로 강화되었다는 정보가 전해졌다. 대규모 병력 이동도 지속적으로 이루어지고 있다. 폴란드 대사는 동시에 정전위원회 회담에서 대화 분위기가 돌변했다고 전했다. 미국은 과거 대화나 회담을 의례적으로 해오곤 했으나 현재는 상황을 점점 더 심각하게 만들고 있다. 미국의 신임 장군은 강경일변도로 북한 뿐만 아니라 중공, 모든 사회주의 국가 및 모든 공산주의 운동을 공격하기 위해 기회가 올 때마다 이를 이용하고 있다. 그는 이를 위해 마오쩌뚱, 레닌 및 여타 마르크스주의 저작들에서 따온 인용구절들을 이용하고 있다.

미 공군 시신 인도와 관련된 서명 문제에 있어 극도의 긴장된 상황이 초래됐다. 폴란드 동지들은 미국 대표들의 자세를 초긴장 상태로 보고 있다.

나아가 폴란드 대사는 브리 동지에게 한미간의 비밀 협정에 따라 미군 병력 2개 여단이 추가로 남한에 배치되었다고 알려주었다.

[정리] 벡리히트
[수신자] 1부 : 정보과
        1부 : 중앙위원회, 국제교류과
        1부 : 외무성 비유럽1과, 북한 분과

1956년 6월 7일~13일까지
동독방문을 마친 김일성 수
상이 6월 13일 베를린 쉐
네펠트공항에서 환송나온
그로테볼 수상에게 모자를
벗어 답례하고 있다.

소장번호: 38955/5N

1965년 6월 24일자 정보 보고

북한 주재 동독 대사관

비밀 공무사항
〈번호: 49/65〉
3통 발행
제1통 총 2 쪽

[작성 장소 및 일자] 평양, 1965년 6월 28일

[작성자 약호] Me.

[문서기호] B/72/805/219

본 대사관은 다음과 같은 정보를 입수하였다 :

1. 노동자의 임금에서 2원씩 공제한다고 한다.

   a) 1원은 남베트남 지원금

   b) 50전은 남조선의 혁명 운동 지원금

   c) 50전은 모내기를 위해 농촌으로 간 사람들을 돕기 위한 지원금

그밖에 모든 사람은 모내기를 하는 사람들을 위해 하루분의 쌀을 기부하라고 종용받고 있다.

2. 모임이 있는 자리에서는 7개년계획이 종결되면 생활수준이 향상될 것이고 먹을 것이 넉넉할 거라는 애기가 나돈다고 한다.

3. 지방에서는 야채가 수도에서보다 80전 내지 1원이 더 비싸다고 한다.

4. 주민들 사이에서는 점점 더 전쟁에 대한 공포감이 확산되고 있다. 따라서 예를 들어 친구들에게 전쟁이 임박했으니 탁자나 장롱은 사지 말라고 권한다고 한다.

5. 일주일 전에 남포에서 남자 네 명이 공개적으로 총살당했다(주민들 앞에서). 3 명은 절도와 치사죄로, 한 명은 간통과 아내 독살죄로 처형당했다(이 둘 사이는 강제결혼이었으며 아내를 독살한 다음 자기 옛사랑과 결혼하려고 했다고 한다). 믿을 만한 다른 소식통의 의해서도 이 소식은 대사관에 전달되었다.

6. 대사관은 남포 유치원에 다니는 동독 주민 자녀에게 다른 아이들이 "독일 사람"이라

고 부르며 욕을 한다고 한다는 정보를 입수하였다.

[작성자] 괴텔 박사
　　　　무관
[수신자] 1부 : 중앙위원회, 국제교류과
　　　　1부 : 외무성 비유럽1과/2
　　　　1부 : 대사관/영사

1965년 10월 28일자 정보 보고

북한 주재 동독 대사관

[작성 장소 및 일자] 평양, 1965년 11월 1일
[작성자 약호] Me.
[문서기호] B/72/805/219

본 대사관은 다음과 같은 정보를 입수하였다 :

1. 최근 들어 주민들 사이에 또 다시 소련과 우리 사회주의 국가들에 반대하는 분위기가 영향을 미치고 있다고 한다.

2. 주민들이 사적인 대화에서는 정치 문제를 거의 거론하지 않는다고 한다. 대화의 주요 내용은 음식과 의류라고 한다. 끊임없이 높은 물가에 대해 불평들을 하지만 그 이상은 거론하지 않는다고 한다.

3. 엔지니어와 학자들이 본업 외에 책을 저술할 경우 더 이상 지금까지처럼 보수를 주지 않는다고 한다.

4. 최근 진수식을 가진 1300톤급 선박의 설계주임이 원래 동독에서 공부한 사람인데 과로로 쓰러졌다고 한다. 그에게는 배의 건조가 성공적으로 이루어진 데 대한 어떠한 인정도 포상도 주어지지 않았다고 한다. 그 이유는 그의 부친이 식민통치 시절 하급 공무원이었기 때문이라고 한다. 그 설계주임은 절친한 친구들에게 자기가 이 특수 분야에서 유일한 전문가이기 때문에 국가가 봐 주는 거라고 말한다고 한다.

[문서작성자] 괴텔 박사
　　　　　　무관
[수신자] 1부 : 중앙위원회, 국제교류과
　　　　 1부 : 외무성 비유럽1과/2
　　　　 1부 : 대사관/영사

동독방문 기간 김일성 수상이 드
레스덴에 있던 막심고르키 하임
을 방문하여, 북한출신의 고아들
을 만나고 있는 장면.

소장번호 : 38888/7N

1965년 10월 19일 ~ 28일까지의
헝가리 공산당사절단의 북한체류

조선 민주주의인민공화국 주재
독일민주공화국 대사관

비밀 공무사항
〈번호: 73/65〉
3통 발행
제2통 총 8 쪽

[문서기호] B 0006/805/219-137

[작성 장소 및 일자] 평양, 1965년 11월 3일

[작성자 약호] Ht.

10월 29일 헝가리 대사 코바취 동지는 소련, 체코슬로바키아, 쿠바, 몽고, 동독의 대사들과 불가리아 대리대사에게 헝가리 사절단의 체류에 대한 정보를 제공하였다. 폴란드 대사는 연수여행 중이었고 루마니아 대사는 루마니아 정부사절단과 담화 중이었다.

1. 대담의 경과에 대한 정보

포크 동지 휘하의 헝가리 당사절단과 김광협 휘하의 북한측 대표단 사이의 협상은 이틀 반 동안 지속되었다. 포크 동지는 협상 초두에 헝가리의 국내 상황에 대해 진술하였다: 5개년 계획의 완수, 당의 발전, 국제적 상황에 대한 평가, 헝가리의 외교정책, 사회주의 국가들과의 관계 특히 소련과의 관계의 발전, 각국의 공산당 및 노동자 정당들과의 관계발전 등에 대해 진술하였다.

헝가리 인민공화국의 외교정책에 대한 진술과 관련하여 그는 미국과의 협상에 대해서도 보고하였다. 오랜 기간 이래 미국에 있는 헝가리 재산을 되돌려주고 헝가리에 있는 미국의 재산을 국유화한 것에 대한 배상문제협상이 개최되고 있다. 이제까지 이 협상들로부터 아무런 결과가 나오지 않았다. 미국의 베트남 침공을 계기로 협상이 속개되지 못하고 있다는 사실을 헝가리가 미국에 표명하였다고 한다.

〈對유고슬라비아 관계에 대해〉

유고슬라비아와의 관계 발전은 긍정적으로 평가될 수 있다. 헝가리 정당은 유고슬라비아를 사회주의국가로 간주하고 있다. 헝가리 정당이 모든 문제에 있어서 유고슬라비아의 정책에 동의하고 있지는 않지만 양국간의 경제적 관계와 부분적으로 정치적, 문화적 관계는 최근 몇 년 동안 개선되었다.

〈UN(국제연합) 문제에 대해〉

헝가리는 유엔을 미제국주의에 대한 투쟁도 수행되어야할 국제적인 광장으로 간주하고 있다. 그래서 헝가리는 1956년 소위 "헝가리 문제"가 유엔에 상정되었을 때에도 유엔을 탈퇴하지 않았다. 헝가리는 인도네시아의 유엔 탈퇴가 반제국주의 전선을 약화시키리라는 견해를 갖고 있다는 것이다. 헝가리는 또한 유엔에 대한 중국의 태도가 옳지 않다고 보고 있다고 한다. 평화공존 문제에 대한 헝가리 당과 정부의 입장에 대해서도 포크 동지가 상세히 설명했다.

〈북한의 국내 상황에 대한 김광협의 진술〉

이 진술은 코시긴 동지에게 김일성이 보고한 내용과 완전히 일치한다. (우리측 보고서 참조) 그는 7개년계획이 제대로 이행되지 못한 주요 원인으로서 계획 수립에 있어서 국제적인 상황을 올바르게 평가하지 못한 점을 들고 있다. 현재 전기 에너지, 철강 및 화학공업 등의 중점 분야에서의 목표완수에 노력이 경주되고 있음을 재차 밝혔다. 7개년계획의 주요 목표가 달성될 것이라는 확신을 표명하였다.

김광협은 미국에 대한 헝가리의 태도에 동의하고 있음을 밝혔다. 그는 헝가리 국내 문제에 대하여 – 그 후 계속된 대담에서와 마찬가지로 – 강조하고 있는바, 헝가리 국내 문제는 헝가리 당 자체의 문제이며 정당은 각기 자신의 정책을 독립적으로 결정해야 하고 그 누구도 이에 간섭할 권리가 없다는 것이다.

〈유고슬라비아에 대해〉

유고슬라비아는 한국전쟁 동안 한국 민족에 대해 비우호적인 태도를 취하였다고 한다. 북한은 유고와 외교관계를 맺고 있지 않다고 한다. 유고슬라비아는 유엔에서의 미국의 속임수를 지지하고 있다고 한다. 유고슬라비아는 사회주의국가가 아니라는 것이다.

33

〈유엔에 대해〉

유엔에 대한 북한의 태도는 잘 알려져 있다고 한다. 한국전쟁과 또한 미국에 의한 남조선의 점령도 유엔 깃발아래 이루어졌거나 이루어지고 있다. 한국 재건을 위한 유엔 위원회조차도 한국의 내정문제에 대한 조야한 간섭이라는 것이다. 그래서 북한은 유엔과 하등의 관계를 맺지 않으려고 한다. 유엔에 대한 헝가리의 태도는 헝가리 당과 정부 자체의 문제라는 것이다.

〈평화공존 문제에 대해〉

우리도 평화공존 정책을 지지하고 있다. 우리는 한반도의 북부지역을 사회주의적으로 건립하기 위해 평화가 필요하다. 평화공존의 문제는 각 나라마다, 세계의 각 부분마다 다르다는 것이다. 이 문제는 유럽의 사회주의 국가들에게는 북한의 경우와 다를 것이며 예컨대 북한의 경우 베트남의 경우와 다르다.

〈견해차이에 대해〉

견해차이를 극복할 수 있는 세 가지 방법이 있다 :

① 미제국주의에 대한 모든 사회주의 국가들과 각국 공산당 및 노동자 정당들의 공동 투쟁의 강화

② 베트남에 대한 최대한의 원조 달성

③ 민족해방운동 지원의 강화

조선노동당은 공개적인 논쟁을 선동하는 것에는 항상 반대하고 있으며 현재에도 그러한 논쟁의 속개에 반대하고 있다고 한다. 공개적인 논쟁 대신에 양자간의 쌍방 대화를 통해 상태를 개선시키려는 노력이 행해져야 한다는 것이다. 중요한 것은 개별 정당의 주체성이 존중되어야 한다는 점이라고 한다. 조선노동당이 공산주의 국제운동의 대결에서 어느 편에 서있는가 하는 질문이 몇몇 동지에 의해 조선노동당에 제기되고 있다고 한다. "우리는 – 과거와 마찬가지로 – 마르크스–레닌주의의 토양 위에 서 있습니다. 이는 과거 우리의 정책이었고 미래에도 우리의 정책일 것입니다." 조선노동당은 베트남에 대한 최대한의 원조제공과정에서 각국 입장의 접근이 수렴되었으며 사회주의 국가들의 일치된 화합이 더욱 강화될 수 있다는 견해라는 것이다.

〈김일성의 헝가리 사절단과의 대담에 대해〉

이 대담의 내용에 대해 헝가리 대사는 다음과 같이 보고하였다 :

김일성은 베트남에 대한 소련의 원조에 대해 만족하고 있음을 표명하였다. 소련이 미국과 공동의 정책노선을 걷고 있다고 주장하는 것은 잘못이라고 말했다. 소련의 정책은 현재 투쟁의 필요조건에 부합하다는 것이다.

포크 동지는 작은 전쟁에는 작은 일치가 필요하고 큰 전쟁에는 큰 일치가 필요하다는 견해에 헝가리 당이 동의할 수 없다고 언급하였다. 베트남은 사회주의 국가이기에 베트남 침략을 모든 사회주의 국가들의 공동 작전으로 대처해야 한다는 것이다. 그는 첸이[Chen I]의 등장에 대해서도 언급하면서 소련에 대한 그의 막되먹은 비방에 반대하였다. 소련은 단 한번도 자본주의 국가에 대해 침략전쟁을 수행한 적이 없으며, 소련이 사회주의 국가에 대해 공격적인 의도를 갖고 있다고 비난하는 것은 더더욱 비난받아 마땅한 것이라고 상술하였다. 헝가리 당은 첸이의 공격을 소련에 대한 공격뿐만 아니라 헝가리 당과 정부에 대한 공격으로 간주한다는 것이다.

이러한 언급에 김일성은 침묵하였다.

공식적 대담에서 북한의 동지들은 첸이의 등장에 대해 언급하지 않았다. 공식 회담 밖에서의 대담에서 북한 측 동지들은 자신들도 첸이의 등장에 동의하지 않는다고 넌지시 암시하였다.

헝가리 대사의 설명에 의하면 김일성과의 대담에서 침착한 어조로나마 "현대 수정주의"에 대한 투쟁의 문제를 둘러싼 논쟁에 대한 언급이 있었다. 김일성은 이 문제에 대한 조선노동당의 견해를 다음과 같이 진술했다고 한다: 어느 정당이나 자신의 정치적 노선을 수립할 권리와 의무가 있다. 그 어떤 정당이라도 각 정당 개개의 주체성이 보호되어야 한. 조선노동당은 당이 지나온 역사 속에서 좌파적인 이탈뿐만 아니라 우파적 이탈에 맞서 투쟁해야 했다. "우리는 독단주의 및 수정주의에 반대합니다. 우리가 '현대 수정주의' 에 맞선 투쟁에 대해 얘기하면 어떤 사람들은 얼굴을 찡그립니다."

포크 동지의 반박 :

33

"'현대 수정주의' 라는 표현으로 소련공산당을 지칭한 것이라면, 우리는 그와 같은 견해에 동의할 수 없습니다."

김일성 :

"우리가 '현대 수정주의' 라고 말할 때, 우리가 염두에 두는 것은 소련공산당 현재 지도부의 정책이 아닙니다. '현대 수정주의' 란 우리에게 있어서 흐루시초프와 티토의 정책입니다." 흐루시초프는 아이젠하워 및 미국과의 평화적 화합의 정책을 추구하였다고 한다. "예를 들어 우리가 1958년 그를 북한으로 초대했을 때, 그는 미국의 심사를 건드리지 않으려고 우리의 초대를 거절하였습니다." 티토는 우리 시대에는 더 이상 무기를 들고 제국주의에 맞서서 투쟁해서는 안된다는 견해를 피력하고 있다고 한다.

포크 동지는 헝가리 당도 각국의 공산당 및 노동자정당들의 결의에 부합되게, 그리고 마르크스-레닌주의를 기반으로 하여 반수정주의 투쟁을 수행하고 있다고 진술했다. "우리는 '반수정주의 투쟁' 이라는 표현을 꺼리는 것은 아닙니다. 그 까닭은 우리가 바로 이 투쟁을 수행하고 있기 때문이지요. 우리는 다만 이 투쟁을 올바르게 부르는 것에만 찬성하는 바입니다."

김일성은 다시금 반복하여 말했다 :

"우리가 '현대 수정주의 반대 투쟁' 에 대해 말할 때에는 소련공산당이 아니라 티토나 흐루시초프의 정책을 염두에 두고 말하는 것입니다. 우리는 소련과 소련공산당을 친애합니다. 소련의 신임 지도층과 우리 사이에는 전혀 다툴 소지가 없습니다. 소련과의 훌륭한 협력관계의 발전을 위한 기반이 마련되어 있습니다."

김일성은 환담을 하면서 "코민테른의 독단주의"에 반대한다는 입장을 밝혔다. 이 독단주의가 각국의 여러 정당들, 그중에서도 무엇보다도 북한의 공산주의자들에게 손실을 입혔다는 것이다.

이에 대해 포크 동지는 코민테른의 역할에 대한 평가에서 일방적으로 결점만을 보아서는 안되고 무엇보다도 국제 공산주의 운동을 위해 코민테른이 수행한 커다란 지원을 봐야한다고 언급하였다. 그는 이를 헝가리 당의 역사를 근거로 하여 설명하였다.

이에 대해 물론 코민테른의 긍정적인 측면이 과소평가되어서는 안된다고 김일성은 언급하였다.

더 나아가서 포크 동지는 베트남을 지원하기 위해 각 사회주의 국가들에서 시위하는 것만으로는 충분하지 않다고 밝혔다. 소련, 중화인민공화국, 베트남 민주공화국 및 조선 민주주의 인민공화국이 공동 성명에 참여하지 않은 것을 헝가리 당은 매우 유감스럽게 여기고 있다고 했다. 그와 같은 공동 성명을 발표하는 것이 현재까지도 아주 늦은 것은 아니라는 것이 헝가리 당의 입장이라는 것이다.

이에 대해 김일성은 별다른 논평없이 수긍하였다. 후에 그는 다음과 같은 언급을 했다: 베트남을 돕는 모든 조처는 사회주의 국가들 간의 일치단결을 뒷받침하는 것이다.

2. 사절단 체류 성과에 대한 코비취 동지의 평가

헝가리 당 사절단은 북한 방문을 통하여 그들의 목적을 달성했다고 한다. 이번 사절단은 정보교환을 통하여 상호 이해를 증진시키는 것을 주요 과제로 설정했다고 한다. 현재의 견해차이 문제를 토론하는 것이 목표는 아니었다는 것이다. 헝가리 당 사절단의 주요 주제는 베트남을 지원하기 위해 사회주의 국가들의 공동작전을 유도해내는 것이라고 한다.

사절단 체류의 결과에 있어서 북한 측은 당 및 의회 사절단을 헝가리로 초대하는 것을 수락하였다고 한다. 초대시기에 대해서는 합의된 바 없다고 한다.

헝가리 당 사절단은 공동 보도문 발표를 제안하였다고 한다. 김광협은 조선노동당이 그러한 공동 보도문을 작성할 의도가 없다고 밝혔다. 그 이유로는 이번 대담이 공식적인 당 협상도 아니고 공식적인 사절단 방문도 아니라는 것이다.

김광협의 이러한 설명은 사절단 체류에 대한 매일의 보도와 상충된다. 이번에 개최된 협상에 대한 북한 언론의 보도 발표는 일방적인 북한 측 보도문임을 의미한다. 협상 분위기를 해치지 않기 위해 헝가리 측은 공동 보도문에 서명할 것을 고집하지는 않았다고 한다.

김광협을 비롯하여 북한의 다른 동지들은 조선노동당이 많은 문제들에 있어서 중국공산당과는 다른 견해를 갖고 있다고 – 이들 문제에 대한 직접적인 언급없이 – 재차 표명했다고 한다. 그러나 그들은 베트남의 지원을 위해 무엇보다도 중화인민공화국의 태도를 염두에 두고 있음이 분명하다.

문서작성자 본인의 소견 :

사절단이 체류하는 동안 헝가리 대사는 대담의 진행상황에 대해 정보를 전혀 제공하지 않았다. 각국 대사들이 공동으로 정보를 접하면서 보인 태도로 미루어 볼 때, 이 정보가 그들에게도 최초로 수집한 정보였음이 입증된다. 본인은 헝가리 측이 다만 소련 대사에게 더 상세한 정보를 알렸다는 인상을 받았다.

헝가리의 행보에서 우리는 헝가리가 소련과의 조율 하에 무엇보다도 베트남 문제에서 주도권을 쥐고 밀고 나갔음을 가정해 볼 수 있다. 아마도 베를린 외무부 본부나 중앙위원회가 이에 대해 우리보다 더 잘 알고 있을 것이다.

대담의 내용을 서술한 것으로 보아 헝가리 대사가 사절단 단장과 의견의 일치를 보고 우리에게는 대담의 일부분만을 알렸음이 드러난다.

사절단 체류의 전반적인 외면적 진행상황이라든지 대담에 대한 북한의 보도 내용으로 볼 때, 북한 측이 극도로 자제하고 있음이 나타난다. 협상에 대한 북한 측의 보도용 성명에서는 대담의 우호적인 분위기라든가 견해의 일치 등에 대한 그 어떤 한 마디도 찾아볼 수 없다. 김광협이 헝가리 당 사절단 뿐만 아니라, 같은 시기에 북한에 체류한 중국의 전 인민의용대 사절단의 대담 파트너였다는 사실도 의아한 일이다.

[문서작성자] 브리
[수신자] 1부 : 정외무부 비유럽1과 / 슈나이데빈트 동지
　　　　 1부 : 중앙위원회 국제교류과
　　　　 1부 : 대사관 / 비서실

북한사절단의 동독 국립오페
라와 독일역사박물관 방문.
1956년 6월 12일 체류 마지
막 날 이루어졌다.

소장번호: 38935/1N

정보에 관한 문서기록

북한 주재 동독 대사관

비밀 공무사항
〈번호: 87/65〉
2통 발행
제2통 총 2 쪽

[작성 장소 및 일자] 평양, 1965년 12월 3일
[문서기호] 805/219

시내 산책을 다니던 중 이전에 알고 지내던 북한 동지들을 최근 들어 여럿 만났음. 일상적인 인사가 오고간 다음 그들은 한결 같이 생활이 아주 힘들다고 털어놓았음.

과거 드레스덴 공대에서 공부했고 현재 북한의 북부 지역 한 공장에서 일하고 있는 한 동지는 대화 중에 다음과 같은 사실을 보고했음. 자기는 드레스덴 공대에서 수학한 다른 세 명의 동지들과 함께 그 공장에서 일하고 있으며 자기들의 전문지식과 능력은 인정받고 있지만 지도급 지위에는 오를 수가 없는데, 이는 자기들의 정치적 성분이 그리 좋지 못하기 때문이라고 했다 (그 동지는 동독에서 항상 조선학생회의 간부였다).

이어서 그는 북한 노동자들이 매우 근면한 데 비해 질적 수준에 있어서는 어려움이 많다는 점을 지적했다. 큰 문제들이 극복되기까지는 아직 15~20년이 걸릴 것이며 이 모든 문제는 결국 통일을 통해서 해결될 수 있다는 것이다. 무엇보다 통일을 통해 식량문제가 해결되어야겠는데, 이는 해마다 봄철에 생필품 조달이 극도로 어렵기 때문이다.

또한 그 동지는 자기가 동독에 대해 크게 감사하고 있으며 동료들과 함께 다시 한 번 동독을 방문할 수 있기를 바란다고 했다. 동독의 변화상황에 대해서는 아는 정보가 없으며 구할 수 있는 외국 서적은 극소수이고 그것도 소련에서 온 것이 있을 뿐이라고 했다.

또 다른 동지는 독일에서 공부하지는 않았고 현재 연구소에서 일하고 있는데 좀 더 생활수준이 향상되려면 15~20년이 걸릴 거라고 말했다. 난 이 동지를 학생신분으로 대학에 체류할 때 알게 되었다. 이 동지는 다른 외국 학생들과도 친분이 아주 두터웠기 때문에 그가 소련을 아주 숭배하고 경애한다는 사실을 알고 있었고, 그래서 그가 소련이 원칙없는 정책을 펴고 있으며 늦어도 10년 내에는 나도 그 사실을 인식하게 될 거라고 언급한 것은 매우 흥미롭다.

　　또 다른 동지는 동독에서 공부했고 현재 무역 분야에서 일하고 있는데 (비유럽권 국가 상대) 그 역시 경제와 일상생활 전반에 걸쳐 어려움을 토로했다. 군대는 국민소득의 상당액을 소비하고 있는데 그럼에도 불구하고 군대는 한층 확충되어야 한다고 했다. 물론 북한이 위급한 경우 단독으로 국방을 감당할 수 없음이 분명하다고 해도 말이다. 이 동지는 결국 통일을 통해서만 많은 어려움들이 제거될 수 있고 생활수준도 현저히 향상될 수 있다고 말했다.

　　대사 브리 동지와의 약속 하에 이 정보는 사본을 대사관에 남겨두지 않음.

[문서작성자]　괴텔

　　　　　　　3등 서기관

[수신자]　1부 : 외무성 비유럽1과/2

　　　　　　1부 : 중앙위원회

1965년 12월 23일자 정보에 대한 보고

북한 주재 동독 대사관

비밀 공무사항
〈번호: 92/65〉
3통 발행
제2통 총 1 쪽

[작성 장소 및 일자] 평양, 1965년 12월 29일

[작성자 약호] Ht

[문서기호] B /72/805/219

동독 대사관에 아래와 같은 내용의 정보가 입수됨.

인민들에게 지급되는 곡물 배급량이 – 최고 배급 등급은 예외로 하고 – 하루 50g씩 증량되었음. 간장(한국 요리에서 빼놓을 수 없는 식료품)도 배급제가 되어 일인당 월 800g씩 지급됨.

이미 외국 유학 경험이 있는 기술 계통 전문직 종사자들 중 다수가 또 다른 해외 실습교육을 구하고 있음(예: 폴란드). 동독에서 공부한 어느 기술전문가의 경우에도 동독에서의 그러한 실습교육을 계획하고 있어서 이에 필요한 모든 서류를 제출해 놓았다고 함.

해외의 기술과학 관련 신문 및 잡지를 구독할 수 있게 지원하는 바, 다양한 문헌들이 구독 신청 가능함. 그러나 "새로운 독일"지(동독의 정부기관지인 일간신문) 만큼은 구독 허가가 되지 않음.

청소년들 사이에는 심각한 방임현상이 문제라고 함. 범죄 사건이나 길거리 싸움 등을 벌이는 소위 "불량배" 그룹이 많음. 처벌될 경우 엄벌에 처해짐에도 불구하고 경찰이 대부분의 경우 사건들을 완전히 해결할 능력이 없기 때문에 개선이 되지 않고 있다고 함. 뿐만 아니라 주민들 사이에 도난 사건도 매우 빈번하게 일어난다고 함.

주민들에게 가장 심각한 문제는 여전히 근무 시간외 초과 근무, 높은 물가 그리고 기아라고 한다. 일련의 정치적 사건들(한일 협정 등)에 관하여는 거의 논의되지 않고 여러 회합에서 아예 제쳐놓고 있다. 그러나 많은 주민들은 곧 전쟁이 다시 터질 것이라 확신하고 있다고 한다.

[문서작성자] 바르텔

　　　　　무관

[수신자] 1부 : 외무성 비유럽1과/2

　　　　 1부 : 중앙위원회 국제교류과

　　　　 1부 : 대사관 / 영사

조선노동당과 북한 정부의 군사정책 문제

외국담당과

과장

일지번호 : 37/66

[작성 장소 및 일자] 베를린, 1966년 1월 11일

[수신] 장관 대리 / 총사령부 책임자

리델 중장 동지

장관대리 / PHV 책임자

페르너 장군 동지

평양에 주재하는 우리 무관인 슈뢰터 중령이 위에 언급한 문제에 대해 다음과 같이 전하였음 :

작년 후반기에 북한의 내무 및 외교 정책에 있어서 변화가 점점 더 많이 눈에 띄었다. 이것은 특히 내무정책 및 경제정책 전반을 국토방위능력을 계속 제고시키는 것에 맞추어 전개시킨 점에서 나타난다. 이러한 변화의 주요 원인은 아시아 상황의 첨예화, 특히 한일 협정의 체결과 미국의 베트남 침공이다.

한일협정 체결 이후, 그리고 이와 연관하여 이제까지 존재해온 입장 차이를 해소한 이후 한 · 일 양국 간의 매우 급속한 접근과 협력, 또한 군사 분야에서의 협력관계에 이르게 될 것을 북한은 우려하고 있다. 그러한 첫 조짐이 이미 나타나고 있다. 무엇보다도 남조선 군대의 기획 문서들과 가장 중요한 복무규정들이 작년 중반부터 영어 이외에도 일본어로 번역되고 있다.

더 나아가서 일본군 장교들과 군사사절단들이 소위 옵서버, 기술자문가 및 우호사절단 자격으로 남조선 군대의 참모부와 부대에 더욱 자주 나타나고 있다. 일본 사회주의당의 일본 의회 진출을 통하여 알려진 사실은 한일 협정의 범위 내에 몇몇 군사 비밀협정들도 포함되어 있다는 것이다. 이 비밀협정은 쌍방간의 군사동맹 수립을 위한 출발기반으로 간주될 수 있다. 그렇지만 동시에 한일 군사협정의 체결과 더불어 미국-일본-남조선이라는 삼각체제가 효력을 갖게 될 것이며, 이는 미국이 오래전부터 힘을 기울여온 동북아시아 동맹을 실현시킬 수 있

는 근간이 될 수 있는 것이다.

북한 지도부는 그러한 상황이 벌써 머지않은 시기에 나타나리라 예상하고 있다. 미-일-한 군사동맹으로 인하여 국토통일의 가능성이 더욱 희박해지고, 다른 한편으로 북한에 대한 잠재적인 침략의 위험이 증가될 것을 우려하고 있다.

북한이 입장을 바꾼 또 다른 원인은 미국의 베트남 침공 첨예화이다. 한편으로 북한은 미국이 침략을 지속적으로 확대하지 않을까 우려하고 있다. 연초까지만 해도 북한은 남베트남 해방전선의 신속한 승리를 예상했었다.

더 나아가서 베트남에 대한 중화인민공화국의 정책이 우선적으로 베트남을 도와주려는 의도에 의해 결정되는 것이 아니라, 중국이 미국을 동남아시아에서 몰아내고 소련의 지위를 약화시킴으로써 자신의 직접적인 영향력 범위를 확장하려고 하면서 자체의 민족주의적 목표를 실현시키고자 하는 야욕에 따른다는 생각을 북한 지도부가 갖고 있는 듯하다.

북한의 지도부는 현재 베트남 침공이 다른 아시아 지역으로 확장될 수 있는 급박한 위험, 그중에서도 한반도에서의 군사적 충돌이 확대될 수도 있는 위험을 예상하고 있다.

베트남에서의 경험에서 출발하여 북한은 중국의 정책뿐만 아니라 소련의 정책에 대해서도 의구심을 갖고 있다. 북한 지도부는 북한이 미국 및 남조선과 군사 충돌이 있을 경우 북한의 처지가 베트남의 처지보다 취약하다고 의식하는 것 같다. (무엇보다도 남조선에 조직화된 저항운동이 없는 점, 방어하기 어렵게 열려있는 양측 해안면, 일본 및 미국에 종속된 국가들을 포함하여 미국에 의해 조직화된 국제 제국주의 침략의 고조된 위험, 산업 및 교통 중심지가 공격받기 쉬운 위험 등)

북한의 책임급 동지들은 군사충돌의 경우 북한이 소련의 군사원조 및 중국을 통한 지원이 필요하다는 사실에 대해서도 명확하게 인식하고 있다. 그러나 이 문제에 있어서 북한의 동지들에게는 다음과 같은 의구심과 주저가 있는 듯 하다: 북한은 본인의 생각으로는 중국의 원조가 북한의 이해관계(남조선의 해방)와 부합하는 범위 내에서만 중국의 원조를 고려하고 있다. 북한은 이러한 범위를 벗어나는 중국 지도자들의 민족주의적 목표를 반드시 지지한다거나, 북한의 민족적 이해관계를 제한한다는 조건 하에 중국의 원조를 받아들이거나 할 용의가 있는 것은 아니다. 북한은 분명히 소련 측으로부터의 더 큰 군사원조를 받아서라도 중국과의 관계에서 자국의 자립성을 확보하려고 애쓰고 있다.

소련에 대한 북한의 의구심은 민족주의적이고 교조주의적인 입장에 근거하는데, 그것은 무엇보다도 소련과 미국의 대담에서 아시아 국가, 특히 북한의 이해관계를 침해하리라고 소련을 의심하는 데서 드러난다. 북한의 지도자들이 우려하는 것은 무엇보다도 소련이 한반도에서의 군사적 충돌이 있을 경우 미국과의 무력충돌을 감수할 용의가 없고, 남조선을 계속 미국의 영향권 내에 두게 될 정치적 해결을 추구하리라는 것이다.

최근, 특히 한일협정 조인 이후 북한 정부는 일·소 협상(항공협정, 무역 등)의 발전에 대해서도 마찬가지로 우려를 갖고 예의주시하고 있다. 이는 북한이 일본을 자신의 잠재적이고 전통적인 주적이라고 보기 때문이다.

국토방위 강화를 위한 북한의 조치들과 관련하여 고려되어야 할 점은 오래 전부터 북한 지도자들에게 있어서 공식적으로 선언된 평화통일정책과 민족문제의 군사적 해결이라는 비공식적인 구상 사이에 불일치가 존재한다는 사실이다. 예를 들어 김일성 동지는 북한이 오로지 평화적인 수단으로 국가의 통일을 추구하고 있다고 올해 2월 코시긴 동지에게 확언한 반면, 조선노동당 중앙위원회 군사 담당 의장대리이자 정치국 위원인 김광협은 1965년 10월 7일 환담에서 우리 대사인 브리 동지에게 미국은 결코 자발적으로 남조선에서 철수하지 않을 것이기 때문에 국가통일은 남조선을 무력으로 해방시킴으로써만이 성취될 수 있다고 밝힌 바 있다.

지난 4년이 경과하는 동안 이미 수차례 민족문제에 있어서 조선노동당 동지들의 이와 같이 상반되는 발언들이 있었기 때문에 이 문제에 있어서 북한 지도부는 대단히 실용적인 입장을 취하고 있다는 추론이 적절하다. 분명히 북한지도부는 현재 무력으로 통일을 이루는 것이 유일한 해결책이라고 보고 있다. 물론 자력으로 그러한 해결책을 쓸 수는 없는 상황이다. 이 문제에 있어서 북한의 기본 입장이 소련 및 여타 사회주의 국가들의 정책보다는 중국 지도부의 견해 및 목표와 일치하고 있다는 점이 여기에서 드러난다.

민족적인 이해관계를 지키기 위해 북한의 방위력을 이에 필수적인 수준으로 끌어올리려는 노력에서 출발하여 조선노동당과 북한 정부는 동원 가능한 모든 정치력과 경제력을 국토방위 강화에 쏟고 있다.

이러한 사실은 수적으로 막강한 군대를 유지하는 데에서 나타난다. 조선인민군은 1962/63년에 약 35만~36만 명의 총병력으로 늘어났다. 여기에 약 12만~15만의 총병력을 보유한 공공안보부의 병영부대가 추가된다. 그밖에도 특수 무장병력으로서 국방부 휘하에 편성된 약 2만 명의 "인민 민병대" 부대가 있다. 이는 지역적 기반의 부대로서 조직되어 있고 해안

경비를 담당하고 있다. 더 나아가서 공장과 협동 농장에는 "붉은 노동자·농민 민병대"가 있다. 그 뿐만 아니라 4년간의 복무 기간이 경과한 뒤 인민군에서 전역한 간부들은 특별 예비군 조직에 통합된다. (예비군 부대의 조직과 병력에 대해서는 현재 구체적인 자료가 없다. 예비군 총병력은 대략 20만~25만 명 정도로 추정된다.)

국토방위를 공고히 하려는 북한의 노력은 1965년도에는 이미 1964년과 같이 교육의 질적인 개선, 내부 조직과 규율의 강화, 참모부와 정치국 조직 지도부의 활동의 배가, 방위시설, 특히 군사분계선 방향과 해안 지역 및 공업단지 등의 방위시설 확충을 포함하여 조선인민군의 자재 및 기술장비 개선 및 보완 등에 중점을 두고 있다. 조선노동당 중앙위원회 제10차 전원회의에서 "국토를 난공불락의 요새로 만들자"라는 구호 아래 제기된 주장은 1965년에도 국토방위 영역에서 중심 과업으로 되어있다.

이와 같은 과업의 범위 내에서 북한은 1964년과 같이 1965년도에도 5개년계획에서 다른 부문에 책정된 투자에서 빼낸 상당한 재정과 물자를 동원하지 않을 수 없었다. 북한 내부 자료에 의하면 북한의 국가예산 30%가 국토방위 직접 지출에 책정되어 있다. 이는 40억 원 총예산 가운데 12억 원에 달한다.

총예산에서 이와 같이 국방지출의 비율이 높은 것은 아직 취약하고 내적으로 기반을 다지지 못한 북한의 인민경제에 엄청나게 부정적인 영향을 미치고 있다. 그럼에도 불구하고 국방비로 책정된 북한의 자체 예산은 경상 국방비는 물론, 특히 조선인민군의 무장과 장비조달을 충분하게 확대하는 사업의 재정을 자체적으로 충당하기에는 부족하다. 그래서 북한은 1965년 소련에 무장과 장비조달, 그중에서도 지대공 미사일을 차관형식으로 제공하도록 요청하였다.

작년 5월 북한과 소련 간에 협정이 체결되었다. 소련 측의 납품은 1966년 중에 이루어질 것이다. 그렇게 함으로써 북한은 특히 영공 방위 영역에 있어서의 무장과 장비조달이라는 긴급한 일련의 문제들을 해결할 수 있게 되었다. 특히 부품의 공급은 이 협정에서 중대한 의미를 지닌다. 그 까닭은 북한의 전투기 부대의 상당 부분, 탱크 부대 및 육군의 일부분이 부품 부족으로 인하여 투입이 불가능한 지경이기 때문이다.

최근 몇 년간 경험한 바로는 북한이 무장 및 장비조달 분야에서 소련과의 협력관계를 자체 생산체제의 구축 및 확대 또는 중국의 원조로 대체할 수 없다는 사실이 명백히 드러났다. 무장과 장비조달 영역에서의 북한과 소련의 협력은 여전히 북·소관계의 결정적인 구성요소이다.

소련의 원조에도 불구하고 북한은 자체 공업의 성과를 국토방위에 우선적으로 투입하

36

고 자체 방위산업을 확장시키고자 노력하고 있다. 소련은 양국 간의 방위동맹의 기반 위에 양국 군대의 직접적인 협력, 특히 극동지역에서의 공동 방위조치의 합동작전을 수차례 제안하였으나, 북한은 이를 거절하였다. 거절의 이유는 동맹조약에 의하면 그러한 합동작전은 단지 전시의 경우를 위해서만 예정되어 있고, 그러한 경우에만 합동작전이 바람직하다는 것이다.

북한에 있는 물적, 인적 비축분과 재정상태에 걸맞게 국가의 무장병력의 양적인 발전은 정점에 도달했다. 북한의 몇 안되는, 그리고 매우 대략적인 언론보도 및 북한 동지들과의 대담에서 엿볼 수 있듯이 북한은 현재 주로 정규 방위 병력과 국토방위 체제 전반을 질적으로 강화하는 데에 총력을 기울이고 있다. 이러한 맥락에서 민간 방공조치를 포함하여 영공방위의 확대가 매우 중요하다. 그렇지만 경상 국방비 지출로 인하여 국가의 한정된 재정과 북한의 비교적 취약한 산업역량은 이미 극도로 부담을 받고 있다. 그런 까닭에 조선인민군의 병력의 일부와 병과를 새롭게 기술적으로 무장할 수 있는 자금을 자체적으로 마련한다는 것은 불가능할 것이다.

현재 다음과 같은 방도가 그려지고 있는바, 그 결과 북한 지도부는 국방영역에서 기존의 난점을 극복할 수 있게 되기를 기대하고 있다:

북한은 무엇보다도 기존 역량을 보다 효율적으로 활용하고, 새로운 비축분을 발굴·개발하고, 주민들의 개인적인 소비를 포함하여 모든 분야에서 더욱 더 절약하는 등, 민족의 모든 역량을 더욱 강력하게 동원함으로써 추가적인 재원을 획득하고자 한다.

이를 위해 취해진 정치적, 조직상의 조치들이 1965년 11월 15일부터 17일까지 개최된 조선노동당 중앙위원회 제12차 전원회의에서 결의되었다.

더 나아가서 북한은 축적을 위해 사회주의 국가 및 자본주의 국가들로부터 보다 확대된 규모로 차관을 얻어오고자 노력하고 있다. 무장과 장비조달에 관한 북·소협정은 이 맥락에서 북한에 대한 괄목할만한 원조이다. 동원가능한 취재원이 한정되어 있는 까닭에 현재로서는 북한의 현재의 군사정치적 및 군사경제적 발전을 보다 광범위하게 평가하고 전망할 수 없다.

[출처] 판문점 중립국 정전감시위원회에서의 체코슬로바키아 사절단과의 대담

소련 무관과의 대담

일본과 북한의 언론보도

북한사절단이 몇주간 유럽방문을 마치고 소련 수도 모스크바를 1956년 7월 13일 공항을 출발하는 장면.

사진은 김일성 수상과 소련의 불가닌(Bulganin)

소장번호 : 39728/2N

37

독일사회주의노동당 중앙위원회 1등 서기 발터 울브리히트 동지에게 보내는 서한

독일민주공화국

외무성 장관

베를린, 루이젠가 56

[발송 장소 및 일자] 베를린, 1966년 2월 26일

[수신] 국가평의회 의장

　　　독일 사회주의통일당 서기장

　　　발터 울브리히트 동지

경애하는 울브리히트 동지!

본인은 헤겐 동지가 보낸 서신에 추가로 조선 노동당 지도부와 조선 민주주의인민공화국 정부의 정책에 있어서의 동향을 브리 동지가 평양으로부터 보고한 데 이어 같은 달 7일 동독 주재 북한대사 권정태와 키이제베터 박사가 나눈 대화에 대해 알려드리려고 합니다.

북한에서 상황이 심각해지거나 혹시 군사적 충돌이 예견될 수 있는지에 대한 물음에 북한 대사가 다음과 같이 대답했습니다:

북한은 미국이 베트남을 넘어서서 한국, 중국 그리고 소련으로까지 군사적 갈등을 확장하려 한다는 사실을 확신하고 있다. 현재 미국은 서울, 도쿄, 타이완, 그리고 사이공을 하나의 축으로 만들려고 한다. 그러나 이 축은 그들이 원하는 만큼 그렇게 정비되지는 않았다. 각별한 주의를 요하는 것은 한일협정이다. 본질상 그것은 군사협정을 은폐시킨 것에 불과하다. 문제는 일본 제국주의가 전후에 정치적으로 뿐만 아니라 군사적으로도 재무장했으며 미국의 전략적 구상에 있어서도 큰 역할을 하는 것으로 보인다. 일본 제국주의는 극동지역에서 마치 서독이 유럽권 내에서 가지고 있는 것과 같은 역할을 한다. 일본 제국주의는 더 식민지를 원하고 있고 남한은 일본과 미국의 식민지가 될 위험

에 처해 있다. 이런 상황에서 군사적 충돌이 확대되는 것을 전혀 배제할 수 없다.

이상이 그가 밝힌 내용입니다.
권대사는 웃는 낯으로 덧붙이기를 적당한 시점에 새로운, 보다 구체적인 정보를 주겠노라고 했습니다.

사회주의 만세!

빈처드림

1963년 북한의 경제발전의 몇 가지 문제에 대한 평가

조선 민주주의 인민공화국 주재

독일민주공화국 대사관

비밀 공무사항			
		연도	총발행 통수
PA	27	66	3/5

[문서기호] A 32/804/219

[작성 장소 및 일자] 평양, 1966년 5월 2일

[작성자 약호] Ht.

북한은 하등의 원조나 협조없이 오직 자체의 힘에 의지하여 신속히 발전할 수 있다는 것이 여전히 공식적인 입장이다. 이는 경제 분야 책임급 간부들의 말에서 그리고 무엇보다도 산업을 자체의 기계와 장비로써 돌릴 수 있다는 사실에 대한 여러 보도에서 나타난다. 그러나 후자의 경우, 실제로는 소규모의 기계화에 관한 보도일 뿐, 결정적인 영향력도 미치지 못하는 작은 규모이다.

옛 구호는 그대로 있지만, 실제에 있어서는 변화가 일어나고 있다는 몇 가지 조짐이 나타났고 또한 나타나고 있다. 이는 만기가 된 차관 상환을 연기하고, 새로운 차관을 얻어온다든가 완비된 새로운 설비를 갖추는 데에 있어서 실제로 외국과 협력할 태도를 보이고, 간부급 전문가들을 외국에서 교육받게 하며, 외국 전문서적들을 더욱 적극적으로 이용하는 등등에서 이런 조짐들이 나타난다.

북한의 인민경제는 여전히 불완전한 계획수립과 관리체제, 사회주의 건설에서의 법칙성 무시 및 불균형 등에 시달리고 있다. 공장의 관리 체제를 개선시키려는 잘 알려진 노력들이 아직까지 이렇다할 성과를 나타내지 못하였는데, 특수한 전권이 부여된 200개의 조사단을 파견키로 한 제 12차 전원회의의 결의가 이를 입증하고 있다. 현재 알려진 바와 같이 (브리 대사가 비게아 대사와 가진 4월 23일자 대담에 대한 문서메모 참조) 이 조사단들은 우선 불충분한 점들에 대한 자료를 수집하였고 변화조치를 취하도록 하는 결의는 빨라야 1966년 가을에야 기대할 수 있을 것이다. 가장 중요한 문제는 다음과 같다:

• 노동생산성 분야에 실질적인 발전이 없다는 점

1965년도 통계청 이행보고서가 110% 달성을 입증하고 있음에도 불구하고 중앙위원회의 각종 위원회들은 바로 이 분야에 엄청난 낭비가 있음을 확인하였다.

• 생산제품의 가짓수가 너무나 많기 때문에 투자가 엄청나게 분산되어 있다는 점.

투자를 집중시키려는 노력에도 불구하고 생산제품의 가지수가 계속 늘어남으로 인하여 분산 경향은 지속되고 있다. 자체 생산된 기계로 광범위하게 인민경제를 돌린다는 사실에 대한 보도들이 이를 입증하고 있다.

• 광산투자가 1960년 이후 반으로 줄었으며 1965년에야 비로소 옛 수치를 넘어섰다는 점.

광산투자의 감소로 인하여 필연적으로 인민경제 전체가 영향을 받았다. 그 까닭은 수출의 65% 이상이 천연원료와 반제품으로 채워지기 때문이다. 금속제품이 수출에서 차지하는 비중은 비교적 미미하고 증가시킬 수 있는 수단도 점점 더 제한되어 있다 (여기에서도 분산이 경쟁을 지체시키고 그 결과 수출을 억제하는 쪽으로 영향을 미친다). 1965년 말 이후 이러한 상황을 변화시키기 위해 배가의 노력이 기울여졌다. 지하방위시설의 건설이 제한되었고 따라서 남는 투자금과 장비들이 다른 분야에 전용되었다. 여러 사회주의 국가들로부터의 광산 장비 수입이 증대되었다. 확실한 성과가 나타나는 듯 하였다. 석탄 생산의 증가는 주로 소규모 탄광들을 개업함으로서 가능하였다.

• 성장속도가 일본을 제외한 아시아의 다른 어느 나라보다 빠르지만, 에너지 생산의 성장속도가 너무나 미미하다는 점. 에너지 수요가 충족되지 않고, 그 반대로 에너지 수급균형이 매우 빠듯한 상황이다. 에너지 생산이 수력발전소에 집중되어 있어서 특히 예컨대 1961년 봄과 같이 가뭄이 계속된 시기나 현재에도 자연의존성이 너무나 커서 문제점을 드러낸다는 사실은 논외로 하고, 발전설비 및 조명설비를 열악하게 시공함으로써 누전으로 인한 전력의 낭비가 너무 심하다. 에너지 수급문제에 대단한 관심이 기울여져서, 평양의 화력발전소 건립이 가속화되고 북천에 건설되는 또 다른 대형 화력발전소 건설작업이 완전 가동되고 있다. 이러한 조치들이 생산에 직접적인 효과를 나타내기까지는 아직 1~3년이 더 걸릴 것이다. 그 사이 에너지 손실을 억제할 수 있는 수단이 강구될 것이다. 그러나 이 분야에 종사하는 노동자들의 자격과 그들이 사용할 수 있는 시공설비 재료의 품질을 고려한다면 이것도 어려운 문제이다.

• 농업이 이제까지보다 더욱 빠른 속도로 발전되어야 한다는 점. 현재 식량문제가 심

각하며 당은 농업에 더욱 많은 인력, 더욱 많은 기계, 더욱 많은 비료를 공급할 수 있는 방도를 강구하고 있다(이것은 13차 전원회의의 주요 문제의 하나였다).

- 국민소득 가운데 너무나 큰 부분이 국방 과업에 지출된다는 점. 국방비 비중 추정치는 30%(폴란드 대사관)에서 50%(루마니아 대사관) 사이이다. 노동가능 인구의 비교적 적은 부분이 생산과정에 종사하고 있다. 사무직과 군인의 수는 너무 많다. 무엇보다도 백분율 수치도 너무 높다. 우리가 다른 대사관들과 협의하여 추정하는 수치는 1,220만 명의 인구에서 각 분야 종사자의 인구는 다음과 같다:

공업	120만 명
농업	150만 명
행정관료	40만 명
군대, 당, 언론	75만 명

화학공업은 발전을 기록할 수 있었는데, 그 까닭은 일련의 새 공장들이 가동될 수 있었고, 1966년 말까지 가동될 것이기 때문이다. 그러나 인조비료는 아직 불충분하고 심지어 감소하고 있다.

I. 요약

1. 경제정책에 있어서의 잘못된 구호들(예: "모든 것을 자력으로!")이 설령 중국의 구호들과 유사하더라도 다른 측면을 지닌다는 것이 점점 더 명백하게 드러난다. 예를 들어 사회주의 국가들과의 대외무역에 미치는 영향이 그리 중대하지 않다는 점이다. 이제까지, 그러나 현재도 아직 중공업이 인민경제의 발전, 그중에서도 특히 농업 발전의 근간이라고 보다 뚜렷해지고 있다. 그리고 원료 공업과 에너지 수급의 중요성이 점점 더 인식되고 있다.

2. 경제정책의 근간과 근거가 변하지 않았음에도 불구하고, 또한 항상 적합한 수단과 방법으로 하는 것은 아니더라도, 문제점들을 해결하려는 노력이 있다. 따라서 설령 필수적이고 가능한 정도는 아니더라도 성과가 기대된다.

3. 최근 몇 년동안 북한의 경제발전에서 나타난 악화사태와 남조선의 발전과 관련하여 북한이 높은 경제발전 속도를 확보해야 한다는 사실과 이것이 사회주의 국가들과의 협력을 통해서만이 달성될 수 있다는 사실이 북한 지도부에게 보다 더 명확해질 것

이다. 이러한 인식을 통해서도 앞으로의 전망에 있어서 긍정적인 발전으로의 행보가 기대된다. 최고인민회의 대회에서 재무장관이 한 보고는 이 방향을 암시하고 있으며 (최고인민회의 대회에 대한 평가는 번역이 나온 뒤에 이루어질 것임) 이미 시작된 긍정적인 발전을 이어가고 있다.

Ⅱ. 1965년도 계획의 이행에 관한 통계 보고서는 1964년도 보고서보다 설득력이 적다. 이러한 이유에서 절대적인 수치를 언급하기가 점점 더 어려워지고 평가는 더욱 불확실해진다. 우리가 갖고 있는 자료들과 통계 보고서를 바탕으로, 그리고 우호적인 관계에 있는 대사관들과의 협의 결과 우리는 부록에서 언급한 입장들에서 다음과 같은 결과를 제시할 수 있다 : *(별첨서류 1 = 생산 수치, 별첨서류 2 = 투자 수치)*

부록 1번에 대한 소견 :

① 1965년도 전반기 보고서는 162만 톤의 성장이 공표되었다. 이에 따르면 후반기 성장은 186만 톤에 달할 것이다.

② 1965년도 전반기 보고서는 52만 톤의 성장이 공표되었다. 이에 따르면 후반기 성장은 39만2천 톤에 달할 것이므로 감소이다.

③ 1965년도 전반기 보고서는 56만 톤의 생산이 공표되었다. 생산량이 대략 동일하게 머물렀고 후반기 철광석 생산이 감소했다고 해서 선철 생산에 영향을 미쳤다고 할 수는 없다고 생각한다.

④ 철강 생산의 증가는 10만천 톤에 달하였다. 그중 6만 톤은 전반기에, 4만천 톤은 후반기 분이다.

⑤ 압연강의 경우 후반기 생산이 증가하였다. (전반기: 5만 톤, 후반기: 5만 7천 톤)

⑥ 그중 30%는 부품이다.

⑦ 전반기에는 +1,000개가 공표되었는데, 이는 후반기에 +2,200개 혹은 전부 다해서 5,300 개가 생산되었음을 의미할 것이다. 이 수치는 매우 높아 보인다.

⑧ 전반기에는 9% 성장이 공표되었다. 즉 이로 인하여 감소추세는 후반기에 특히 중요하다.

⑨ 생선과 해산물은 90가지가 보고되었다. 민물고기는 약 1,500 톤의 비중이다. 선박 수는 13,537 척에 달하며 이는 3만 BRT(선박의 총 등록 톤)에 해당한다. 그 중

은 70 마력에서 250 마력 사이의 엔진을 장착한 것으로 해안에서 5~50킬로미터 떨어진 해상에서 조업을 할 수 있다. 11,387척은 돛대나 사람이 젓는 노를 동력으로 하고 있다. 북한이 소련 영해 상에서 조업을 하고자 하기 때문에 현재 소련과의 협상이 진행 중이다.

⑩ 북한은 오스트레일리아에서 곡식 12만 톤, 프랑스로부터 35만 달러 어치 밀가루를, 소련으로부터 20만 톤의 곡식(쌀로 상환)을 수입하였다.

⑪ 높은 수치가 나타난 것은 1965년 사료 부족으로 인하여 많은 가축들이 도축되어야 했기 때문이다. 1964년보다 약 2만 톤 더 많이 생산된 것으로 판단된다.

[문서작성자] 슈트라우스, 1등 서기관

[출처] FO/2

    1부 : 대사관 / 1등 서기관

    1부 : 국가계획위원회

구 동독의 함흥시 건설프로젝트

1958년 12월 4일, 동독건설 지원으로 복구 중인 함흥시 내 주민 사진으로, 당시 주민 100,000명이 거주하는 것으로 집계되었다.

소장번호 : 60 527/2N

39

조선노동당 대표자회의(1966년 10월 5일 ~ 12일)에 대한 정보

[작성 장소 및 일자] 베를린, 1966년 12월 7일

[제목] K?/ka

비밀문건

Ⅰ. 1966년 10월 5일부터 12일까지 평양에서 조선노동당 대표자회의가 개최되었다. 이번 대표자회의의 목표는 국내정치적 발전, 특히 북한의 경제적 발전을 위한 앞으로의 과업을 확정하고 남조선의 상황을 논의하며, 공산주의 세계운동에 대한 조선노동당의 입장 표명을 위한 근본적인 결정을 내리는 것이었다. 조선노동당 규약에 따르면 원래 제5차 당대회가 소집되어야 했지만, 북한의 당 지도부는 대표자회의를 열기로 결정하였다. 그 까닭은 분명히 조선노동당의 성과결산이 불충분하였다는 사실과 형제 정당들을 초청하지 않으려는 의도에 있다. 이는 의견충돌시 이러한 방식으로 명확한 입장 표명을 밝히지 않기 위해서이다.

대표자회의에서 드러난 사실은 조선노동당이 국내 정치와 국제 정세에 대한 근본적인 문제에 있어서 1960년 각국의 공산당 및 노동자 정당들의 선언과 유사한 견해를 갖고 있다는 점이다. 여기에는 인민경제의 계획적, 균형적 발전, 문화혁명, 당 역할의 강화, 사회주의 세계체제의 역할, 공산주의 세계운동의 일치된 화합과 단결에 대한 입장들이 속한다.

조선노동당이 자체적인 마르크스-레닌주의 노선을 표방한다는 핑계삼아 많은 문제에 있어서 중도주의적이고 타협주의적인 입장을 취하려고 시도하고 있다는 사실이 대표자회의를 통해 입증되었다. 이는 많은 문제에 있어서 루마니아 공산당, 쿠바 공산당, 일본 공산당, 베트남 노동자당 등이 표명하고 있는 입장과 일치한다. 이러한 입장은 소련 공산당 및 대다수 형제 정당들뿐만 아니라 중국 공산당과 분명히 거리를 두려는 태도를 의미한다. 조선노동당은 교조주의에 반대하고, 동시에 "현대 수정주의"에도 반대한다. 북한 당 지도부는 몇몇 관점에서 중국 공산당을 비판하고 있으며, 소련 공산당 및 다른 형제 정당들에 대해서도 "비판적인" 입장을 드러낸다. 그렇다고 공개적인 논박이 소련 공산당을 겨냥한 것은 아니다.

조선노동당 지도부가 외교정책, 국내 정치 및 민족투쟁의 문제에 대해 대략적인 입장 표명만 밝혔을 뿐, 과제의 해결을 위한 명확하고 구체적인 프로그램을 갖고 있지는 않다는 점

이 대표자회의 자료들에서 드러난다.

이번 대표자회의에서 조선노동당이 중도주의 및 민족주의 정책을 추구하는 정당들과 보다 긴밀하게 협력하려는 경향이 나타났다.

Ⅱ. 국제정세에 대하여

일련의 근본 문제들에 대해 조선노동당은 원칙적으로 마르크스-레닌주의적 입장을 표방하고 있다. 근본 문제들이란 현 시대 성격의 평가, 사회주의 세계체제의 역할, 사회주의 국가들간의 관계의 역할, 혁명운동을 과학적으로 수행해야 하는 필연성의 부각 및 도발적 태도의 거부 등이다.

그러나 동시에 일련의 불명확한 점들이 드러났다. 조선노동당 지도부는 구체적인 반제국주의 투쟁에 대해 명확한 구상을 갖고 있지 않다. 조선노동당은 다만 무력투쟁 및 다른 형태의 무장투쟁을 인정하고 있을 뿐이다. 조선노동당은 소련이 미국 및 일본과 협력하는 것에 반대한다. 존슨 정부의 세계 전략에 대해 충분히 주의가 기울여지고 있지 않다. 미-일 제국주의와 남조선의 괴뢰 정부에 의한 전쟁 위험의 첨예화가 과대평가되고 있다. 일본 제국주의와 군국주의의 역할이 "사회주의 진영과 세계 평화를 위협하는 위험 요인으로서" 서독의 제국주의와 군국주의의 역할과 동일시된다. 조선노동당은 유럽의 사회주의 국가들이 일본 제국주의에 대한 투쟁에 별로 주의를 기울이지 않는다고 비난하고 있다.

북한 지도부는 민족문제에 대한 동독의 입장을 원칙적으로 지지한다. 그렇지만 세계에서 전쟁위험이 있는 제2의 화약고로서의 서독 제국주의의 역할에 대해서도 아직까지 제대로 이해하지 못하고 있다. 미국과 서독 간의 음모, 그들 사이의 상호 종속관계 등은 대표자회의 자료에 반영되어 있지 않다. 유럽 안보를 보장하고 서독 군국주의와 보복주의를 격퇴하려는 우리 당과 정부의 현안 정책에 대해서도 충분히 주목하고 있지 않다. 부분적으로 "서독 제국주의의 부활과 재무장에 대한 투쟁"이라는 문구가 쓰이기도 하지만, 이는 서독 발전의 현 수준에 더 이상 걸맞지 않은 것이다.

대표자회의 자료에는 부카레스트에서 개최된 바르샤바 조약기구 회원국들의 정치자문위원회 회의 문서에 대한 언급도 누락되어 있다.

대표자회의는 미국 침공에 맞서는 베트남 인민의 투쟁을 지지하였으며 침공세력을 타도하도록 모든 사회주의 국가들의 반제국주의 공동작전과 베트남 인민을 위한 무조건적인 원조를 요청하였다.

Ⅲ. 공산주의 세계운동에 대한 조선당의 입장

조선노동당은 오랜만에 처음으로 대표자회의에서 공산주의 세계운동에 대한 당의 원칙적 입장을 표명하였다. 이번에 발표된 입장은 중요한 기본 문제에 있어서 1957년과 1961년 모스크바 선언에 필적한다. 북한의 당 지도부는 공산주의 세계운동과 사회주의 세계체제의 일치된 화합과 단결을 강화하자는 당의 주장을 강조하였다. 이러한 목표에 이를 수 있는 방도로서 우선적으로 반제국주의 공동작전을 가능케 할 수 있는 여건조성을 고려할 수 있다. 조선노동당은 반제국주의 공동작전에 대한 구체적인 설명을 위해 형제 정당들이 협의하기 위한 "특정" 조건들을 조성할 것을 주장하였다. 공동전선을 조성하기 위해 다음과 같은 조건들이 언급되었다 :

"원칙상의 타협이 아닌 의견의 일치, 비판할 수 있는 권리의 유지, 사회주의 국가들 간의 완전한 평등과 상호 존중, 국내 문제에 대한 불간섭, 반제국주의 공동전선을 강화하면서도 동시에 이데올로기적인 명확성을 향한 투쟁".

사회주의 세계체제의 현 상황에 대해 평가하면서 북한은 미국의 베트남 침공을 저지하기 위한 작전의 통일을 이루고 상반되는 견해들을 극복해내는 것이 현재로서는 불가능하다는 결론을 내렸다. 중국 공산당 지도부의 이름을 거명하지는 않았지만, 김일성 동지의 발표에서 중국 지도자들의 입장과 분열 정책에 대한 명백한 비판이 가해졌다. 무엇보다도 혁명에 있어서의 객관적 요소들의 무시, 좌파 기회주의 및 강대국 국수주의, 극도로 혁명적 구호들과 도발적인 노선, 중화인민공화국에서의 "프롤레타리아 문화혁명", 다른 사회주의 국가들에 대한 비방 등에 대해 비판이 가해졌다. 더 나아가서 중국이 미제국주의 및 미제국주의의 침략정책에 맞서서 구체적인 행동을 취하지 않고 실제로 미제국주의에 대한 투쟁을 방해하고 있다고 간접적으로 중국을 비난하였다.

이와 동시에 이번 대표자회의에서는 소련 공산당 및 다른 마르크스–레닌주의 정당들의 정책에 대해서도 언급되었는바, 이들 정당들이 예전에 언급한 성명들과 비교해볼 때, 무척 약화된 것이다. 유고슬라비아 공산당 연맹과의 관계발전에 대해서 준엄하게 비판되었고, 공산주의 세계운동의 일치된 화합이 약화되었다고 일갈했다. 알바니아 노동당이 공산주의 세계운동에서 배제된 것에 대한 비난이 제기되었다. 미국과 일본과의 관계발전에 있어서 소련 공산당은 계급적 관점을 무시하였다고 비난이 가해졌다.

공산주의 세계운동에서의 소련 공산당의 두드러진 역할과 사회주의 세계체제에서의 소련의 역할에 대해서는 한마디조차 경의를 표하지 않았다. 소련 공산당의 제13차 당대회와 이 대회의 결의사항도 완전히 무시되었다.

쿠바 공산당의 입장과 정책에 대해서는 이번 대표자회의에서 무조건적인 지지와 폭넓은 경의가 표해졌다. 쿠바의 지도층 동지들의 정책에 대한 그 어떤 비판도 완강하게 철퇴되었다. 조선노동당은 공산주의 세계운동 문제에 대한 당의 입장을 "실질적으로 마르크스-레닌주의적" 입장이라고 옹호하고, 과거에서나 현재에서도 마르크스-레닌주의를 벗어나는 것을 결코 용납하지 않았다는 것을 자신을 위해 주장하고 있다.

Ⅳ. 북한의 경제발전과 사회주의 건설의 문제

조선노동당 대표자회의에서 북한이 앞으로의 경제발전에 있어서 복잡하게 얽혀있는 문제에 봉착해 있다는 사실이 밝혀졌다. 최근 몇 년간 "모든 것을 자력으로!"라는 구호로 인하여 나타난 악화사태, 불충분한 계획 수립과 관리체제 및 사회주의 건설의 규칙성을 무시한 데서 그리고 경제발전의 불균형에서 나타난 악화사태와 남조선에서의 경제발전과 관련하여 조선노동당은 이제 경제발전의 속도를 높게 유지하는 데에 총력을 기울이고 있다.

7개년계획(1961~1967)은 3년 더 연장되었다. (1970년까지)목표 미달치들이 1967년까지 만회될 수 없기 때문이다. 조선노동당은 7개년계획 미완수의 책임을 사회주의 형제 정당의 탓으로 돌렸다(사회주의 국가들간의 견해 차이가 난관에 봉착하였고 북한 경제발전에 손상을 입혔다는 것이다). 대표자회의에서 대략적으로 언급된 경제정책 분야의 과업들은 현재의 상황의 실제적인 필요조건에 대폭적으로 부합한다. 그렇지만 제기된 과제들을 해결하기 위해 제안된 수단과 방법들은 충분치 않고 포괄적이지 않다. 경제정책에 있어서 변화를 이룩하고자 하는 노력이 확인될 수 있지만, 조선노동당은 여전히 "모든 것을 자력으로!"라는 구호에 매달려 있다.

사회주의 국가들 사이에는 계속 쌍방 간의 경제교류관계만이 추구되고 보다 높은 형태의 경제협력은 거부된다.

대표자회의에서는 자체 경제정책에 대해 비판적인 평가가 없었다. 과학적인 근거를 가진 경제정책의 단서들이 의심할 여지없이 인식되기도 한다. 그럼에도 불구하고 이러한 단서들이 "모든 것을 자력으로!"라는 구호 및 "대안체제"(당 위원회 측에서의 생산의 직접 관리체제) 등의 계속적인 선전을 통하여 부분적으로 다시 가치를 잃게 되었다.

계획 수립에 대한 설명에서 두드러진 것은 과도한 중앙집중화 및 계획 수립의 경직성이 아직 극복되지 못하고 있다는 점이다. 조선노동당은 민족보위를 위한 지출을 계속해서 증대하는 데에 총력을 기울이고 있다. 경제건설과 생활수준의 향상이 지체되는 이유도 이러한 목표 지향 탓으로 돌려진다. "전 국토를 요새로 만들자!"라는 구호아래 진행된 민족 보위를 위한 지출의 증대는 이미 빠듯한 인민경제에 추가 부담을 지우고 있다.

사회주의 건설에 있어서 동맹정책의 마르크스-레닌주의적 원칙이 계급관계의 관점에서 올바르게 논구되었다.
과학과 기술의 의미가 특히 강조된다. 사회주의 문화를 창출해내기 위해 문화유산보호와 비판적 수용이 필수적이며 올바른 것으로 간주된다.

V. 한반도에서 민족문제

조선노동당 대표자회의에서 남조선의 상황과 남조선에서의 혁명세력의 투쟁 전망에 대한 포괄적이고 사실적인 평가가 내려졌다. 조선노동당은 남조선에서의 민주세력과 폭넓은 대중운동을 전개하기 위한 오랜, 복잡하게 얽힌 투쟁을 위해 총력을 기울이고, 마르크스-레닌주의 노동자당을 지도적인 세력으로 조성할 필연성을 주목하고 있다. 그렇지만 1966년 8월 정부 비망록에 통일을 위한 건설적 제안들이 유포되었음에도 불구하고 조선노동당 대표자회의에서 통일정책에 대한 명확한 프로그램을 제시하지 못한 것은 큰 단점으로 간주되어야 한다.

조선노동당은 민족 전체의 규모로 혁명을 완수할 것을 주요 과업으로 제기하였다. 이를 위해서는 혁명의 기지로서 북한의 경제적, 정치적, 군사적 강화와 혁명적 투쟁의 강화가 필요하다. 김일성 동지는 발표에서 조선노동당으로 하여금 남조선에 대하여 도발적인 정책을 수행하도록 종용하는 중화인민공화국 지도부에 대해 반론을 펼쳤다. 북한은 한반도에 있어서의 세력관계를 과거보다 더욱 현실적으로 판단하고 있으며 민족문제를 외부로부터의 무력적인 해결을 하려는 도발적인 정책을 거부하고 있다.

VI. 결의사항과 인사상의 변화

조선노동당 대표자회의 종료 직후인 10월 12일 조선노동당 중앙위원회는 제 14차 전원회의를 개최하였다. 이 전원회의에서는 대표자회의에서 수용된 결의사항을 확인하고 조선노동당의 지휘 기관을 재조직하고 인사상의 변화조치를 취하기로 결의하였다. (결의사항: "우리당의 현재 상황과 과제" 및 "사회주의 경제수립에 있어서의 직접적인 과업에 대하여")

a) 최고의 지휘기관으로서의 조선노동당 중앙위원회 정치위원회 상무위원회의 설립.(6명의 위원으로 구성 : 김일성, 최용건, 김일, 박금철, 리효선, 김광협)

b) 위원장과 부위원장 대신 총비서와 비서 기능 신설. 비서국의 신설.(1명의 총비서와 9명의 비서)

c) 정치위원회 위원의 수를 15명 (정치위원회 상무위원회 포함)으로, 정치국 후보위원의 수를 12명으로 상향조정.조선인민군의 지휘급 장교 5명을 정치위원회 위원 및 후보위원으로 선발하는 것은 조선노동당 대표자회의에서 선전된 "전 국토를 요새로 만들자!"라는 구호와 관련하여 중대한 의미를 지닌다. 당 지도부에서 친 중국 분파의 전형적인 대표로 우리에게 알려진 김창만과 김일성대학 총장인 하앙천은 당 지도위원회에 다시 선출되지 않았다.

VII. 결론

1. 조선노동당은 대표자회의에서 결의된 중도주의적, 절충주의적 노선을 전력을 다해 관철시키고자 노력하기로 한다. 조선노동당 지도부의 입장 변화에서 시작하여 국가관계 및 활용되어야 할 정당관계의 발전 가능성이 나타난다.

2. 외무부는 북한에 대한 국가관계의 발전 구상을 작성하여 정치국에 제출하도록 한다.

3. 독일사회주의통일당과 조선노동당 사이의 사절단교류 및 경험교류의 범위 내에서 1967년에는 연구사절단, 대학 강사 및 휴가병들을 교환하기로 한다. 동독의 사회단체들이 북한의 파트너 단체들과의 접촉을 다시금 활성화시키기로 한다.

4. 조선노동당 지도부는 북한 주재 우리 대사를 통해 우리 정책의 현안 문제에 대해 정기적으로 상세하게 정보를 제공받기로 한다.

   a) 서독의 정세분석과 서독의 보복주의 및 군국주의를 물리치기 위한 동독의 투쟁

   b) 미국과 서독의 국가독점적 자본주의의 음모. 유럽 내에서의 미국의 정책

   c) 미국의 베트남 침공에 대한 독일사회주의통일당과 동독의 입장

   d) 동독의 경제발전, 특히 경제 계획수립과 관리를 위한 새로운 체제 도입에 있어서의 문제

1957년 4월 15일, 동독 건설지원으로 함흥시 170,000qm 영역에 주택, 학교, 유치원, 문화시설 및 산업

시설이 들어섰다.

소장번호 : 45 964/10N

조선노동당 사절단과의 대담을 위한 참조사항

국제교류과

[작성 장소 및 일자] 베를린, 1966년 12월 102일
[작성자 약호] Zi/ka
[문서기호] B 805/219

---

　1. 1964년 이래로 조선노동당은 그때까지 자기들을 전폭적으로 지원해 온 중국공산당 지도부로부터의 분리과정을 겪고 있다. 동시에 소련공산당 쪽으로 접근하려는 모순된 과정이 서서히 이루어지고 있다. 조선노동당 지도부는 "독자적 조선의 지위"라든가 "주체 사상"(자주성의 원칙)의 형태로 민족주의적이고 중앙집중적인 입지를 구축하려고 노력하고 있다. "독자적 조선의 지위"라는 취지는 당이 자신들이 과거에 견지했던 사상적 입장을 노골적으로 비판할 수 없도록 만들기 위해 생각해 낸 것이다. 북한공산당 지도부가 소련 공산당에 대해 유보적인 입장을 취하긴 하지만 그래도 중국 공산당의 입장에 대해서는 좀더 뚜렷하게 거리를 두고 있다.

　북한 지도부는 제3세력을 형성하기 위해 노력하고 있으며 그러면서 쿠바, 베트남, 루마니아, 알바니아 등에 노선 방향을 맞추려 하고 있다.

　베트남 인민 지원사업에 관한 국제적 사안에 조선노동당이 관여한다는 사실은 긍정적으로 평가될 수 있다. 중국 공산당은 그런 사업을 반대하고 소련이 자본주의를 다시 확립하려 한다며 소련을 비방하는 중국 공산당 지도부에 맞서 조선 노동당은 간접적인 논쟁을 벌이고 있는 것이다. 뿐만 아니라 조선 노동당은 중국의 "문화혁명"에도 등을 돌리고 있다.

　김일성 동지는 소련이 베트남에 지원하는 규모가 다른 모든 나라들보다도 크다는 점을 역설했다. 소련에 대해 반대하는 조항은 흐루시초프의 정책에 관련해서이다. 몇몇 문구들을 보면 소련이 미국을 상대로 충분히 겨뤄내지 못하고 있지 않나 하는 견해를 내비친다.

　2. 당의 국내정책에 관하여
　조선 노동당은 국내 동향에 관하여 그저 일반적인 입장만을 취할 뿐이다. 계획수립과 관리에 있어서의 새로운 체제는 논의되지 않고 있다. 지도부의 활동에 관한 문제도 언급되지

않고 있다. 단지 농업과 관련하여 기술적 혁명을 고려하고 있다. 공업에 대해서는 전반적으로 절약의 문제, 품질 문제 그리고 제품의 기술적 수준 문제가 전면에 대두된다.

3. 남한에서의 투쟁에 관하여

남한에서의 투쟁에 관하여는 조선 노동당 정책에 있어 변화의 조짐이 나타나고 있다. 이전까지는 당이 제대로 마련된 전략과 전술을 확보하지 못했었다. 남한에서 합법적, 비합법적 투쟁 방법을 총동원하여 민주적 민중세력을 확보해야 한다는 구상은 새로운 방향 설정의 시작을 암시한다. 남한에서 독자적인 마르크스-레닌주의 정당의 설립, 그 정당의 민중 조직에 있어서의 활동, 군대와 국가기관에 있어서의 활동 등의 추이를 살펴보면 긍정적인 평가를 내릴 수 있다.

4. 국제정책에 관하여

조선 노동당은 베트남 인민투쟁 지원, 반서독 제국주의 투쟁 지원을 통해 사회주의 세계로의 통일 기반 조성에 기여함으로써 올바른 노선을 향해 가고 있는 것으로 보인다. 조선노동당은 동독 정책을 전적으로 지원하고 있다. 사회주의 국가들이 일본 제국주의의 위험성을 얕잡아보고 있다(영토 확장 시도, 남한과의 협정 등)는 조선 노동당의 비판적 지적은 타당성 있는 일면이 있다. 그러나 조선 노동당은 일본 제국주의의 팽창 자체를 분석하지는 않았다. (예: 자본주의 세계에서 서독 다음으로 2위를 차지하기 위한 투쟁) 서독에 대한 평가와 관련해서는 서독 제국주의의 경제적, 정치적 잠재력을 과소평가하고 있음이 드러난다.

북한 동지들과의 대담을 위해 내리는 결론 :

대담의 목표는 조선 노동당이 소련 공산당 및 다른 마르크스-레닌주의 정당의 입장에 지속적으로 접근하도록 지원하는 데 두어야 할 것이다.

사회주의 국가들에 있어서 행동통일 및 공산주의 세계화 운동에 대한 적극적인 태도와 결부되어 다음과 같은 문제를 제시해야 할 것이다.

– 이하 원문 누락으로 번역할 수 없음 –

1967년 3월 1일 북한 주재 동독 대사관에서 있었던 헝가리 대사관 무관과의 정보교환 내용에 관한 문서기록

북한 주재 동독 대사관

[작성 장소 및 일자] 평양, 1967년 3월 11일

[작성자 약호] Be/Hb.

비밀 공무사항
원문의 인쇄가
흐려서 식별불가

참석자 : 에레 동지 헝가리 대사관 무관,

벨만 동지

에레 동지는 본인(벨만)에게 조선노동당 중앙위원회 재정기획과에서 있었던 헝가리 대사와의 협의에 대해 알려왔음.

헝가리 인민노동당 전당대회에 파견될 조선노동당 사절단을 위한 헝가리 대사관 리셉션에서 이미 협의가 약속되었었음. 당 중앙위원회의 소관부서 과장인 김계철은 헝가리 대사의 다음 세 가지 질문에 아래와 같이 답변했음.

질문 1 : 계획경제 문제
질문 2 : 조선의 과학–기술적 기반과 양국 사이의 과학–기술적 공동작업
질문 3 : 무역에 관한 전망

질문 1에 대한 답변 :

지금까지 중앙에서 만든 계획들은 충분할 만큼 상세하고 구체적이지 못했다. 공장에 대해서는 공장들 사이의 보다 긴밀한 협력을 목적으로 중앙에서 상세히 계획을 세우는 것이 관건이다. 책임자들은 질 향상 문제에 좀 더 관심을 기울여야 한다. 지금까지는 생산 비용과 수익성에 대해 전혀 관심이 없었다. 책임자들은 노동력만 더 촉구했지 신기술에는 신경을 쓰지 않았다. 북한은 기술에서 전통이라곤 없다. 물론 1945년 이후 많은 분야들이 발전하기는 했으나 간부들의 수준은 뒷걸음쳤다. 공장들은 시장을 위해 제품을 생산한 것이 아니라 창고에 쌓아두기 위해 제품을 생산했다. 광산 같은 개별 분야의 경우 "절약의 원칙"이 손상되었다. 공장 책임자들은 사회시설을 위한 투자를 거부했고 여성의 활동에 대해 별 관심이 없었다. 국가는

책임자들에게 좀 더 많은 여성을 취업시키기 위한 조건을 마련하라고 요구할 것이다. 원자재가 부족하고 원자재 수송은 원활하게 이루어지지 못했고 부실하게 운영되었다. 1월에 구성된 물자경영위원회는 이러한 문제를 해결해야 할 과제를 안고 있다. 컴퓨터 시스템은 낡았고 통계행정 분야는 새로운 장비들을 필요로 한다. 이에 필요한 간부들의 교육을 위해서 북한은 생산기술 교육을 위해 실습교육생들을 다른 사회주의 국가로 파견하고자 한다. 이 모든 문제들이 전혀 새로운 것이 아니며 단지 그 해결책이 예전에는 성공을 거두지 못한 것이다.

질문 2에 대한 답변 :

식료품 공업, 섬유공업 및 모든 경공업은 형편없이 뒤쳐졌다. 그 수준을 높이기 위해 일련의 부처들이 개편된다. 낙후의 원인은 사실 과거에 있다. 즉, 식민통치와 분단이 북한에서 경공업의 발전을 막았다. 극소수의 전문기능공들이 있을 뿐이며 전문가들도 수준 이하의 교육을 받았다. 외화 부족으로 현재 경공업 수준을 높이기 위한 수입은 전혀 불가능하다. 예를 들어 과일 수확량은 상당한데 통조림은 전혀 없다. 책임은 기획부처와 기계 공업에 있다. 양조장은 저질 제품을 생산하고 있다. 해방 전에는 일반 가정에서의 양념 생산량이 공장에서의 생산량을 훨씬 초과했었다. 주방기구 생산은 중앙 통제 방식이다. 주방기구 기술과 수준은 앞으로 중앙에서 정해줄 것이다. 북한은 이 분야의 경우 실습교육생들을 사회주의 국가에 보내 거기서 교육받도록 하기위해 힘쓰고 있다. 농업 분야에 있어서는 일본의 수준에 도달하기 위해 헥타아르 당 1톤의 쌀을 더 생산하라는 과제가 부과되었다.

동절기에 강한 옥수수가 재배되어야 한다. 낙농 산업을 위해서는 사회주의 국가들의 원조가 필수적이다. 사회주의 국가 학술원 사이에서 협력이 추진되고 있다.

질문 3에 대한 답변 :

북한 무역이 확대되지 못하는 이유는 이미 지질학적 조사 과정에서 제대로 안되어 비철금속 생산이 증산될 수 없다는 것이다. 생산이 내는 최대이익은 국방비로 들어가고 있고 공업제품의 질은 형편없으니 무역 확대는 불가능한 것이다.

참고사항 :

위 담당부서 과장의 진술은 충분히 구체적이진 않지만 북한 경제의 문제들에 대한 비판

41

적 입장을 읽을 수 있다.

[문서작성자] 벨만
　　　　　　무관
[수신자] 1부 : 외무성 – FO 2
　　　　 1부 : 대사관

1959년 11월 17일, 새로 태어나는 함흥시. 사진은 함흥역 주변.

소장번호 : 68 923/1N

42

독일 사회주의 통일당 내부 통지 서신(1967년 7월 19일) 첨부 :
중앙위원회 정치국 위원 헤르만 마테른 동지와 정치국 후보위원이며
중앙위원회 비서인 헤르만 악센 동지가 조선 민주주의인민공화국
최고인민회의 사절단과 가진 1967년 7월 3일자 대담에 대한 메모

독일 사회주의 통일당

내부 통지

수신	발신과	조회번호	일자	결제메모
오토 쇤 동지	국제교류과	Ko/ka A732/67	1967년 7월 19일	
제목				

친애하는 쇤 동지!

우리는 귀관에게 정치국 위원 헤르만 마테른 동지, 정치국 후보위원 헤르만 악센 동지와 조선 민주주의 인민공화국 최고인민회의 사절단 단장 리종호 동지와의 1967년 7월 3일자 대담에 대한 메모를 첨부서류로서 전달합니다.

악센 동지는 이 메모가 정치국의 위원 및 후보위원들에게 돌려가면서 숙지될 것을 제안하였습니다.

사회주의 만세

J. 오트 (과장대리)

첨부서류 재중

국제교류과

[작성 장소 및 일자] 베를린, 1967년 7월 18일

[작성자 약호] K?/ka

사절단은 조선노동당 중앙위원회 정치위원회 위원[5]이며 북한 최고인민회의 의장단 의장대리인[6] 리종호[7] 동지가 이끌고 있다. 북한 측에서는 사절단 단원들과 2명의 수행원 및 동독 주재 북한 대사가 대담에 배석하였다.

우리측 배석자 :

- 중앙위원회 위원 호르스트 슈만 동지
- 중앙위원회 후보위원 파울 마르코프스키
- 국제교류과 분과책임자 게르트 쾨니히 동지

마테른 동지는 사절단을 진심으로 영접하였고 독일 사회주의통일당 제7차 전당대회와 카를로비 바리 대회에서 일어난 몇가지 문제에 대해 사절단에게 설명하였다. 카를로비 바리 대회는 국제 공산주의 노동자 운동에 있어서 지대한 의미를 갖고 있다고 밝혔다. 유럽에서의 향후 발전의 근본문제에 대해 의견의 일치를 이루었다. 사회주의 10월 대혁명 50주년 기념을 계기로 프라하에서 개최된 46개 형제 정당들의 대회도 역시 형제 정당 간의 협력이 필수적이고 가능하다는 것을 입증하였다. 우리가 일치단결하여 나아간다면, 미제국주의의 세계전략도 가능하지 못할 것이다. 마테른 동지는 그리고 나서 정면공격으로 사회주의 국가들을 몰아내려 했지만 실패한 제국주의자들의 의도에 대해 상술하였다. 이러한 사실에 입각하여 제국주의자들은 도처에서 불씨를 지피려고 한다. 이스라엘의 침략, 그리스에서의 군사 쿠데타, 가나와 브라질 사태에서 나타나는 바와 같이 제국주의자들은 반동을 강화하고 있다. 그들은 할 수 있는 곳에서는 어디든지 반동적인 정권을 권좌에 앉히려고 애쓰고 있다. 인도네시아 사태는 공산주의 세계운동에 있어서 엄청난 타격이었다. 베트남 사태는 그 자체 명약관화하다. 미국은 온갖 수단을 동원하여 남베트남에 반동 정권을 떠받치고 베트남 민족을 굴복시키고자 한다. 미제국주의자들이 가능한 한 많은 곳에서 침공을 하고자 한다는 사실이 이러한 모든 사태에서 드러난다. 이 모든 사태에는 밀접한 연관성이 있다. 남조선으로부터 북한에 대한 제국주의의 돌발

---

5) 조선노동당 중앙위원회 정치위원회 위원 : Mitglieds des Praesidiums des ZK der PdAK
6) 최고인민회의 의장단 의장대리인 : Stellvertreters des Vorsitzenden des Praesidiums der Obersten Volksversammluug der KVDR
7) 리종호 : Ri Jong Ho

사태도 이를 입증하고 있다. 그리스의 군사 쿠데타는 제국주의가 발칸 지역으로 침입하려는 시도이다. 제국주의자들은 무엇보다도 알바니아, 유고슬라비아, 불가리아 침입을 고려하고 있다. 따라서 루마니아 동지들의 독특한 정책도 우연이 아니다. 이스라엘의 침략도 이 지역에서 제국주의 기반을 확대하는 데에 기여할 것이다. 그러나 이러한 시도도 이전의 다른 많은 시도들과 같이 실패할 것이다.

국제적인 협의를 준비할 수 있는 전제조건을 조성하기 위해 각국 형제 정당들이 많이 만나야 한다는 것이 우리의 기본 입장이다. 그러한 협의를 준비하고 수행하는 것이 필수적이며 또 가능하다고 생각한다. 유감스럽게도 형제 정당 간의 급격한 견해차이 때문에 미국이 이득을 볼 수도 있다. 공산주의 세계운동의 일치된 화합과 단결이 특히 우리에게 그리고 당신들에게도 중요하다. 서독은 서유럽에서 가장 막강한 군대를 보유하고 있다. 서독은 동시에 가장 막강한 경제력을 갖고 있다. 이러한 서독의 군사력과 경제력이 동독과 직접적으로 그리고 적대적으로 대치하고 있는 것이다.

제국주의 세력들 간의 대립관계가 지속적으로 증가하고 있다. 북대서양조약기구(NATO)는 오늘날 몇 년전의 NATO가 아니다. 프랑스는 군사적 통합에서 탈퇴해있다. 프랑스는 동시에 영국이 유럽경제공동체에 가입하는 것을 반대하고 이스라엘의 침공에 대해서도 반대의사를 표명하였다.

쿠브 드 뮈르비유가 유엔 총회에서 이스라엘이 점령지역을 반환할 것을 요구하고 루마니아가 최소한 프랑스의 입장을 견지해야 한다며 마네스쿠 외무장관을 설득했다는 점은 아이러니이다. 마네스쿠가 공산당 당원인 반면, 쿠브 드 뮈르비유는 프랑스 귀족이다. 달리 말해서 루마니아는 현재 프랑스보다 더 우익이다. 이스라엘과 아랍 국가들이 직접 협상해야 하고 이러한 방식으로 유엔의 개입은 중지되어야 한다고 루마니아 동지들은 주장했다.

서독에는 계급 간의 반목이 서서히나마 싹트고 있다. 현재 서독 정부에는 반동 독점 자본세력의 대표자들과 사민당 지도부가 연립정권을 구성하고 있다. 서독에는 학생들이 정부에 대한 거대 야당 역할을 하고 있다. 서독의 독점 자본세력은 그들의 보복주의적 목표를 실현하는 데에 있어서 서독 입장에 대한 공허한 지지선언 이외에는 다른 제국주의 국가들로부터 적극적인 지원을 받은 적이 별로 없다. 동독에 영향력을 행사할 수 있기 위해 동독을 다른 사회주의 국가들로부터 떼어놓으려는 것이 서독의 목표이다. 서독의 제국주의자들은 세계의 모든 반동적인 돌발사태에 발을 들여놓고 있다.

동독에 대한 거짓을 퍼뜨리는 것이 서독 제국주의자들에게 점점 더 어려워진다. 해마다 200만 명의 서독 주민이 동독으로 오고 백만 명이 서독으로 간다. 그들은 스스로 동·서독 양국의 발전상을 직접 확인할 수 있다. 초반에 동독에서 몇몇 분야에 지체현상이 나타났지만 서서히 극복되어 가고 있다. 오늘날 동·서독 간의 근본적인 차이점들이 동독에 유리한 방향으로 점점 더 뚜렷이 나타나고 있다. 초반에는 서독이 지속적으로 호황이었다. 독일 전체 중공업의 80%가 서독에 위치하고 있었다. 서독은 우리보다 더욱 풍부한 천연자원 기반을 갖고 있고 미 제국주의가 서독에 엄청난 액수의 원조를 퍼부어댔다. 서독의 부흥은 더욱 신속하게 진행되고 있다. 여기에다 자본주의가 변화하여서 더 이상 위기가 없을 것이고, 모든 사람들이 일자리를 갖고 높은 생활수준을 영위할 수 있을 것이라는 "동화"가 유포되었다. 이것이 동독에 적지않은 영향을 미쳤다. 그러나 현재 서독에는 위기의 경향이 나타나고 실업이 증가하고, 세금인상, 임금동결 및 유사한 조치들로 인하여 주민들의 생활수준을 위협하고 있다. 서독 주민들은 민주적인 법률들을 철폐하고 계엄령 및 기타 조치들을 수용함으로써 실질적으로 군사화되고 있다고 한다. 이미 그리스에서 겪었던 똑같은 일들이 실제로 준비되고 있다고 한다. 1961년 이후 독일의 정세는 급속히 변화하였다. 동·서독 양국이 함께 존립할 수 있도록 키징어 정권을 종용하는 것이 우리의 과업이다. 우리는 독일의 통일을 힘주어 주장하지는 않는다. 독일 통일과정은 매우 오래 걸릴 것이며, 이를 위해서는 서독에서 근본적인 변화가 일어나야만 한다. 현재 중요한 것은 첫째, 동독에 대한 서독 측의 무력포기에 대한 구속력있는 합의, 둘째, 동·서독 양국의 군비부담을 반으로 축소하자는 것이다.

우리 당은 각국의 공산당과 노동자 정당들 간의 상호 이해에 깊은 관심을 갖고 있다. 1957년, 1960년 모스크바 선언은 중국 공산당을 포함하여 참석한 정당들에 의해 만장일치로 통과되었다. 이 문서에는 우리가 자본주의에서 사회주의로 가는 과도기 단계에 있으며, 사회주의 세계체제가 세계에서 점점 더 결정적인 요인이 된다는 사실이 확인되었다. 오늘날 세계 모든 나라의 공산주의자들이 사회주의, 평화 및 민주주의 운동의 선봉에 서 있다. 우리의 목표는 또 다른 세계대전을 저지하는 것이며, 이를 위해 우리의 모든 정책을 주력하고 있다. 사회주의 진영은 전방위적으로 강화되어 더 이상의 세계대전이 불가능하도록 해야 한다. 당면한 과제는 이스라엘의 침공을 무효화시키는 것이다. 아랍 국가들의 몇몇 지도자들이 인민 대중에 의지하는 것을 배우는 것이 유익할 것이다. 소련이 없다면 나세르는 실각할 것이라고 생각한다. 물론 이스라엘의 침공은 그 결과들과 더불어 민족해방운동에는 큰 타격이다. 소련은 확실히 아랍연합공화국과 시리아에 계속 무기를 제공하고 진보세력의 보강을 지원할 것이다.

당연히 베트남 민족에 대한 원조를 강화해야 한다. 이 전쟁은 베트남 민족이 파멸될 수 없다는 것을 보여주고 있다. 우리 생각에는 군사적, 정치적, 외교적 투쟁이 더욱 서로 유기적으로 조율되어야 한다. 우리는 전쟁이 미국에게 더 이상의 승산이 없는 그러한 상황으로 미국을 몰아가야 한다. 베트남 국민 마지막 한 사람을 제거할 때까지 전쟁이 계속될 수는 없다. 우리가 대규모 지원을 한다고 해도 베트남 동지들만으로는 승리할 수 없다. 그들이 미제국주의의 진로를 차단할 수는 있지만, 승리는 전세계적인 정치적 행동의 결과를 통해서만 가능할 것이다. 자본주의 국가들의 거대 형제 정당들을 포함하여 모든 사회주의 국가들이 단결하여 걸맞는 조치들로써 전쟁의 종식을 요구한다면 아마도 전쟁 종식을 위한 길이 열릴 것이다. 대략 이렇게 우리는 국제정세를 관망하고 있다.

리종호 동지는 상세한 정보에 사의를 표했다. 그는 미제국주의의 지원을 통하여 서독의 군국주의가 부활했으며, 서독의 제국주의 정책은 처음부터 동독을 겨냥하였었다고 말했다. 북한은 항상 동독의 투쟁을 지원해왔고 또한 지원하고 있다. 우리는 온갖 수단을 총동원해서라도 베트남을 지원하여 미국이 부대와 장병들을 철수하게 해야 한다. 베트남이 잘못된다면, 모든 사회주의 국가들과 국제 혁명운동이 엄청난 피해를 입게 될 것이다. 그런 까닭에 이를 저지하기 위해 할 수 있는 모든 것을 해야 한다.

조선노동당은 사회주의 국가들과 각국 공산당 및 노동자당들의 일치된 화합과 단결이 이루어지는 것을 항상 지지해왔다. 우리는 이를 과거에도 주장하였고 현재도 주장하고 있다. 따라서 모든 마르크스-레닌주의 정당들과 사회주의 국가들은 모스크바 선언을 충실히 이행해야 한다. 사회주의 진영은 일치단결해야 하고 일치단결된 입장을 취해야 하고, 자본주의 국가의 공산당에 막강한 영향력을 행사해야 한다. 모든 방면으로 일관된 노력 없이는 이러한 목표를 달성하는 것이 불가능할 것이다. 우리는 각국 정당들 간의 견해차이를 각 정당의 내부문제로 간주해야 한다.

서독은 동독을 상대로 전쟁 정책을 수행하고 있다. 따라서 모두가 동독을 지켜야 한다. 서독이 유럽에서의 전쟁의 화약고인 반면, 아시아에서는 일본이 전쟁의 화약고이다.

마테른 동지가 여기서 험프리, 뤼프케, 사토 등의 방한 이후 현재 남조선의 발전을 어떻게 평가할 수 있는가 하는 중간 질문을 제기하였다.

리종호 동지는 일본이 미국의 위성국가라고 말했다. 일본 정부는 미국과 똑같은 제국주의 정책을 수행하고 있다. 일본 제국주의자들은 한반도를 다시 정복하려고 한다. 일본의 자본은 남조선에서 이미 10만 개의 자본주의 기업에 침투해있다. 그들은 남조선에 대한 보상, 지하자원 발굴 협력, 국토발전 등등의 구실로 자기들의 침투 야욕을 은폐하고 있다. 그러나 이 모든 것들은 한반도를 지배하고 일본의 옛 꿈을 실현시키고자 하는 데에 이용될 뿐이다. 일본 정부는 비행장, 군수물자 보수 등등을 제공함으로써 베트남에 대한 전쟁에 실제로 가담하고 있다. 일본은 남베트남에 기술 원조를 파견하고 있다. 일본의 독점세력들은 아프리카, 아시아, 남미 등에도 발을 들여놓았다. 그들은 이 나라들에 36억 달러 이상을 투자하였다. 여기에는 서독과 유사한 상황이 있다. 따라서 반제국주의 통일전선이 반드시 구축되어야만 한다. 북한 정부는 독일통일 문제를 아주 잘 이해하고 있다.

끝으로 리종호 동지는 선거에서 승리하길 빈다는 인사를 했다. 그는 동독이 경제 및 정치 분야에서 대성공을 이룩하길 진심으로 빌었다.

헤르만 마테른 동지는 한번 더 리종호 동지의 설명에 대해 파고들었다. 일본은 미국의 지구전략에 있어서 서독과 유사한 역할을 한다고 한다. 물론 차이점은 있다. 양대 열강인 미국과 소련이 독일에서 직접 대치하고 있는 반면에, 한반도에서는 그렇지는 않다. 따라서 정황도 약간 다르다. 미국은 독일에서 소련과 바르샤바 조약기구 국가들과 즉각 충돌할 수도 있다. 이들에 의해 야기된 전격전은 이들 나라에서 벌어질 것이다. 이점은 "10월 폭풍"작전에서 명확히 입증되었다. 따라서 이러한 군사적 방법은 서독 제국주의자들에게는 차단되어 있다. 우리는 서독의 독점 자본세력을 물리쳐야 한다. 이 투쟁은 복잡하게 얽혀있지만, 서서히 발전되고 있다. 서독의 계급세력들은 점점 더 양극화되고 있다. 반동세력 뿐만 아니라 진보적–민주세력들도 결집하고 있다. 물론 수구 반동세력들의 결집이 더욱 신속히 진행되고 있다. 그런 까닭에 우리는 진보세력의 결집을 촉진하기 위해 대단한 노력을 기울여야 한다.

동독의 경제는 대단한 발전을 이룩하였다. 우리는 농업에서 급격한 발전을 기록하였다. 우리가 사회주의 농업체제를 구축할 수 있을지 우려했던 사람들이 적지 않았다. 사회주의는 농업에서도 관철된다는 사실이 이제 나타난 것이다. 우리는 훌륭한 수확을 거두었고 농업의 생산과 관리를 기업형태로 이전하고 있다. 가장 중요한 점은 우리 당이 완전히 일치단결하여 행동을 취하고 있다는 점이다. 우리는 견고한 발전을 하고 있다. 당과 국가의 지도부에는 아무런 변화도 없다. 우리는 젊은 인력을 유치하는 데 있어서도 올바른 변화를 하고 있고, 우리 당은 특히 소련 공산당 및 소련과 명확하고도 적절한 관계를 유지하고 있다. 우리는 의도적으로 동독의 경제를 소련과 더욱 밀접하게 융합시키는 방향으로 나아가고 있다. 루마니아 동지들도 참석한 프라하 대회에서 그들은 루마니아 노동자 운동이 러시아 노동자 운동보다도 먼저 이미 19세기에 전개되어 왔고 루마니아 인민들은 1944년에 스스로 해방을 성취했고 헝가리 인민들도 해방시켰다고 언급했다. 루마니아의 경제정책은 부분적으로 이해될 수 없다. 루마니아는 현재 서독에 10억 마르크 이상의 부채를 지고 있다. 1967년 초반 넉 달 동안에만도 1억 5800만 마르크의 부채를 갖다 썼다. 현재 서독은 루마니아에 거대한 공장들을 건립한다고 한다. 그렇지만 이것도 루마니아 동지들의 문제이다. 우리는 결코 그따위 짓은 하지 않는다. 우리가 자본주의 국가에 부채를 지고 있다고 하더라도, 우리는 결코 우리의 입장을 포기하지 않을 것이다. 이점은 서독에 대한 우리의 정책에서 명확히 입증되었다. 서독 제국주의에 대한 투쟁은 매우 복잡하게 얽혀있다. 여기에는 누가–누구를의 문제가 중요한데, 결코 어리석은 행동이나 실수를 해서는 안되고 현명하고 신중히 대처해 나가야 한다.

리종호 동지는 이에 대해 미국사람들이 종종 어리석은 짓을 해서(남조선 경계선에서의 습격을 염두에 두고 한 말) 그들이 더 뻔뻔한 짓거리를 못하도록 다리몽둥이를 분질러 놓아야 한다고 대답했다. 1966년 10월 존슨 방한과 1967년 봄 뤼프케 방한 이후 휴전선에서의 도발이 증가한 것은 우연이 아니다. 조선노동당은 이러한 추세를 예의주시하고 있다. 조선인민군은 전군이 간부화되어 있고, 전 인민이 무장되어 있다. 방위태세를 강화하고자 하는 이유에서 7개년계획이 3년 더 연장되었다. 우리는 공업생산에 있어서 연간 14% 성장을 기록하고 있다.

우리는 현재 경제건설을 수행하고 동시에 방위태세를 강화하는 과업을 수행하고 있다. 연간 국가예산의 30% 이상이 군사목적에 지출되고 있다. 적들이 우리를 당시 공격한다면, 우리는 남조선을 해방시킬 확고한 의지를 갖고 있다. 이러한 목적으로 조선인민군은 잘 무장하고 있고 충분한 경험을 쌓고 잘 교육받은 전문인력을 보유하고 있다. 인민군 뿐만 아니라 주민들도 정치적으로 훌륭히 태세를 갖추고 있다.

리종호 동지는 이 문제에 대해 좀 더 구체적으로 논의할 기회가 있으리라 단언하였다.

북한 동지들은 다시 한번 대담에 사의를 표하고 작별인사를 하였다.

북한의 군사정치적 발전 동향에 관한 몇 가지 문제

평양 주재 무관

[작성 장소 및 일자] 평양, 1967년 9월 27일
[문서기호] 49 03 01
[일지 번호] 114/67
3통 발행 / 제1통

정   보

내용 : 북한의 군사정치적 발전 동향에 관한 몇 가지 문제

본문 :

북한의 군사정책과 조선인민군 교육은 대략 1960년까지는 주로 소련의 군사학 인식수준에 의해 규정되었다. 1956년까지는 소련의 경험들이 소련 자문관에 의해 직접 전수되었다.

그러한 1962년 이후로는 "자력갱생"이라는 구호 아래 자주 노선을 걷고 있으며 현대 군사학의 지식들이 부분적으로 중국의 군사 정책에서 유래되거나 차용된 자체 원칙들로 대체되었다. 이는 특히 다음과 같은 문제들에 관련된다:

- 현대 전술, 특히 핵무기 및 미사일 무기의 역할에 대한 잘못된 인식판에 박힌 대로 무기의 힘에 인민 대중의 힘이 맞설 수 있다는 이 논리는 결과적으로 적의 힘을 막연하게 과소평가하는 결과에 이르게 된다.
- "우리의 산이 우리를 지켜준다"는 논리전쟁 초반에는 적이 물자와 기술에 있어서 숫적으로 우세하다는 전제에서 출발하여 조선인민군은 방어를 목표로 해야 한다는 결론이 도출된다. 방어의 목표는 적들이 지쳐 떨어져서 아군의 숫적인 우세를 만들어내고 결과적으로 적을 섬멸하게 된다는 것이다.
- "자력갱생"이라는 구호 아래 조선인민군의 민족주의 교육이 계속 강행되었다.

이러한 논리 하에 소련과의 군사협력도 해가 갈수록 점점 더 위축되었고 1963년 중국과의 긴밀한 협력관계 및 군사 분야에서의 경험교환의 길이 열리게 되었다. 이러한 협력관계는 협의, 자문이라는 틀 내에서 군사물자 공급, 군수산업시설의 건립 등으로 진행되었다.

1965년 후반기에 북한의 국내 정치 및 외교정책상의 변화가 나타나는 바, 이는 군사정책에도 영향을 미쳤다. 중국의 영향으로부터 전반적인 분리과정이 시작된 것이다. 그 주요 원인은 한일협정의 체결과 미국의 베트남 침공으로 인한 아시아에서의 첨예해진 정세때문이었다. 북한이 우려하는 것은 한일협정 체결 후 한ㆍ일 양국의 관계가 급격히 가까워져서, 군사 영역에서도 한ㆍ일 간의 협력이 이루어지는 것이었다. 북한의 우려는 무엇보다도 미국-일본-남조선 간의 군사동맹으로 인하여 국토통일의 가능성이 점점 더 희박해지고 북한에 대한 전쟁 위험이 고조되는 것이다. 미국의 공격이 더욱 예리해지고 베트남 전쟁이 계속 확대된다면 이는 북한의 태도가 변화할 수 있는 이유 중의 하나가 될지도 모른다. 북한 지도부는 1965년 초반에만 하더라도 남베트남 해방전선이 신속한 승리를 거두리라 생각했었다. 현재는 미국에 의한 베트남 침공이 아시아의 다른 지역, 그 가운데 한반도로 확대되리라 확신하고 있다.

남조선으로부터 미국을 몰아냄으로써 중국의 직접적인 영향력을 확대하고 소련의 지위를 약화시키는 것과 같이, 베트남에 대한 중국의 정책이 우선적으로 베트남을 돕기로 한 것이 아니라, 자기들의 민족주의적 목표를 실현시키고자 하는 속셈에 의한 것임을 북한 지도부는 숙지하고 있다.

베트남에서의 경험으로부터 북한은 중국의 정책에 대한 의구심(실질적인 도움이 아니라, 다른 사회주의 국가들의 베트남 원조를 힘들게 만든다는 것)뿐만 아니라, 소련에 대한 의구심(정치적 해결에 도달하기 위해 미국과의 협상과 소련-일본 접촉의 강화)도 갖고 있다.

조선노동당 지도부는 미국 및 남조선과의 무력충돌의 경우 북한의 입장이 베트남의 경우보다 더욱 불리하다는 사실을 의식하고 있는 듯 하다. 그 원인은 무엇보다도 다음과 같다:
- 남조선에 조직화된 저항운동세력이 없다는 점
- 방어하기 어렵게 열려있는 양측 해안면
- 미국에 의해 조직된 국제적 제국주의 침략의 고조된 위험 등

43

북한 지도부는 무력충돌의 경우 소련의 군사적 지원과 중국을 통한 지원, 두 가지 다 필요하다는 것을 명백히 알고 있다. 그렇지만 이 문제에 있어서 북한의 동지들은 다음과 같은 의구심과 망설임을 갖고 있는 것 같다:

북한은 중국이 북한의 이해관계(남조선의 해방)와 일치하는 한에서만 중국의 원조를 받아들일 의향이 있다. 북한은 이러한 범위를 벗어나는 중국 지도자들의 민족주의적 목표를 반드시 지지할 의향이 있는 것도 아니고 북한의 민족적 이해관계를 제한한다는 조건 하에 중국의 원조를 받아들일 의향이 있는 것도 아니다. 분명히 북한은 소련 측으로부터 보다 큰 군사원조를 받음으로써 중국에 대해서 자주적인 입장을 확보하려고 애쓰고 있다.

소련에 대한 북한의 의구심은 조선노동당의 민족주의적이고 교조주의적인 입장에서 나온 것으로 무엇보다도 소련이 미 · 소 대화에서 아시아 국가들의 이해관계, 특히 북한의 이해관계를 침해하고 있다는 의심에서 나타난다. 북한 지도부는 무엇보다도 한반도에서의 무력충돌이 일어날 경우 소련이 미국과의 무력대결을 감수할 태세가 되어있지 않고, 결과적으로 남조선이 계속 미국의 영향권 아래 남아있게 될 지도 모를 정치적 해결을 추구할 수도 있다는 것을 우려하고 있다.

최근 특히 한일협정 조인 이후 북한 정부는 일 · 소 협상(항공협정, 대외무역, 미키 수상의 올해 모스크바에서의 협상 등)의 발전에 대해서도 마찬가지로 우려를 갖고 예의주시하고 있다. 이는 북한이 일본을 북한의 잠재적이고 전통적인 주적이라고 보기 때문이다.

국토방위 강화를 위한 북한의 조치들과 관련하여 고려되어야 할 점은 오래 전부터 북한 지도자들에게 있어서 공식적으로 선언된 평화통일정책과 민족문제의 군사적 해결이라는 비공식적인 구상 사이에 불일치가 존재한다는 사실이다.

분명히 북한 지도자들은 현재 무력으로 통일을 이루는 것이 유일한 해결책이라고 보고 있다. 물론 자력으로 그러한 해결책을 쓸 수는 없는 상황이다. 그렇지만 군의 현대화가 신속히 이루어진다면 이러한 상황이 1968년 가을에는 이미 다른 양상을 보일 수 있다는 점도 고려해 볼 수 있다.

민족적인 이해관계를 지키기 위해 북한의 방위력을 이에 필수적인 수준으로 끌어올리려는 노력에서 출발하여 조선노동당과 북한 정부는 동원 가능한 모든 정치력과 경제력을 국토방위 강화에 쏟고 있다.

이러한 사실은 수적으로 막강한 군대를 유지하는 데에서 나타난다. 조선인민군은 1962/63년에 약 35만~36만 명의 총병력으로 늘어났다. 여기에 약 12만~15만의 총병력을 보유한 사회안전성[8]의 병영부대가 추가된다. 그밖에도 특수 무장병력으로서 민족보위성 휘하에 편성된 약 2만 명의 "인민 민병대[9]"가 있다. 이는 지역적 기반의 부대로 조직되어 있고 해안경비를 담당하고 있다. 더 나아가서 공장과 협동농장에는 "붉은 노동 적위대 · 붉은농민 민병대[10]"가 있다. 그 뿐만 아니라 4년간의 복무 기간이 경과한 뒤 인민군에서 전역한 간부들은 특별 예비군조직에 통합된다. (예비군 부대의 조직과 병력에 대해서는 현재 구체적인 자료가 없다.)

국토방위를 공고히 하려는 북한의 노력은 1965년도에는 이미 1964년과 같이
– 교육의 질적인 개선,
– 규율의 강화,
– 사령관, 참모부 및 정치위원회[11] 기관의 지휘활동의 완전화,
– 조선인민군의 자재 및 기술장비의 개선 및 보완,
– 방위시설, 특히 군사분계선 방향과 해안 지역 및 공업단지 등의 방위시설 확충
등에 중점을 두고 있다.

조선노동당 중앙위원회 제 10차 전원회의에서 "국토를 난공불락의 요새로 만들자"라는 구호 아래 제기된 주장은 1965년에도 국토방위 영역에서 중심 과업으로 되어 있다.

이와 같은 과업의 범위 내에서 북한은 1964년과 같이 1965년도에도 5개년계획에서 다

---

8) 사회안전성 : Ministerium Fuer Soziale Sicherheit
9) 인민 민병대 : Volksmiliz
10) 붉은노동 적위대 · 붉은농민 민병대 : Roten Arbeiter - und Bauernmiliz
11) 정치위원회 : Politorgane

른 부문에 책정된 투자에서 **빼낸** 상당한 재정과 물자를 동원하지 않을 수 없었다.

북한의 공식 자료에 의하면 북한의 국가예산 30%가 국토방위 직접 지출에 책정되어 있다. 총예산에서 이와 같이 국방지출의 비율이 높은 것은 아직 취약하고 내적으로 기반을 다지지 못한 북한의 인민경제에 엄청나게 부정적인 영향을 미치고 있으며, 모든 것이 완전히 국방 과업에 종속되는 결과에 이르게 된다. 그럼에도 불구하고 국방비로 책정된 북한의 자체 예산은 경상 국방비는 물론, 특히 조선인민군의 무장과 장비조달을 충분하게 확대하는 사업의 재정을 자체적으로 충당하기에는 부족하다.

그래서 북한은 1965년 (코시긴 동지의 북한 방문) 소련에 무장과 장비조달, 그중에서도 지대공 미사일을 차관형식으로 제공하도록 요청하였다. 1965년 5월 북한과 소련 간에 관련 협정이 체결되었고 1966년이 경과하는 동안 실현되었다.

부품의 공급은, 특히 부품부족으로 인하여 투입이 불가능했던 공군과 탱크부대에게 중대한 의미를 지닌다.

1966년 10월 조선노동당 대표자회의가 개최되었다. 이 대표자회의에서 "인민경제와 국토방위를 동시에 발전시켜나간다"라는 과업 설정을 통하여 북한의 군사노선을 더욱 지속적으로 강화해 나갈 것을 결의하였다.

김일성은 이번 대표자회의에서 다음과 같이 설명했다: "우리는 국가의 방위능력을 견고하게 만들어야 한다. 물론 이를 위해서는 방위를 위한 많은 인력과 물자가 필요하고 우리나라 경제발전을 어느 정도 지체시킬 것이다. 그러나 인민경제의 발전 속도에 있어서 몇 가지를 규제해야 한다고 하더라도 우리는 국토방위를 강화하기 위해 보다 많은 힘을 동원해야 한다."

경제에 있어서의 이러한 규제조치란 1961년부터 1967년까지 시행된 7개년계획을 (연도별 계획의 초과달성이 계속 보고되는 데도 불구하고) 전반적으로 3년 더 연장하고 목표치를 조정할 것을 (목표수치의 경감) 대표자회의가 결의한 것이다. 산업 전반을 전시체제 태세를 갖추도록 하는 과업이 설정되었다. 각 행정구역은 자급자족할 수 있는 방안을 확보해야 한다는 것이다. 전술적인 고려에 걸맞게 중소 생산체제를 보강하도록 권유되었다.

국토방위를 위해 다음과 같은 과제가 설정되었다. 이는 부분적으로 이전 과제의 반복이다 :

- 인민군의 현대화
- 조선인민군을 간부군으로 발전시킬 것
- 전 국토의 요새화
- 전 인민의 무장화

다음 전원회의에서 조선인민군 4명의 간부들이 조선노동당 중앙위원회 정치국에 선출되었다. 그 결과 정치국 전체 15명 위원들과 11명 후보위원 가운데 7명이 군 출신으로 포진되었다. 이들 중 3명이 직접 군에서 근무하고 있다. (장관, 총사령관, 정치행정본부장) 다른 4명은 군사방위위원회에서 근무하고 당의 중역을 차지하고 있다.

그 이후 시기에는 군대의 재건 문제가 우선적인 자리를 차지했다. 특히 조선인민군의 현대화와 무장화가 지대한 역할을 했다.

지난 몇 년간의 경험에서 북한 지도부가 눈으로 확인할 수 있었던 점은 자체 생산체제를 구축하거나 확대한다고 해서 이것으로 군의 현대화 및 무장화를 위한 소련의 원조를 대체할 수 없다는 사실이다.

동시에 중국 원조의 주요부분을 중지시키겠다는 중국의 압력과 남조선에서 강행된 경제 및 군대의 발전으로 인하여 북한은 소련과의 협력관계를 더욱 긴밀히 조성하지 않을 수 없게 되었다.

1967년 2월 소련과 북한 사이에 국가 고위급 차원에서 원조협정이 다시금 체결되었다. 소련은 2억 3천만 루블의 차관을 10년거치 상환조건으로 북한에 제공하였다. 이 차관에는 군사원조는 포함되지 않았다. 군사원조를 위한 차관은 대략 같은 수준이 2억~2억 5천만 루블에 달한다.

1965년 ~ 1966년 소련의 군사원조는 1억 2천만 루블 상당의 차관과 무역을 통한 상환조건으로 6천만 루블에 달하였다.

이러한 원조를 통하여 북한은 어느 정도 군을 현대화할 수 있었고 현대화할 수 있게 되

43

었다.

그렇게 하여 미그21 전투기, 미사일 쾌속선, 해안에서 바다로 발사하는 미사일, 탱크 T55, 탱크 저지용 미사일, 대포 등 일련의 현대식 무기들이 군에 도입되었으며, 무장 및 장비를 완비하는 작업은 계속 진행되고 있다.

소련 측의 원조에도 불구하고 북한은 자체적인 공업의 성과를 우선적으로 국토방위에 투입하고 또한 자체적인 군수산업을 구축하려고 계속해서 갖은 노력을 다하고 있다. 1967년 4월 최고인민회의 제7차 대회에서 30.2%를 국방비로 책정한 북한의 예산안이 결의되었다. (비공식적으로는 국가예산의 50%라고 함) 국가예산에 대한 설명에서 재정상은 다음과 같이 언급했다 :

"인민군을 현대적인 기술로 증강하고 인민 전체를 무장시키고 국토를 요새로 변화시키기 위해서 국가는 군사적 목적을 위한 각종 물자들의 생산을 증대하는 것 외에도 정밀기계를 위한 공장 건설을 적극적으로 확장할 것이다."

후자는 북한이 동독에게 광학과 정밀기계를, 헝가리 인민공화국에 레이다 공장을 제공해달라는 요청을 한 사실에서 나타난다. 그러나 조선인민군의 현대화가 1966년 이후 큰 역할을 하고 있을 뿐 아니라, 군사학에 있어서도 질적인 향상이 나타났다. 1962년~1963년 중국의 영향 하에서 오로지 군과 인민의 도덕적인 잠재력이 전쟁의 결과에 있어서 결정적인 것으로 간주되고 한국전쟁의 경험들이 군사학의 유일한 바탕이 되었던 반면에, 오늘날에는 가시적인 변화가 일어나고 있다.

조선인민군 창설 19주년 기념식에서 장관대리인 육군대장 오진우는 군사학과 관련하여 다음과 같이 말했다 :

"오늘날 학문 전반이 급속히 발전하였고, 적들이 현대적 학문의 성과를 토대로 하여 계속하여 새로운 무기와 장비들을 도입하고 있기 때문에 현대식 무기로 인민군을 무장시키고 우리의 군사학과 군사기술을 발전시키는 것은 특별히 큰 의미를 지닌다."

이와 같은 최초의 발전적 행보는 금년 3월 조선인민군의 당 간부와 정치국 직원들의 회의에서 과제설정을 통해 더욱 보강되었다. 이 회의에 김일성이 참석하였다. 과제설정은 다음의 내용을 포함하고 있다 :

- "현대전은 공간전이다"라는 점과 "부분병력과 병과의 협력을 통해서만" 성공이 가능하다는 관점 하에서의 교육의 조직화
- 사령관의 조직 능력과 지휘기술이 보다 높은 수준으로 향상되어야 한다.
- 지속적인 자격 강화. 특히 간부의 군사전술 및 기술적인 지식의 자질 향상당과 정치국 조직은 인간과 기술의 상관 관계를 설명해야 한다.
- 유사시에 군의 신속한 강화를 위해 광범위한 인력 및 물자 자원을 마련할 것특히 전시에 하나의 사단에서 몇 개의 사단이 만들어질 수 있도록 예비역 장교의 교육을 강화할 것

이로써 북한의 군사학이 사회주의 국가들의 국제적 수준에 다다를 수 있도록 하는 마지막 준비가 실행에 옮겨졌다. 1966년 봄 이후 다시금 북한 장교들이 대규모로 소련 사관학교에서 특수 교육과 연구를 할 수 있도록 파견되었다.

현대식 전투교육과 현대식 무기 교육을 위해 소련군으로부터 복무규정과 교육자료를 요청하였다. 소련의 군사 분야의 전문가들도 훨씬 더 많이 북한을 찾고 있다. 1967년 봄 동해안에서 해안에서 해상으로의 미사일 시험발사가 실시되었다.

올해 6월에는 대규모 시범훈련(전투 사격훈련)이 실시되었다. 여기에는 조선노동당과 정부의 고위 간부 전원 및 조선인민군의 모든 사령관들이 참가하였다. 이 시범훈련을 통하여 현대전이 어떻게 수행되고 부분병력과 병과의 협력을 어떻게 조직할 수 있는가 하는 것이 참석자들에게 보여졌다. 이러한 시범훈련들은 조선인민군 교육에 있어서 중대한 의미를 지닌다.

군사학의 최신 지식에서 신속하게 변화된 전투교육과는 대조적으로 조선인민군의 정치교육과업은 민족주의적 틀 속에서 계속 수행되고 있다.

여전히 "일당백"이라는 구호가 힘을 발휘하고 있다. 정치교육에 있어서는 우선적으로 김일성의 저작과 반일 빨치산 투쟁에 대한 역사기록이 수업과 교육과정의 기본이다. 프롤레타리아 국제주의 교육의 주제는 아시아, 아프리카 및 남미의 민족들의 무장투쟁만을 다루고 있다. 유럽은 언급조차 되지 않는다.

군의 정치 도덕적 수준은 매우 높은 편이고 여러모로 광기에 가까운 점이 있다고 평가될 수 있다.

단위부대들에는 질서와 엄격한 규율이 유지되고 있다. 여기서 엄격한 규율은 일부분, 군의 구성원 한 사람의 과실이 있을 경우, 그의 가족들까지 견책을 받는 매우 엄중한 형벌체제에 기인한다.

탈영이란 거의 없다. 인민군의 구성원들은 육체적으로 탄탄하다. 이는 육체단련의 수준이 엄청나게 높고 농업과 도로건설 등 추가적인 노동을 통해, 그리고 또한 충분한 급식을 통해 이루어진 것이다.

현재 사령관 전원은 김일성과 조선노동당 정책을 철저히 신봉하고 있다. 장교단에는 극도로 뚜렷한 상관숭배체제가 있어서 상부에 대한 하등의 비판도 용납되지 않는다.

최근 당과 국가기구에서 시작된 간부들(수뇌부)의 변화는 예전에는 중간급에서만 미미하게 있었을 뿐이었다. 그 반대로 김일성 주변의 가장 중요한 간부급들은 군 출신들이다.

군에서의 당 조직 및 청년 조직은 평가하기 어렵다. 민주적인 중앙집권주의는 민간 생활에서와 같이 오로지 한 방향에서만 효과적이라고 추측될 수 있다.

몇 가지 결론 :
- 북한은 군사정책에 있어서 중국의 영향권에서 광범위하게 벗어났다.
- 조선인민군은 남조선에 맞서 국가의 사회주의 건설을 총력을 다해서 군사적으로 지켜낼 수 있다.
- 북한의 사회생활의 모든 분야를 보다 더 강력하게 국토방위과업에 편입시키는 과정이 계속 진행되고 있다.
- 조선인민군은 조선노동당의 정책을 확고히 신봉하고 있으며, 내적으로도 당이 믿을 만한 도구이다.
- 민족문제를 무력으로 해결하는 것은 현 시점에서 선전되는 것처럼 현재의 역량으로

는 불가능하다.

- 조선인민군은 모든 방면에 있어서 기술적인 재무장 과정에 있으며, 이는 1968년 가을 이전에 종료되지 않을 것이다.
- 전투교육에 있어서 새로운 자질들이 눈에 띈다. 현대 군사학이 점점 더 많이 군사교육의 토대를 이루어가고 있다.
- 정치교육에서는 민족주의가 계속해서 우세하다.

1968. 2. 21. 15.00 ~ 16. 30 까지 소련 대사관에서
한 대사관 직원과 나눈 대화 내용에 관한 문서기록

북한 주재 동독 대사관

> 비밀 공무사항
> 원문의 인쇄가
> 흐려서 식별불가

[작성 장소 및 일자] 평양, 1968년 2월 22일

면담은 우리의 요청에 따라 열렸음.

이 자리에 앞서 2월 16일에 이미 회동이 있었는데 이 회동에서 본인은 동독과 북한 간 무역의 현재 상황 및 1968년 협정의 중요 내용에 대해 정보를 준 바 있음. 위 21일에 가진 대화는 1967년 북한 경제의 발전에 관한 문제에 집중되었음. 공업 및 농업의 주요 생산품에 대해 아래에 제시된 자료들은 공업 생산 증가에 관한 한 본 백분율 수치를 근거로 산출했거나 아니면 추정치임. 개개 품목의 경우 다음과 같은 통계 자료가 공개되었음.

명칭	단위	1966	1967
전기에너지	억 KWh	125	135
석탄	만 t	2,000	2,200
철	만 t	520	570
선철	만 t	150	158
강철	만 t	130	135
압연재	만 t	100	110
금속가공 기계	대	3,300	3,690
화물차	대	4,100	5,140
트랙터 (15마력)	대	3,960	9,570 [1]
비료	만 t	60~70	97
직물	억 m	2.57	2.70
시멘트	만 t	279	312
신발	만 켤레	3,500	3,700 [2]

공업 제품 증산에 관해서는 수치들이 아주 다양하게 나타나고 있다. 지도급 북한 동지

들은 18% 성장률을 거론했다. 7개년계획에는 1967년 성장률이 17%로 잡혀 있었다. 현 추정 치를 근거로 하면 7% 내지 8% 성장률이 나온다. 농업 생산품에 관해서는 다음과 같이 추정된 또는 백분율에 따라 산출된 수치들이 나와 있다.

명칭	파종 면적	평균 수확량/ha	총수확량
만	ha	t	만 t
곡물과 콩류	220	1800	400 ~ 420
그중 : 쌀	66	3,600 [3]	280
옥수수	80	1,400	112
콩	55	600	33

축산업에 대해서는 아주 불확실한 수치만이 나와 있는데 그래도 이 수치들은 전년 대비 별 변화가 없음을 말해준다. 투자건설과 관련해서는 자료가 없는 것이나 마찬가지다.

유의사항 :

여기 제시된 수치들은 전적으로 진지하게 받아들여야 한다. 이 통계치들은 대부분 소련 의 전문가 그룹에 의해 산정되었고 또 작성되었기 때문이다.

[문서작성자] 야르크

　　　　　임시 대리공사

[수신자] 1부 : FO/2

주1) 트랙터의 경우 이 수치는 맞지 않을 수도 있다. 실제 생산 대수는 이보다 적을 것이다. 최근 전체 트랙터 수가 20,500대로 집계되었기 때문이다. 이 숫자를 전년과 비교하면 거의 10,000대가 되는데 1967년 한 해 동안 10,000대라는 것은 현실성이 없다.
주2) 신발의 경우 모든 종류를 포함하는 것으로 보아야 하는데 여기에는 플라스틱으로 만든 것까지 포함된다.
주3) 1966년에는 헥타아르 당 38dt(100Kg)로 잡혀있었다. 금년은 쌀 수확이 좋았지만 헥타아르 당 평균수확량은 더 낮아졌는데 이는 홍수로 타격을 입은 경작지에서는 아주 소량 이 생산되었거 나 또는 전혀 수확을 내지 못했기 때문이다.

44

1부 : 중앙위원회 국제교류과

1부 : 국가계획위원회, 모스테르츠 동지

2부 : 대사관

2부 : 무역정책과

1985년 3월 21일, 동독의 경제협력 25년 후 함흥시 전경 빌헬름피크 거리 모습.

소장번호 : 1985/0321/13N

1968년 3월 23일 북한 국가계획위원회의 협의에
관한 메모 (11시 ~ 14시40분)

조선 민주주의 인민공화국 주재

독일민주공화국 대사관

[작성 장소 및 일자] 평양, 1968년 3월 27일

[작성자 약호] Ja/Hb.

**1968년 2월 20일 대사관은 다음 문제들에 관하여 1등 서기관 야르크 동지를 위한 협의를
요청하였다 :**

    1) 공업 발전의 가장 중요한 성과

    2) 농업 발전의 가장 중요한 성과

    3) 투자건설 분야에서의 발전

    4) 생활수준의 발전

    5) 에너지 생산, 추출 공업 및 운송 등의 주요문제

    6) 1968년도 인민경제의 주 과제

    3월 23일 북한의 계획총괄과 과장[12]인 홍성룡[13] 동지와 과장대리인[14] 리태일[15] 동지는 야
르크 동지를 맞이하여 다음과 같은 정보를 제공하였다.

1. 공업 및 농업 발전에 관하여

    마르크스–레닌주의 원칙은 북한에서 김일성에 의해 적용되었으며 거대한 성과를 목표

---

12) 계획총괄과 과장 : der Leiter der Abteiluug Gesamtplanung in der Staatlichen Plan
                    Kommission dre KVDR

13) 홍성룡 : Hong Song Rjong

14) 과장대리인 : der Stellv. Abteilungsleiter

15) 리태일 : Ri Tae Il

로 한다. 반(半)식민주의적, 반(半)봉건적 사회질서의 옛 유산은 북한에서 극복되었고 북한은 선진 공업–농업국가로 변화하였다. 자주 원칙, 독립 원칙 및 자체방어 원칙은 이제까지 이룩한 성과의 전제조건이었다. 현재 북한에서는 대약진이라는 말을 들을 수 있다. 대약진으로서 주민들은 위대한 혁명적인 사건을 주도적으로 준비한다는 것이다. 주체사상의 원칙은 결과적으로 북한이 중요한 모든 문제를 주로 자력(自力)으로 해결하였다는 결과에 이르게 되었다.

김일성 동지가 언급한 자주적인 민족경제의 원칙은 국가의 중공업, 경공업 및 생활필수품 산업에서의 주요 생산품을 직접 생산해내고, 국토방위에 있어서 자력에 의존한다는 것을 의미한다. 모든 생산 분야는 이러한 구호에 걸맞게 상호 관련되어서 복합적인 자주 경제를 구축해야 한다. 자주적인 민족경제의 건설은 역사적인 합법성이었으며, 당은 전후 이 노선을 실현시키는 데에 총력을 기울여왔다.

공업 발전에 관하여

자주적인 민족경제 구축을 위하여 공업 발전은 대단히 중요하다. 아직까지 식민지 시대 때부터 유래하는 공업은 전쟁 와중에 거의 파괴되었다. 아래 열거된 1944년 인민경제 총생산량 가운데 그러한 주요 공업 분야의 비중은 다음과 같다 :

에너지 생산	1.4 %
야금	13.3 %
방직공업	6.0 %
광산	19.5 %
기계공업	1.6 %

광산과 관련하여 덧붙일 것은, 채굴된 철광석의 50%가 어떤 정광(精鑛)과정도 거치지 않고 일본으로 수출되었다는 사실이다. 야금 공업에서는 가공 제2단계의 생산품은 하나도 없이 주로 원철(原鐵)만이 생산되었다. 기계공업은 주로 부품 생산에 한정되었다. 이 시기에 북한에서 생산된 기계는 하나도 없다.

전후 인민경제를 복구하는 동안 중요한 것은, 공업발전에 있어서의 높은 성장률을 확보하고 공업 분야의 장비를 기초부터 새롭게 하는 것이었다. 가장 중대한 공업 분야는 북한 건국 이후 국유화되었다. 공업의 발전은 1953년 이후 강력하게 추진되었다. 1954년부터 1965년 사이에 공업 총생산의 평균성장률은 28.1%에 달해 1965년도 공업 총생산은 1953년에 비해 19배나 되었다.

자주적인 공업체제를 구축하는 데 있어서 북한은 경공업과 농업의 동시적인 발전을 추구하면서도 중공업의 우선적인 발전을 지향하였다. 중공업의 기반을 발전시키는 데에 주안점이 놓여졌다. 이는 즉 중공업을 새로운 기술로 무장하고 존재하는 풍부한 천연지하자원을 이용하는 것이다. 자체생산을 통하여 대체적으로 중공업의 발전이 확보되어야 했다. 중공업 공장들의 복구, 복원 및 신축은 합목적적으로 조정되어야 했다. 중공업 우선 원칙에서 출발하여 전적으로 중공업 하나를 발전시키는 것이 아니라, 중공업의 발전을 통하여 경공업의 구축, 농업생산의 발전, 주민들의 생활수준의 향상이 가능하게끔 보장할 것을 당이 주장하였다. 이러한 원칙들 덕분에 비교적 적은 재정으로 강력한 중공업이 발전되었다.

북한 인민경제 발전에 있어서 가장 위대한 성과 중의 하나는 자체적인 기계공업의 기반을 구축한 것이다. 자체적인 기계공업 기반을 구축할 것을 당이 주장했을 때, 국제적 분업이라는 구호 아래 자체적인 기계공업의 발전에 반대하는 사람들이 있었다.

본인의 관련 질문에 홍성룡 동지는 이것이 전후에는 사실이었으며, 북한 분파들과 다른 나라의 대표자들이 그렇게 주장하였다는 것이다. 그는 계속하여 조선노동당이 이러한 견해를 타파하였으며, 심지어 전쟁 중에는 지하 공장에 중요한 기계공업 단지를 설립하였다고 말했다. 오늘날 북한의 기계공업은 트럭, 트랙터, 불도저뿐만 아니라, 야금 장비, 발전소 설비를 생산할 수 있는 수준에 와 있다. 이로써 기술혁명을 지속적으로 발전시킬 수 있는 담보가 주어진 것이었다. 1961년부터 1965년 사이에 기계공업은 2.7배 성장하였다.

기계공업 이외에도 당은 화학공업 발전에 총력을 기울였다. 일제시대에는 한반도에 질소비료를 생산할 수 있는 유일한 공장 하나만이 있었다. 이 공장도 전쟁기간 중에 파괴되었다. 당은 화학공업을 발전시키기로 과제를 설정하였다. 인조섬유, 특히 유기화학제품을 생산할 수 있는 공장들이 세워졌다. 자체 원료를 이용할 수 있는 확고한 기반이 구축된 것이다. 오늘날 북한의 화학공업은 비료, 농약, 합성섬유, 합성고무, 약품 등을 생산하고 있다. 화학공업 생산은 1965년에 1953년과 비교하여 42배 성장하였다.

현재 화학공업에 있어서 가장 중요한 과제들 중의 하나는 기존의 석회 광맥을 이용하여 무연탄을 통해 가스를 발생시킴으로써 암모니아를 생산하는 것이다. 이러한 문제를 과학적으로 해결함으로써 암모니아 공업생산을 정상화할 수 있는 훌륭한 전제조건이 갖춰지게 된 것이다.

경공업 발전에 대해서는 다음과 같이 설명되었다 :

북한에 있는 경공업도 마찬가지로 후진적이었다. 방직공장 및 생활필수품 생산 공장이 주종을 이루는 경공업 공장들이 대체로 남조선에 있었다. 방직공장의 경우 약 67%, 생필품공장의 경우 약 60% 정도였다. 1953년 이후 경공업과 관련하여 중공업의 우선적인 발전과 동시에 경공업도 발전하도록 주요 지향점이 설정되었다. 소비재 생산을 위해 중앙에서 관리되는 공장들이 중소 규모의 공장들과 동시에 건설되었다.

1958년 조선노동당 6월 전원회의는 중앙에서 관리되는 경공업 공장들과 지역의 경공업 공장들을 유기적으로 연계할 것을 결의하였다. 6월 전원회의 결의에 따라 1,000개 이상의 지역 공장들이 건설되었는데, 즉 실제로 이 나라 각 군에 섬유제품을 생산할 공장과 생필품 생산 공장이 한 개씩, 그리고 농기계 생산 공장이 여러 개 들어선 셈이다. 이것은 심지어 산악지대도 예외가 아니었다. 이 공장들 덕분에 많은 지역의 자원들이 채굴되었다. 이를 통하여 많은 주부들이 일자리를 얻게 되었다. 이로써 가구 소득이 증대하였고, 주민들의 문화수준을 향상시킬 수 있는 가능성도 있었다.

1948년 지역 공업의 공업 총생산량에서 차지하는 비중은 14.4%에 달했는데, 1965년에는 38%까지 상승하였다.

경공업 생산의 발전 추세에 대해서는 다음과 같은 자료가 있다 :

- 방직공업에서는 1965년에 1961년 생산량의 배에 이르렀다. 1944년도와 비교할 때 이는 196배이고 1949년과 비교하면 21배이다.

– 1965년도에는 신발이 1944년에 비해 7배, 1949년에 비해 6배 생산되었다.
– 종이 생산은 1965년도에는 1944년에 비해 7.3배, 1949년에 비해 4.2배 생산되었다.

생산된 소비재의 품질은 아직 그다지 높지 않고 수요도 완전히 충족되지 않는다. 그럼에도 불구하고 품질을 개선하고 필요한 제품들을 충분한 수량만큼 제조해낼 수 있는 기반은 갖추어졌다.

농업 발전에 관하여

농업에 대해서는 일제시대에는 경기 침체, 일방성, 후진성으로 특징지워졌다고 설명되었다. 일본인들은 주로 쌀 생산에 전념하였다. 기계 경작이라든가 목축은 발달이 덜 되었다. 경작 면적의 25%를 일본인이 소유하였고, 40%는 한국인 지주 소유였다.

해방 이후 당에 의해 방향이 제시되어 우선적으로 곡물 생산을 발전시키고 동시에 기술적인 재배에 의한 생산, 목축, 양잠, 과수재배 등의 발전에 주의가 기울여졌다. 농업 생산의 발전에 있어서 농업 정책에 대한 김일성의 명제가 중요한 역할을 하였다. 그 명제들의 주요 내용은 다음과 같다 :

– 농업에 있어서 기술적, 문화적, 이데올로기적 혁명이 수행되어야 한다.
– 노동자 계층은 농민을 선도하고 공업을 통한 농업의 지원 및 도시들을 통한 농촌의 지원을 조직화해야 한다.
– 공업이 관리되듯이 농업도 관리되어야 한다, 즉 현대적인 관점에서.
– 인민(국유)재산과 협동농장의 재산은 협동농장의 재산이 인민재산에 근접하도록 안정되어야 한다.

전쟁 이후 협동농장의 결성이 체결되었으며, 기술 혁명의 문제에 주의가 기울여졌다. 북한 농업에서의 기술 혁명의 주된 내용은 관개 및 배수 문제의 해결에 있다. 이 문제의 해결 없이는 안정적인 쌀 수확은 기대할 수 없다.

1964년 북한은 1949년과 비교하여 390%의 관개시설을 갖춘 경작면적을 보유하고 있다. 제방 건설의 문제, 제방에 식수하는 문제 등으로써 연속된 가뭄, 홍수를 근본적으로 극복해낼 수 있다. 풍성한 수확을 거두기 위한 기반이 구축된 것이다.

　　농업의 기계화 특성은 1945년과 비교하여 1961년에는 농업 경작면적의 두 배를 기계로 경작할 수 있게 되었다는 사실에서 나타난다. 1965년 이후 최소 행정구역 단위들의 96%가 전기를 사용하고 있다. 모든 농가의 81.3%에 전기가 들어온다. 농업에 화학공업적 기법을 사용함으로써 마찬가지로 큰 진전을 이루었다. 1965년에는 1961년에 비해 1헥타르 당 1.8배의 비료가 투입되었다. 농업에 농약을 사용하는 것도 1.7배 증가하였다. 이러한 조치들을 통하여 주민에 대한 생필품 수급 문제가 대체로 해결되었다. 이점은 특히 강조되어야 하는데, 최근 몇 년간, 예를 들어 1967년의 대홍수처럼 거대한 자연재해가 있었기 때문이다.

　　우리 농부들의 헌신적인 노동, 관개 및 배수 문제의 해결, 농업의 손질노동과 기계화의 개선 등을 통하여 1967년에는 1966년보다 1헥타르 당 약 500킬로그램의 곡식을 더 생산할 수 있었다. 1968년에는 곡식 생산을 1헥타르 당 500킬로그램을 더 증가시키는 과제가 설정되어 있다.

　　이 부분에서 홍성룡 동지는 정세가 긴박하고 그 밖에도 한반도에는 오로지 정전협상만이 있기 때문에 몇 가지 수치만을 언급할 수 있을 뿐이라고 말했다.

　　주민들의 생활수준의 향상은 지속적인 당의 관심사였다. 국민소득의 대부분이 주민들의 소비에 소요된다. 주민의 물질적 및 문화적 생활이 근본적으로 개선되었다. 제 2차 5개년 계획의 말기에는 주민들의 실소득이 1949년에 비해 두배로 늘어났다. 지속적으로 비축금이 늘어나더라도 국민소득의 상당 부분이 국토방위에 투입된다. 현물세 폐지, 농업에 대한 국가의 투자, 1963년부터 1966년 사이의 수많은 주택 건설, 9년제 공업전문학교 취학 의무 등등과 같은 사실들이 생활수준의 향상을 입증한다.

　　현재 북한에는 9,260개의 학교가 있으며 그중 98개는 대학이다. 주민 전체의 1/4(260만 명)이 학교에 다니고 있다. 1966년에는 북한에 1962년과 비교하여 1.2배의 대학졸업자가 배출되었다. 기술학교 졸업생 수도 1962년에 비해 3.2배 증가하였다.

　　전 주민은 무상진료를 받는다. 이러한 조치 덕분에 사망률은 현저히 감소되었다. 주민의 평균 수명이 20년 높아졌다. 국가는 아동의 복지에 대해 매우 배려하고 있다. 많은 여성들이 취업 기회를 갖고 있다. 이러한 성과는 오로지 당을 통한 올바른 지도에 힘입어 이룩될 수 있었다.

　식민지배는 전쟁과 더불어 투자 건설 분야에서 엄청나게 노력해야만 하는 결과를 초래했다. 당은 건설부문을 기계화하고 대규모 집단 건축방식을 적용하자는 구호를 내세웠다. 1961년부터 1965년 사이에 300개 이상의 대규모 공장들이 건립되었다. 그중에는 2월 8일 비날론 공장, 신의주 화학섬유 공장, 함흥 양모공장, 남포 비철금속 공장, 황해 야금 공업단지 내의 제2용광로 등과 같은 중요 시설이 있다. 그밖에도 2300개의 중소 공장들이 건립되었다.

　이러한 맥락에서 북한은 건설부문의 수많은 간부들을 양성해냈고, 이 분야에서의 풍부한 경험을 쌓았으며, 자체 건축가를 교육시켰고 이로써 보다 양질의 규모가 큰 건축을 위한 기반을 구축하였다는 사실이 지적되어야 한다. 7개년계획 중 아직 남은 기간에 투자건설 분야에서 신속한 진전을 달성하기로 예정되었다. 여기에는 우선적으로 발전소, 광산, 야금공장 등의 복원 및 건설이 중요하다. 기존의 생산 능력이 반드시 완전 가동되어야 하고 새로운 생산 능력이 창출되어야 한다.

　전력 생산에 있어서 모든 가능한 방도가 최대로 활용되어야 한다. 이는 추출 공업, 야금 및 화학공업의 지속적인 발전을 위한 전제조건이다. 전력 및 천연 지하자원의 수요를 충족시키는 데에 온갖 노력이 집중되어야만 한다. 이것이 우리 당의 현재 노선의 주요 내용이다. 전력 생산에 있어서 중요한 것은 수력 발전소와 화력 발전소의 전력 생산을 결합하는 것이다. 동시에 대규모 발전소 및 중소 규모의 발전소들이 동시적으로 발전되어야 한다. 그 까닭은 우리 나라의 특이한 기후 조건에 있다. 우리는 현재 공업단지 내에 화력 발전소를 건립하는 일에 노력을 기울이고 있다.

　추출 공업을 위해 우리는 세가지 원칙을 세웠다. 지질학 연구를 발전시킨다는 것, 추출 공업에 기술혁명을 이룩한다는 것, 추출 공업 분야에서 과학적 연구를 지속한다는 것이다. 현재 우리는 지질학 연구에 우선권을 주고 있다. 우리는 풍부한 천연 지하자원을 노천 광산에서 채굴할 수 있는 지역을 찾는 데에 대단한 노력을 경주하고 있다. 여기서 우리는 진보적인 개발과 채굴 방법을 사용하려고 한다. 우리는 이미 상당한 성과를 달성한 바 있다.

　운송 부문에 대한 기대조건이 계속 높아가고 있다. 현재는 철도 운송의 발전, 도로 개선, 선박 운송의 발전에 주의가 기울여지고 있다. 철도에 있어서 우리는 몇 년내에 전철화 사업을 마치려고 한다. 부분적으로 우리는 디젤 기관차를 투입할 것이다. 전기 기관차, 화물차량, 객차의 생산도 증가할 것이다. 우리는 새로운 철도 노선을 더 건립할 것이다.

우리가 이룩한 모든 성과는 당의 지도 덕분이고 한민족의 친애하는 영도자 김일성 동지와 우리 인민의 노동 덕분에 이루어진 결실이다.

1968년도 과업에 대해서는 다음과 같이 설명되었다 :

1968년에는 남조선 해방이라는 역사적인 과업을 성공적으로 해결할 수 있기 위해 계속해서 건설을 촉진하는 것이다. 김일성 동지는 자신의 10개항 프로그램에서 모든 분야에서 주체 정책을 수행하는 것이 중요하다고 설명했다.

올해 가장 어려운 과업은 인민경제와 국토방위를 일관성 있게 동시에 발전시키고 자주 경제의 기반을 발전시키며, 주민의 생활수준을 향상시키는 것이다. 중공업의 우선적인 발전과 경공업과 농업의 동시 발전에 있어서 우리는 올해에도 중공업에 총력을 동원할 것이다. 올해 주안점은 추출 공업의 발전과 야금 제품 수요를 충족시키는 데에 두게 될 것이다. 기계제조는 보다 높은 단계로 격상되어야 한고 대형 트럭, 대형 선박 및 대형 트랙터와 불도저 등을 생산해내야 한다. 전자 공업이 발전되어야 한다.

투자건설에서는 7개년계획의 과제들을 해결하기 위해 대량의 투자가 실현되어야 한다. 따라서 우리는 건축자재 공업의 발전에 주의를 기울이고 있는 바, 우선적으로 시멘트와 목재 생산의 확대를 고려하고 있다.

농업에서는 백만 톤의 곡식을 더 생산하는 데 총력을 집중하고 있다. 이를 위해서는 농업에 자체 생산된 비료와 농약을 공급하고 자연을 통제하기 위한 작업이 지속되어야 한다.

경공업에서는 제품 품질 향상에 주안점이 놓여있다. 문화혁명이 국가적으로 계속해서 적극적으로 추진되어야 한다. 학문연구에서는 주체 원칙이 관철되어야 한다.

인민경제가 지대한 발전을 하고 있지만, 동시에 국토방위에 주의를 기울여야 한다. 우리 정부는 현 상황에 직면하여 주민 전체를 위한 방위태세가 보장되도록 전력을 다 해야 한다.

우리나라는 미국의 남조선 점령으로 인하여 아직 분단 상태이다. 이러한 상황에서 벗어날 수 있는 유일한 해결책은 미제국주의자들의 철수와 가급적 신속한 국토통일이다. 미국은 현재 상황을 첨예화시키고 "푸에블로"호 나포 사건과 관련하여 집중적인 전쟁 준비를 하고 있으며 전쟁의 광기를 조성하고 있다.

그렇지만 제국주의자들이 우리를 위협할 수 없고 그들의 전쟁준비를 우리 앞에서 은폐할 수 없다. 우리 민족은 중앙위원회를 중심으로 우리 당의 선봉에 서 있는 김일성 동지를 중심으로 단단히 뭉쳐서 적의 그 어떤 도발도 격퇴하고 미 제국주의도 타도할 태세가 되어 있다. 조선인민군 창설 20주년 기념일 리셉션에서 행한 연설에서 김일성은 우리는 전쟁을 원하지는 않지만, 그렇다고 두려워하지도 않는다고 말했다. 김일성은 우리는 그 어떤 보복행위나 그 어떤 전면전도 전면전으로 답할 것이라고 우리에게 교시하고 있다. 우리의 경고에도 불구하고 미국이 침략전쟁을 준비하고 수행한다면, 우리는 그들에게 더 큰 패배를 안겨줄 것이다. 우리 전 민족은 올해 혁명과업을 달성하기 위해 일어섰다. 주민 전체가 현재의 대약진 운동에 참여하고 있다.

이 설명에 덧붙여 본인은 본인에게 해준 협의에 대해 감사했다.

[문서작성자] 야르크 [1등 서기관]
[수신자] 1부 : 외무부 – FO2
        1부 : 국가계획위원회 – 모스테르츠 박사 동지
        1부 : 무역정책과
        1부 : 대사관 – 야르크 동지

공업 전반에 대한 투자에서 추출 공업에 대한 투자의 비중

Ⅰ. 단우 : 원 (1957년 4월 1일 가격을 기초로 하여)

	1954	1956	1959	1960	1961	1962	1963
공업 전체 1	억4,300만	1억8,800만	3억1,000만	2억6,000만	3억4,400만	3억5,200만	2억9,900만
중공업	1억1,600만	1억5,700만	2억5,300만	2억900만 2	억3,800만	2억2,400만	2억400만
석탄공업	600만	1,300만	2,900만	3,000만	3,400만	3,500만	3,780만
광석공업	1,400만	1,600만	5,700만	6,200만	5,580만	5,500만	5,150만

Ⅱ. 백분율

공업 전체	100	100	100	100	100	100	100
중공업	81	83.3	81.6	80.6	69.7	63.7	68.2
석탄공업	4.2	6.7	9.4	11.4	9.9	9.9	12.6
광석공업	9.8	8.6	18.3	23.9	16.3	15.7	17.5

Ⅲ. 총생산력에서 공업이 차지하는 비중

	1944	1949	1959	1960	1962	1963
석탄	3.8	4.1	1.3	1.3	0	0
철광석	15.7	8.1	3.9	4.0	3.1	3.3

독일지역 북한기밀문서집

발터 울브리히트, 빌리 슈토프, 에리히 호네커,
헤르만 악쎈 동지에 보내는 서신

독일민주공화국 각료회의
외무성 차관

[작성 장소 및 일자] 베를린, 1968년 8월 27일
[수신] 발터 울브리히트
　　　 빌리 슈토프
　　　 에리히 호네커
　　　 헤르만 악쎈 동지 제위

경애하는 동지 여러분!

평양에 있는 우리 대사관으로부터 본 대사관 1등 서기관 야르크 동지와 소련 대사관 1등 서기관 츠베코프 사이에 있었던 대담에 관한 문서 중 발췌분을 보내드립니다.

사회주의 만세

헨겐

첨부파일

북한 주재 소련대사관에서 동 대사관 1등 서기관 츠베코프 동지와 동독 대사관의 1등 서기관 야르크 동지 사이에 오고간 대화 내용에 관한 문서 발췌분

조선 민주주의인민공화국의 내외 정세에 관한 김일성의 견해

노비코프 동지는 1968년 5월 31일 김일성으로부터 영접을 받았다. 노비코프 동지는 소련 당 지도부 동지들의 안부를 전했으며 소련 내부의 움직임에 대해 간략히 설명했다고 한다.

그러자 김일성은 북한 내부 정세에 관해 다음과 같이 진술했다고 한다 :

1967년 공업과 농업에서의 경제계획은 목표를 달성했다. 공업 생산 증가는 (가치로 따져) 17%를 기록했다고 한다. 투자건설 퇴조 현상이 존재하는 바, 이는 이미 장기적인 성격을 띠고 있다고 한다. 이 문제야말로 정말 심각한 문제라는 것이다. 농업에서의 수확은 지난 해 그리 나쁘지 않았으며 홍수가 나지 않았더라면 비축을 해둘 수도 있었을 것이다. 홍수로 입은 피해는 약 10억원에 이른다. 그 피해액은 현재 해결된 상태이다. 이와 관련하여 김일성 동지는 홍수 피해 복구를 지원해준 데 대해 감사를 표했다. 특히 평양방직공장(소위 "콤비나트") 수리와 평양 화력발전소의 신속한 완공을 예로 들었다.

1968년의 경제 상황에 대하여는 다음과 같이 설명했다.

1/4분기 경제 계획은 대체로 성공을 거두었다. 그러나 두 가지 큰 어려움이 있는데 그 하나는 겨울에 눈이 적게 내려 수력발전소가 곤란을 겪고 있다는 것. 전기 생산 부족으로 일차적으로 야금과 화학 공업에서 타격을 입었는데 두 공업 분야는 생산력의 약 50% 밖에 생산해내지 못했고, 따라서 계획이 완수되지 못하였다.

이와 관련해서 김일성 동지는 소련의 도움으로 건설된 평양 화력발전소의 중요성을 강조했는데 지금까지 유일한 대규모 화력발전소로 훌륭한 성과를 거두었다고 평가했다.

1968년 1/4 분기 동안의 경제에 있어 두 번째 어려움은 북한이 충분한 양의 코크스와 코크스석탄을 확보하지 못한데 있다고 했다. 야금 공업이 1/4 분기에 계획량의 70% 정도만을 해낼 수밖에 없었기 때문에 현재 국내에는 충분한 양의 강철과 쇠가 없다고 한다. 이미 언급한 에너지 부족과 연관지어 볼 때 이것은 기계 공업에 아주 부정적인 영향을 줄 수밖에 없다. 결국 1968년 전반기 경제 계획은 목표에 크게 못 미친다.

1968년 공업 생산은 1967년 대비 18%의 증가를 내다보고 있다.

광산업은 북한에서 호조를 보이고 있다고 한다. 야금 공업, 그 중에서 비철금속 산업 역시 많은 양의 원자재를 확보하고 있다고 한다. 그러나 전기에너지가 너무 적어 가공하는 데 있어서는 미처 따라잡지 못한다고 한다.

봄과 겨울에는 건조한 날씨로 인하여 밀이나 보리같은 곡물 재배에 큰 타격을 입혔다. 아마도 계획에 예정해 놓은 양의 50% 정도밖에 수확할 수 없음을 염두에 두어야 할 거라고 했다.

그밖에 큰 어려움은 수송수단인데 무엇보다 화물열차가 부족하다고 김일성 동지가 설명했다.

마지막으로 이 문제에 대해 김일성 동지는 이런 어려움들을 고려해야 하지만 그렇다고 이 문제들이 결정적으로 중요한 것은 아니라고 덧붙였다.

결정적인 것은 조선 인민이 이런 어려움을 이해하고 건국 20주년을 성공적으로 맞이하기 위해 모든 노력을 경주하는 것이라고 했다.

북한의 외교적 여건에 대해 김일성 동지는 다음과 같이 설명했다 :

소련 및 유럽 사회주의 국가들과의 관계는 잘 유지되고 있으며 베트남과의 관계도 마찬가지로 잘 되어가고 있다. 무역을 제외하면 중국과의 관계는 완전히 정지상태에 있는데, 이 무역마저 잘 되지 않고 있다고 한다. 물론 1968년 북한과 중공 사이의 무역에 대한 협약이 조인되기는 했으나 중국이 모든 의무 사항을 지켜내지는 못할 것으로 사료된다. 많은 경우 중국은 공급해주겠다고 스스로 약속한 그 물자를 보유하고 있지 못하다. 코크스와 코크스석탄은 공급해주겠다고 약속한 양이 중국 측으로부터 겨우 50%만이 실제 제공되고 있을 뿐이다. 조선노동당과 중국공산당 사이에는 전혀 접촉이 없고 사절단 교환도 없다고 한다.

푸에블로호 사건에 대해서는 북한의 입장이 분명하다고 김일성 동지가 밝혔다. 북한은 미국이 사과를 하면 푸에블로호 선원들을 인도할 것이라고 말했다. 미국이 이 문제로 서둘지 않을 것이므로 북한도 선원의 인도를 서두르지 않을 것이다.

김일성 동지는 푸에블로호 사건 때문에 상황이 첨예화되지는 않을 것이라는 견해를 가지고 있다고 덧붙였다.

김일성 동지가 남한의 상황에 대해 밝힌 내용을 요약하면 남한이 미국으로부터 특히 군사지역에 엄청난 원조를 받아내기 위해 푸에블로호 사건을 이용했다는 것이라고 츠베코프 동지가 말했다. 남한은 지금은 물론 가까운 장래에 현대식 전투기 및 다른 현대식 무기와 장비들을 지원받는다고 한다. 츠베코프 동지는 푸에블로호 사건이 분명 중요한 역할을 하긴 했지만 그 사건 이전에 서울에서 일어난 사건들도 미국이 현대식 무기와 장비를 보내달라는 한국의 요청을 거절할 수 없었던 결정적인 이유가 된다고 말했다. 이 사실은 간과되어서는 안 될 것이라고 그는 말했다.

북한과 러시아 간의 경제 관계에 대해 김일성은 다음과 같이 설명했다.

김일성은 러시아가 북한을 도와 코크스와 코크스석탄을 공급해 줌으로써 석유제품과 물품들은 제공해 준데 대해 감사했다. 그는 제 2의 대규모 화력발전소를 북천에 건설하는 일에 박차를 가해줄 것을 요청했다. 이 화력발전소가 완공되면 북한은 화력발전소로부터 전기에너지를 1000메가와트 (평양 400메가와트, 북천 600메가와트) 생산할 수 있는 생산능력을 갖추게 된다.

김일성 동지는 노비코우 동지에게 모스크바에 가서 소련이 2만 톤 분량의 알루미늄을 아연 대신 공급해줄 수 없는지 알아봐 줄 것을 부탁했다. 나아가 그는 노비코프 동지에게 보크사이트가 난다고들 하는 근거를 들어 알루미늄 공장을 건설하는 문제가 긍정적으로 결정될 수 있도록 영향력을 행사해달라고 부탁했다. 김일성 동지는 또한 북한에 구리선이 부족해 어려움이 있다고 덧붙였다. 그는 여러 물자들을 뱃길을 통해 수송하는 문제를 다루자고 부탁했다.

또한 노비코프는 김일성 동지가 다음과 같은 요청을 소련 지도급 동지들에게 전해줄 것을 부탁했다고 말했다.
북한 정부는 소련 정부에게 당 간부들이나 정부 각료들이 탄 특별기가 북한을 출발, 내륙을 거쳐 직접 소련으로 가는 항로를 이용할 수 있도록 허가해달라고 요청한다. 그렇게 되면 중국 영공을 피할 수 있고 공해상의 비행을 피할 수 있다. 이런 요청에 대한 이유로 김일성 동지는 중국 영토를 넘어 비행할 경우 불시착을 강요당할 수 있고 홍위병에게 모욕을 당할 수도

46

있다는 사실을 들었다. 바다 위를 지나는 항공로로 말하자면 특히 푸에블로호 사건이 있은 다음이라 위험할 수 있다는 것이었다. 츠베코프 동지는 김일성 동지가 다음과 같이 말했다고 전했다: "우린 죽음이 두렵지 않다. 그러나 혁명을 완수하기 위해 우린 살아야 한다."

마지막으로 김일성 동지로부터 북한 동지들은 언제나 소련이 나라를 해방시켜주었고 소련 사람들이 한국에서 피를 쏟았으며 그 때문에 조선 인민은 소련과의 우호 관계를 환영하고 소련의 이런 노력을 언제나 유념하리라는 생각을 잊지 않고 있음이 표출되었다.

북한 동지들은 1964년 이후 양국 관계가 개선되어 가고 있는 것에 만족한다고 했다.

독일지역 북한기밀문서집

1960년 3월 4일 동독기술단이 건설중인 함흥

소장번호 : 71 248/3N

북한 군사사절단의 동독 방문 전반기 일정에 관한 정보
(기간: 1968. 9. 18 – 9. 21까지)

I. 방문 프로그램 완수

〈방문한 기관〉

1. 동독 서베를린 국경

   동독 국가인민군 군사학교

   뢰바우 소재 육군사관학교

   카멘츠 소재 공군 사관학교

   군지휘 자동화 및 기계화 연구소

2. 동독 수도 베를린 중심지. 시장 방문과 연계

   문화유적지와 드레스덴 소재 위생박물관

3. 사절단은 프리드리히스펠데에 있는 사회주의자 기념관에서 독일혁명 노동지도자들을 기리는 뜻에서 헌화하였다. 또한 베를린-트렙토프 소재 소련 기념비와 베를린 운터 덴 린덴 가(街)에 있는 파시즘과 군국주의 희생자 추모비에 헌화하였다.

4. 9월 22일부터 9월 27일까지 방문할 기관

   – 에게진 소재 제 9 탱크 사단

   제5 군사구역 로케트 여단

   슈트랄준트 소재 해군 사관학교

   텔토프 소재 기기 및 조절기 제작소

   라테노프 소재 국영 광학공장

   바르네뮌데 소재 바르노프 조선소

   로스톡 소재 디젤엔진 공장

   브란덴부르크 인근 로개젠 소재 집단농장 "일치단결"

II. 북한 군사사절단 단원들과 단장의 동향

사절단장과 두 부단장의 행동을 보면 북한측 사람들은 동독의 정치 상황에 대하여는 별 관심이 없고 주로 군사문제에 대해서만 관심이 있는 것으로 나타났다. 만찬 시 답례인사에 포함된 일반적인 정치적 발언내용이 천편일률적으로 반복될 뿐이다. 사회주의 세계에서 소련의 역할과 지위 그리고 제국주의와 군국주의에 대한 투쟁에 있어 소련의 중요성 등에 대해서는 지금까지 한 마디 언급도 없었다.

북한 동지들은 특정 군사기술에 큰 관심을 보였다. (예: 현대식 사격무기, 탱크로 무장한 장갑차, 광학, 훈련시설 등) 동독 국가인민군에서 과학 기술을 활용하는 것과 그 기술의 역할과 의미에 대해서는 상당히 인정하는 태도를 보였다. 북한 사절단 동지들은 모든 과학적 연구작업 경험, 특히 전산기술에 도입된 기기들 사용경험을 배우고 싶다며 적극적인 관심을 나타냈다.

토론에서 가장 긍정적으로 받아들일 만한 내용은 국경수비대원들과의 대화에서 "독일 사회주의통일당의 현명한 정책 덕분에 사회주의 진영이 서쪽 경계선에서 군사적으로 확실하게 지켜지고 있다"는 사절단장의 말이었다. 그는 또 "반파시즘 방어벽 구축은 아주 중요했다고 우리는 확신한다"고 말했다.

이로써 북한 동지들은 동독국가인민군이 동독의 방어 역할뿐만 아니라 유럽의 안보를 위해서도 중요한 역할을 한다는 사실을 전폭적으로 인정한다는 태도가 표출된 것이다. 사절단장은 나토군이 서독과 서베를린에 집중 배치되어 있는 것을 보고 놀라움을 나타냈으며 서베를린 국경의 체제에 대해서도 강한 인상을 받은 것으로 보였다.

북한 군사사절단 측으로부터는 양국 군대 사이의 전우애에 대해 어떤 입장표명도 없었다. 다만 표현에 있어서는 앞으로의 우호관계와 협력을 발전시켜나가자는 것에 국한하였다.

특히 눈에 띈 점은 북한동지들이 동독 국가인민군들을 교육시키는 데 있어 동독 및 국제 노동운동의 혁명적 전통이 유지되는 것에 큰 존경심을 보인 것이다. 북한동지들은 스페인에서 전투에 참여했던 동독인민군 간부들에 대해서도 경애심을 표시했다. 반면에 "자유독일" 국가위원회(NKFD)의 의미와 역할에 대해서는 별다른 주의를 기울이지 않았다.

사절단은 자기들의 요구에 부합하는 동독 군수물자 및 무기와 동독 국가인민군의 기술에 대한 정보를 얻어내는 것에 큰 의미를 두고 있음이 분명했다. 그들은 "당신네들(동독)"은 잘 살고 "우린(북한)" 가난하다고 솔직히 토로했다. 프롤레타리아 세계주의를 암시하는 가운데 사절단장은 뢰바우에서 "자기들이 광학 기기와 자체적으로 제작한 군사 설비를 선물받을 수도 있지만 살 수도 있다. 더 좋은 것은 아마도 사는 것이다"라고 말했다. 이와 관련해서 그는 소련에 대해 유보적 입장을 나타냈다. 소련은 북한뿐만 아니라 다른 사회주의 국가들에도 무기를 무상으로 대줄 거라고 말했다.

사절단을 동행한 일행은 주로 전문가들로 구성되어 있음이 확인되었다.
– 기계 공학 디플롬 엔지니어
 광학 엔지니어
 차량 엔지니어
 악기 제작 엔지니어

북한대사관 업무팀의 일별 회의에서는 틀림없이 평가가 계획되어 있을 것이다.

예나에 있는 국영 칼 차이스 광학제작소 방문이 가능하지 않다는 사실을 분명히 밝혔음에도 불구하고 그러한 요구가 계속해서 들어온다.

Ⅲ. 정리 사항

북한 사절단 방문은 양국 및 양국 군대 간의 관계 발전이라는 측면에서 성공적이었다고 평가할 만하다. 북한 측은 당과 정부의 명확하고도 현명한 군사정책에 대해 확신을 가지게 되었으며 그들이 여기 온 지 며칠 만에 동독 국가인민군의 상당한 전투태세, 군속자들의 계급별 교육에 두는 비중, 그리고 소련 및 다른 사회주의 국가와 우리나라와의 공고한 유대 관계 등에 확신할 수 있었다.

사절단장은 환영식과 다른 공식 행사에서 사절단에 보여준 큰 경애심에 대해 각별한 만족을 표시했다.

분명히 항일 해방전쟁의 교훈이 북한 인민군의 교육과 훈련의 기반이 된다고 하는 김일성의 군사 독트린을 엄격히 유념하여, 북한 측으로부터 현대식 전쟁의 조건에 대한 시범교육과 설명에 대해서는 전혀 아무런 입장표명도 없었다.

그런 문제와 동독 국가인민군 지휘 체계에서 컴퓨터를 통한 방법을 적용하는 문제 등은 북한 동지들의 현재 군사적 개념과 능력을 넘어서는 일이라는 인상을 받았다.

북한 측이 여행을 마무리 하면서 주로 군사무기 공급, 과학 문서들의 대여 등을 요구하게 되리라 예상된다. 사절단의 구성원과 지금까지의 방문 일정에서 보여준 각기 다른 관심을 보면 그런 기본방향으로 가닥을 잡게 된다.

1968년 북한의 경제발전에 관한 정보

조선 민주주의 인민공화국 주재
독일민주공화국 대사관

[작성 장소 및 일자] 평양, 1969년 2월 6일
[작성자 약호] Hb.

비밀 공무사항			
		연도	총발행 통수
PA	15	1966	6/11

작년에는 공업 총생산에 대해 24% 성장율을 책정하였다. 그러나 이와 같이 매우 높게 책정된 목표의 실현을 가로막는 몇 가지 어려움이 나타났다. 전반적으로 1968년은 어려움이 컸던 한 해였고 1968년이 경과하는 동안 공업생산에 있어서 별 진전을 이루지 못하였다고 평가될 수 밖에 없다. 나타난 주요 문제는 우리의 평가에 의하면 다음과 같은 것들이다:

1. 군사적 정세

- 미국의 간첩선 "푸에블로"호 나포와 서울 청와대 습격기도 사건과 관련하여 한반도의 군사적 정세가 일시적으로 첨예화되었다. 따라서 북한은 방어시설, 포병 진지, 방공시설 등을 시급히 건조하는 데에다가 공업을 돌리는 데 쓰일 추가 재정, 철강, 시멘트 및 다른 중요한 물자를 우선적으로 투입하였다. 그 외에도 이와 같은 건설 작업을 위해 많은 공장에서 인력이 차출되었다.
- 동시에 북한에서는 부분 동원령이 내려졌고, 전년도들에 비해 많은 수의 청소년들이 정규 군복무에 소집되었다. 이는 분명 가뜩이나 빠듯한 인력난에 불리하게 작용할 수 밖에 없었다. 더군다나 몇몇 현대식 공장을 제외하고 기계화 및 자동화가 저급한 수준임을 감안한다면 더욱 불리할 수 밖에 없다.
- 일련의 사태들로 인하여 남자 주민 전체와 대부분의 여자 청소년들을 포함하는 민간 군사조직들의 군사교육이 더욱 증강되어 실시되었다. 이는 다시금 노동시간 손실을 결과로 가져왔다.

2. 기후관련 어려움들

- 겨울 뿐만 아니라 실제 우기(雨期) 동안(7월~8월)의 부족한 강우량으로 말미암은 일

년 내내 계속된 가뭄으로 인하여 강과 저수지의 수위가 극도로 낮아지는 결과가 초래되었다. 따라서 전력 생산이 급격히 감소되었는데, 생산된 전기의 4/5가 수력 발전소에서 생산되기 때문이다. 이로 인해 다시금 화학공업, 제철공업 분야 등과 같은 대량 소비 시설에 전력 공급이 차단되거나 제한되는 결과가 초래되었다. 그 결과 1968년 전반기에는 화학공업 및 제철공업의 기존 용량의 50~60%만이 가동될 수 있었다. 예컨대 함흥 비료공장은 일시적으로 완전히 가동이 중단되기도 했다.

3. 코크스와 코크스탄의 불규칙한 공급

　– 중국으로부터 코크스 및 코크스탄이 불규칙하게 공급됨으로 인하여 1968년도 상반기에 북한의 흑색합금 공업의 코크스 공급에 차질이 생겼다. 소련으로부터 투입된 공급물량으로도 손실을 다 메울 수는 없었다. 그 까닭은 북한과 소련을 직접 연결하는 유일한 철도 노선도 심하게 과부하되었고 장기 정체현상이 나타났다.

　이상에 언급된 모든 요인들로 인하여 1968년도 전반기 계획이 이행될 수 없는 결과가 초래되었다. 내각 부수상 리주연은 특히 강관, 레일, 압연재, 유조차, 화물차 및 강판 생산에서 목표량 미달 사태가 나타났다고 소련 동지에게 말했다. 리주연은 같은 맥락에서 언론에서는 남조선 때문에 이 문제에 대해 아무 것도 쓸 수 없고 다만 달성된 성과에 대해서만 보도하고 있다는 점을 언급했다. (우리의 비밀공무사항 81/68 참조)

　이러한 추세는 1968년 후반기에도 계속되었다. 그렇지만 약간의 개선이 나타난 것 같다. 그 까닭은 중국으로부터 코크스 및 코크스탄 공급이 규칙적으로 당도하였는데, 이는 소련이 납품을 빨리 해달라고 더 이상 독촉을 받지 않았다는 점에서 나타난다.

　해당 공업분야의 이러한 상태는 필연적으로 연간 목표가 극심하게 미달되는 결과로 나타났다. 에너지 소모가 그리 많지 않은 공업 분야에서는 위 2항과 3항에서 언급한 요인이 덜 타격을 받았기 때문에 수치상으로 볼 때 손실액의 일부가 메꿔질 수 있었다. 이점은 건축자재 생산 및 추출 공업, 지역 공업 같은 분야에 해당한다. 제품의 가지 수를 조정함으로써 마찬가지로 목표액 달성의 개선에 기여하였다.

　나타난 어려움들은 당과 국가의 지도급 조직에 있어서도 단호한 조치가 취해질 수 밖에 없었다. 이를테면 3월부터 전력 생산을 증가시키기 위한 조치가 취해졌다. 평양의 화력 발전소(500 메가와트)를 완전 가동시키고 개별 공장에 있는 소규모 발전소를 완전 가동시키는 데 주안점이 놓여졌다. 동시에 이미 극도로 적은 양의 전기를 쓰고 있는 주민들에게 더욱 엄격한 절전 조치와 전력 공급 제한조치가 도입되었다.

조선노동당 4월 전원회의는 1968년도 인민경제계획을 승인하였고 발생한 상황을 다루었다. 이에 대해서는 공개된 것이 별로 없었음에도 불구하고 다음과 같은 사항이 중요하다고 요약해서 말할 수 있다 :
- 480분 노동시간의 효율적인 사용에 대한 호소, 노동규율의 제고
- 인민경제의 강력하게 중앙집중화된 관리체제를 보다 효율적으로 조성하도록 하는 시도
- 대안체제 및 청산리 방식과 같은 북한 특유의 관리방식의 보급
- "기술 숭배"에 맞서는 투쟁, 그중에서도 기술 규범에 대한 투쟁
- 공업 총생산을 24% 증가시키는 과제는 우리 견해로는 의식적으로 지나치게 높게 책정되었는데, 이 시점에서 이미 이 과제가 비현실적이라는 것이 명백하게 드러났기 때문이다. 그렇지만 이것은 남조선에 대해 선전적인 목표 설정에 기여했다.
- 증대하고 있는 공업화가 진행되는 가운데에도 공업 생산 증가율의 지속적인 상승이 정상적이라는 입장과 성장률의 감소는 수정주의적 견해라는 입장이 이미 선전되었고 조선노동당의 공식적 견해라고 표명되었다.

인민경제상의 통계수치가 공개되어서는 안된다는 사실을 규정하는 북한 내각의 결의가 작년에 여러 차례 언급된 바 있다. 현재 이 결의는 대담, 협의 및 이와 유사한 기회에 구체적인 수치를 절대 언급하지 않는 것에 대한 이유로서 내부 대화에서 통용된다. 이 결의는 공개되지 않았다.

이곳의 대외 경제교류 국가위원회 소련 대표의 추정에 따르면 1968년도 공업생산의 증가가 1967년에 비해 5~7%에 달한다는 것이다. 이 증가분의 주요 지분은 석탄 채굴, 채광 및 지역 공업의 몫이다. 그렇지만 소련의 동지들은 이 추정치는 일반적으로 그러한 평가에서 인용되는 중요한 수치와 자료들이 많이 결여되었기 때문에 근거가 불충분하다는 점을 강조했다.

발전 추세를 일목요연하게 볼 수 있도록 다시 한번 더 다음 표를 반복한다 :

생산품	단위	1960년 북한의 공식 통계	추정치 1967	1968	연장된 7개년 계획 목표
전력	10억 킬로와트	9.1	13.5	10.0 이상[x]	16–17
석탄	백만 톤	10.6	22.0	24.0	23–25
철광석	백만 톤	3.1	5.7	–	7.2
선철	천 톤	853	1,600	–	2.2–2.5
철강	천 톤	641	1,400	–	2.2–2.5
압연강	천 톤	474	1,100	–	1.6–1.8
금속가공기계	천 대	2.9	3.69	–	7.4
트랙터	천 대	3.0	–	–	17.1
트럭	천 대	3.1	5.1	–	10
인조비료	천 톤	561	660–900 ?	–	1,500–1,700
시멘트	백만 톤	2.28	3.1	–	4.3
직물	백만 미터	169.6	270	–	400–500
신발	백만 켤레	23.3	37.0	–	40.7

x) 리주연의 수치, 비밀공무사항 6/69 참조

1968년 11월의 제 18차 전원회의에서는 다시금 경제문제가 다루어졌다. 정보통지 공고 이외에는 전원회의 자료는 공개되지 않았다. 이 공고에 따르면 이번 전원회의는 운송 문제, 특히 철도운송 문제를 다루고 "생산과정과 연관된 행정업무"와 관련하여 1967년 6월 28일 ~ 7월 3일까지의 제16차 전원회의의 결의 이행 결과를 다루었다.

운송문제에 대해서는 운송이 요구사항을 미처 다 충족시키지 못하고 있다는 사실이 확인되었다. 여전히 운송 지연과 철도 교차점에서 막히는 현상 및 유사한 일들이 일어나고 있다. 명확하게 리주연이 이 문제점들을 지적했다. (우리의 비밀공무사항 81/68 참조) 전원회의에 관한 정보통지 공고와 운송체제의 문제에 대한 몇 가지 기사들에서 다음과 같은 과제들이 중점에 놓였다:

　– 운송 부문에 종사하는 직원들의 정치교육의 강화

48

- 간부교육의 개선
- 규율과 혁명질서의 고양
- 열차운행의 신속화 및 화물차 구성
- 자동차 교통의 적재한도의 상향조정
- 수로 교통망 구축, 항구와 부두의 복원 및 확장

"생산과정과 연관된 행정업무"에 관해서 전원회의는 주로 제 16차 전원회의에서와 동일한 문제에 대해 다루었다. (우리의 비밀공무사항 85/67, 65/68 참조) 전원회의는 재차 다음 사항들을 요구하였다 :

- 비생산적 노동력 인원의 제한을 포함하여 노동력 자원의 동원과 최대한의 이용
  (우리의 비밀공무사항 94/68 참조)
- 정치-이데올로기 교육작업의 강화와 "대중의 정치적 열광을 최대한으로 드러내는 작업"
- 여성기업의 관리기능에 여성 인력 유치 강화
- 노동 규율 강화, 480분 노동시간의 효율적 이용
- 기술 혁신 운동의 신속한 전개

중앙위원회의 최근 세 번의 전원회의에서 이 문제를 지속적으로 다룸으로써 이제까지 달성한 결과들이 설정된 과제의 실현에 불충분하다는 사실이 입증되었다. 이는 동시에 노동 강도의 지속적인 향상의 시도를 의미한다. 명확하게 인식할 수 있는 것은 이러한 문제들이 물질적 이해타산의 원칙이 거의 완전히 적용되지 않는 데서 초래된 것이라는 사실이다.

이와 같은 불충분한 수치 자료들(우리에게 더 이상의 자료가 알려지면 보충해나갈 것이다)에서 알 수 있는 것은 경제 정세가 특히 공업 분야에 있어서 어렵다는 사실이다. 이런 어려움들과 명백히 나타나는 불균형을 극복할 수 있는 길은 사회주의 국가들과 다방면의 경제교류 관계를 발전시키는 것이고, 동시에 모든 국내 자원을 총동원하고 활용하는 것이다. 조선노동당 지도부는 이 문제들에 보다 큰 주의를 기울이고 경제교류 관계, 우선적으로 소련과의 경제교류관계를 발전시키려고 애쓰고 있다. 우리가 이미 보고한 몇몇 구체적인 확언이 이를 입증하고 있다
(비밀보관문서 4/69, 비밀공무사항 12/69 참조)

평양 대사관의 무역정책과는 현재 1968년도 북한과의 대외무역을 분석 중인데, 이것은 다음 우편행랑 편으로 보내질 것이다.

농업에 있어서는 1968년 상황이 가뭄에도 불구하고 공업보다 나은 편이다. 기존 관개 체제와 우선적인 급수체제 덕분에 평균작 이상의 좋은 수확을 거둘 수 있었다. 북한의 농업담당비서 김만금 동지는 1968년 몇몇 대담 상대자에게 다음과 같은 자료를 소개했다:

재배종	경작면적 (천 헥타아르)	수확량 (1헥타아르 당/100톤)	전체 수확량 (천 톤)
곡물 (전체)	–	–	5,470
쌀	약 640 (추정치)	약 47	약 3,000
옥수수	약 700	약 25–27	약 1,800
기타	–	–	약 670
감자	90	130–140	약 1,170

비밀공무사항 12/69에서 언급한 70만 헥타르의 쌀 경작면적은 최근 몇 년간의 수치와 비교해볼 때 우리에게는 지나치게 높게 산정된 것으로 보인다. 최근 계속 약 65만 헥타르를 오르내리락 하였다. 70만 헥타르에 도달하기 위해서는 다른 재배종을 위한 경작면적이 제한 되어야 할 것이고 이 경작면적을 위해 단기적으로 관개 및 배수 시설이 갖추어져야 할 것이다. 그러나 이는 위에서 서술한 빠듯한 경제 정세 및 인력 상황에서는 있을 수 없는 일이다. 목화 경작지를 제한함으로써 전년도에 비해 옥수수 경작지를 어느 정도 확대하였다는 사실을 배제 할 수는 없더라도 79만 헥타르의 옥수수 경작면적에도 동일한 내용이 해당된다.

김만금은 이곳의 기후조건(일반적으로 목화 성숙기 동안의 많은 강수량)에서는 경제적 으로 납득할 만한 안정적인 수확을 달성하기가 불가능하다고 말했다고 한다.

미개척지에서 경작면적을 확대하는 것은 불가능하다. 그 까닭은 놀고 있는 땅뙈기가 하 나도 없기 때문이다. 약 30만~35만 헥타아르의 염분이 많은 땅은 있지만, 사용불가능하다. 그러나 이를 개척하는 사업이 부분적으로 진행되고 있다.

김만금은 1968년도 밀 수확(최근 몇 년간 9만 헥타르의 경작면적)은 최근 몇 년치보다 적고 천 톤을 넘지 않는다는 1968년 9월자 우리의 정보(비밀공무사항 74/68)를 확인해주었다.

인조비료는 확인되지 않은 자료에 의하면 헥타아르 당 400킬로그램이 들어간다고 한다. 다른 자료에 의하면 쌀 1 헥타르 당 질소 400킬로그램, 인 200킬로그램, 칼리 50킬로그램이 들어간다고 한다. (순수 영양소 함량이 아닌 덩어리로서) 그렇지만 이 수치는 지나치게 높은 것 같다. 이는 우리에게 알려진 만큼 수입하기로 체결된 비료의 양은 얼마 안되고 자체 생산된 인산 비료는 매우 적으며 칼리는 아예 없기 때문이다.

축산에 관해서는 전년도에 비해 근본적인 변화는 없다. 주목할 만한 것은 다음 사항이다 :
- 1968년 양계 사업 발전을 위해 배가된 노력이 기울여져서, 수확을 앞당길 수 있었다. 김만금이 8억 내지 10억 개의 달걀을 1970년도 목표치로 언급한 데 반해 리주연은 1968년에는 8억 개의 달걀이 생산되었다고 설명했다. 양계사업에 있어서도 사료문제가 가장 큰 어려움으로 보인다.
- 젖소 보유 총수는 전년도와 같이 약 5만 마리에 달하고 소 1마리 당 연간 2천 리터의 우유가 생산된다.
- 양돈사업을 지속적으로 신속하게 발전시키려는 노력은 사료문제 때문에 실패한 듯하다. 1967년 협동농장 및 가정에서의 양돈을 집단 양돈 체제로 전환하는 사업은 별다른 성과를 거두지 못한 것 같다. 그런 까닭에 양돈사업을 강행하지 않을 것이라고 김만금이 언급했다. 이것은 곧 머지않은 미래에 주민들에게 부족한 육류 공급이 근본적으로 개선되는 것을 기대할 수 없음을 의미하는 것이다. 그렇지만 양곡 수확이 많을 경우, 새로운 가능성을 제시할 수 있다는 점도 배제할 수는 없다.

주민들의 <u>생계지원</u> 상황에 대해서 자체적인 지식에 근거하여 다음과 같은 개선사항이 주목을 끈다 :
- 1969년 1월부터 설탕 및 설탕에서 산출된 제품가격이 약 30% 인하되었다.
- 닭고기 가격이 약 50% 인하되었다.
- 1968년 말 인하된 가격으로 아동들에게 동복 일체(신발 포함)가 배분되었다. 국가 측

에서는 이를 위해 약 1억 3천만 원이 비축되었다고 한다.
- 모든 노동자와 사무직 근로자는 20주년 기념일 전에 보수를 지급받지 못한 최근 3개
  월 간의 초과 근무시간 (매일 약 2시간)과 일요일 근무에 대해 13번 째 월급 내지 월
  수당을 받았다.
- 평양과 그 밖의 다른 지역에서도 주거 상황을 개선하려는 조치가 취해졌다.

이제까지 우리가 검토할 수 없는 정보에 의하면 협동농장 회원의 노동단위에 대한 보수
가 인상되었고 도시 주민에게 기본 식량을 공급하는 데 있어서 쌀의 비중을 확대한다고 한다.
이 모든 것들이 풍작을 통하여 주민생활에 있어서 개선이 가능하였다는 사실을 입증한다.

공장을 통하여 분배되지 않고 공공 상점에서 제공되는 공산품의 가격들은 여전히 평균
월급 내지 평균 임금 수령자에겐 감당하기 어려운 금액이다.

1968년 봄 군사교육, 초과근무, 일요일 근무, 빈번한 집회 등등으로 모든 주민층에게
쥐어짜낼 수 있는 만큼 짜낸 힘겨운 상황으로 인하여 주민들은 엄청난 부담을 받고 있으며, 부
분적으로는 육체적으로 더 이상 버티기 어려운 한계에까지 이르렀다.

1969년에 대해서는 이제까지 구체적인 계획과제가 알려진 바 없다. 다만 원래 1970년
까지 연장된 7개년계획의 주요과제가 사실상 올해 안에 완수되어야 한다고 할 뿐이다.
이상에서 언급한 목표들을 비교한다면, 몇몇 선별된 제품에 있어서는 그 생산 목표치가
현실적이지만, 다른 것들에서는 비현실적으로 보인다.

[작성자] 야르크 [1등 서기관]
[수신자] 1부 : 외무부 – 극동과
　　　　 1부 : 중앙위원회 IV과
　　　　 1부 : 국가계획위원회, 모스테르츠 동지
　　　　 2부: 무역정책과
　　　　 1부: 대사관 – 1등 서기관

북한 최고인민회의 위원장 최용건 동지의 건강상태에 관한 정보

[문서작성일] 1971년 1월 22일

1971년 1월 22일 본인이 최용건 동지를 방문했을 때 지난 1월 12일에 받았던 인상에 비하면 동지의 건강 상태가 호전되었고 1월 11일부터 약물 치료에 변화를 준 것이 좋은 결과를 내는 것을 확신할 수 있었다.

최용건 동지는 본인에게 공식적으로 자기가 1971년 1월 말 본국으로 돌아가려한다는 정보를 주었다. 그가 표현한 대로 담당의사들 치료 덕분에 건강 상태가 상당히 좋아져 있을 테니까 말이다. 본인은 그의 계획에 힘을 실어주었으며 본인의 의견으로는 담당의사들도 현재 성공적으로 이루어진 통원치료는 본국에서도 계속해서 받을 수 있고 다른 한편 귀국과 더불어 몇 가지 부담되는 요소들, 특히 맞지 않는 기후 조건이 해결될 수 있으니 기꺼이 허락해 줄 거라고 말해주었다.

최용건 동지는 자기의 결심에 대해 공식적으로 당 지도부와 정부 당국에 알려줄 것을 요청했으며 자기가 국가평의회 의장 발터 울브리히트 동지를 개인적으로 방문한 차에 동독에서 받게 된 치료에 대해 직접 감사의 뜻을 전할 수 있게 해달라고 부탁했다.

이 대화에는 북한 대사관 대리대사도 동석했으며 그는 내게 1월 말로 예정된 최용건 동지의 귀국을 확인시켜주었고 필요한 행정적 문제(특별기 요청 등)는 북한 측에 의해 직접 처리될 거라고 전했다.

본인은 북한 보건상 제1비서관과 합의하에 정부병원을 통해 필요한 조치들을 준비시켰다. 1월 25일에는 필요한 최종 검사가 이루어질 수 있도록 하고 1월 27일에는 북한 담당의사와 공동으로 최종 대진(對診)이 이루어질 수 있도록 했다. 나아가 정부병원 담당의사와 북한 의사가 공동으로 최용건 동지가 본국에서 1971년 1월 28일부터 통원 치료를 받을 수 있게 처방을 낸 치료계획이 서면으로 완벽하게 준비되도록 조치했다.

1982년 6월 4일, 동독과 북한의 보건분야협력에 따라 함흥에 온 쉬나이더 박사가 치의학을 강의하고 있
다.

소장번호 : 1982/0604/300N

정치국에 보내는 정보 94/72

국제교류과

– 80 –

[작성 장소 및 일자] 베를린, 1972년 8월 4일

[작성자 약호] Bau/schi-De

총발행통수: 47통 (각 8쪽)

동독 주재 북한 대사 리장주와 1972년 7월 31일에 가진 정치국 위원이며 독일 사회주의통일당 중앙위원회 서기인 헤르만 악쎈 동지의 대담

[문서작성자] J. 오트 [과장 대리]

[수신자] 1. – 28. 통 : 정치국

　　　　29. – 45.통 : IV과

　　　　46. 통 : 외국정보과

　　　　47. 통 : 빈쩌 동지

　　　이 대담은 북한 대사의 요청에 따라 개최되었다. 조선노동당 중앙위원회 제 4차 전원회의와 평양과 서울에서의 회담에 대한 공동성명 발표 후 한반도의 동향에 대한 정보를 제공하라는 위임을 받았다고 리장주 동지가 설명했다. 이 정보는 조국의 자주 평화통일을 지향하는 조선노동당의 노선을 보다 잘 이해할 수 있도록 할 것이다.

리장주 대사는 다음 사항을 설명했다 :

　　　제 4차 전원회의는 1972년 7월 1일부터 6일까지 개최되었다. 이번 전원회의는 조국의 평화통일에 대한 조선노동당의 정책에 대한 조선노동당 중앙위원회 제 3차 전원회의의 결의사항의 수행결과를 다루었다. 더 나아가서 일반 10년제 기술학교체제 교육의 도입이 결의되었다. 제 1 의사일정에 대한 주요 발제는 김일성 동지가 하였다. 그는 이 발표에서 국가의 평화통일에 대한 중앙위원회와 정부의 과업을 논하였고 자주 평화통일 노선을 실현시키기 위한 새로운 과제를 제안하였다.

최근 위에 언급한 노선의 실현에 있어서 큰 진전이 이루어졌다. 북한의 외무상은 제3차 전원회의에서 조선노동당 중앙위원회는 변화하는 국내, 외교 정세와 관련하여 자주 평화통일의 새로운 노선을 제시하고 위대한 평화공세를 결의하였다고 이미 호네커 동지에게 전했다.

이것은 닉슨 독트린으로 양면작전을 펼치고 한국 사람들끼리 다투게 부추기는 미제국주의의 음모를 타파하기 위해 필수적이다. 더 나아가서 남조선 괴뢰 집단이 진보적인 운동을 점점 더 탄압하고 국가의 분단을 영구화시키는 것을 저지해야 한다. 아무런 해결책이 없는 괴뢰집단이 미국과 일본이 그들을 더 이상 예전과 같이 지지해줄 수 없다면 우리에게 항복할 것이라고 기대한다. 미제국주의는 위기에 빠져있다. 미제국주의의 침략적 정책은 아시아에서 패배를 겪고 있다. 일본의 제국주의자들도 마찬가지로 지배층 속의 모순과 인민의 반정부행동으로 인하여 심각한 처지에 있다.

평화공세를 통하여 남조선에 미군 부대를 그대로 두려는 미제국주의의 시도가 어긋나고 남조선을 다시 정복하려는 일본 군국주의자들의 시도도 역시 좌절되었다. 남조선 괴뢰 집단을 통하여 사회를 계속해서 파쇼화하려는 구실이 제거된 것이다. 박정희 집단은 이러한 평화 공세에 무릎을 꿇을 것이다. 우리가 취한 전술적 조치는 적과의 대화를 수행함으로써 성공적이었다.

1971년 8월 6일자 김일성 동지의 연설문이 공개된 직후 남북 적십자 대표단의 회담이 개최되었다. 이제 이 회담은 고위급에서 계속되고 있고 공동 성명이 발표되었다. 이 성명의 주요 내용은 김일성이 고안해낸 조국의 자주 평화통일의 3대원칙이다.

남조선 중앙정보부 이후락 부장을 접견하는 자리에서 김일성 동지는 3대원칙을 제안하였고, 이후락은 이 제안을 받아들였다. 그 후 박성철이 서울을 방문하였으며 박정희와 대담을 가졌다. 박정희는 마찬가지로 3대원칙을 받아들였으며 이를 실현하기 위해 일련의 조치를 취하기로 합의하였다. 이 합의는 적절한 시기에 공개하기로 한다고 한다. 1972년 7월 4일 발표된 공동성명에 관한 합의가 성취된 것이다. 3대원칙이란 자주, 평화, 민족 대단결이다. 이것은 외세와 "반공"노선에 의지하는 남조선 괴뢰정권의 이제까지의 정책이 실패하였음을 의미한다. 그들은 우리의 제안을 글자 한 자 수정없이 받아들였다.

전원회의에서는 김일성이 제시한 조국의 자주 평화통일 노선이 현재 가장 중요하며, 공동성명이 이를 위해 위대한 돌파구를 구축하였다는 점이 만장일치로 강조되었다. 전원회의는 동시에 북한이 남조선에 월등히 우세하기 위해 앞으로 정치 이데올로기적 교육작업을 강화하고 모든 분야에서 사회주의를 강화할 것을 결의하였다.

전원회의에서는 10년제 기술전문 의무교육제도와 1년제 취학전 교육의무를 도입하기로 결의하였다. 이 조치들은 몇 년안에 광범위하게 실현된다고 한다.

공동성명 발표 이후 상황은 한국의 자주 평화통일에 유리하게 발전하였다. 남조선 주민들은 공동성명을 국가통일을 위한 중요한 사건이라 불렀다. 이제 김일성 장군 만세라고 공개적으로 외치고 북한을 방문하고 북한 방송을 청취해도 되는 시대가 온 것이라고 한다.

남조선에서는 반동세력들이 아직도 막강하다. 그렇지만 야당세력들이 남조선의 권력자들에게 맞서서 저항하고 있다. 왜 북한과 이 협상만 하는가를 묻고 반공법 및 긴급조치의 해제를 요구하고 있다.

국제 여론의 따르면, 남조선의 괴뢰정권이 김일성의 평화 통일노선을 받아들였다는 사실이 드러났다. 이 노선은 아시아에서의 평화를 위한 기여이다. 남조선의 권력자는 3대원칙에 대해 찬성한다는 사실을 국민 앞에 선언하고 정당화할 것인지 말 것인지 흔들리고 있다. 한편으로는 앞으로 남 · 북간 회담을 광범위하게 해나가고 반공법 및 국가보안법이 개정될 것이라고 선언하였다.

다른 한편으로는 남조선의 국무총리가 위에 언급된 법률들의 개정이 필수적이지 않다고 선언하였다. 그 누구도 북한을 방문해서는 안되고 북한방송을 청취해서도 안된다는 것이다. 유엔 선거감시단과 미국의 주둔군은 "외세"가 아니라고 남조선의 외무장관이 말했다. 미제국주의자들은 말로만 남북회담을 환영한다고 할 뿐이지 진퇴양난에 빠진 그들의 꼭두각시들을 구제하기 위해 온갖 가능한 속임수를 쓰고 있다. 예를 들어 1972년 7월 5일 미국의 국무성은 미국이 남조선군의 재무장을 계속할 것이고 미군부대가 남조선에 계속 주둔할 것이라고 선언하였다. 오랜만에 한 민족이 마주 앉아 자주통일을 이룩하려고 한다는 사실에 대한 이러한 반응은 미국이 찬성하지 않고 있다는 점을 나타내고 있다.

주어진 상황에서 북한의 당과 정부는 남조선 권력자가 합의사항을 이행하도록 종용하고 미국과 일본의 영향으로부터 벗어나서 미국의 개입을 불허하도록 총력을 집중할 것이다. 그리하여 우리는 남북간의 장벽을 제거하고 자유롭게 상봉하며 다방면의 교류를 위한 적극적인 조치를 취하고자 한다.

연이어 리장주 대사는 몇 가지 요청을 제안하였다 :
1. 남조선의 괴뢰정권이 북한과의 광범위한 협상을 지지하는 것을 가능케 하기 위해 남조선 괴뢰정권의 완전한 고립이 필수적이다. 따라서 남조선과의 어떠한 관계도 맺어서는 안되고 압력을 가해야 한다. 우리는 남조선 괴뢰집단을 고립시키는 우리의 투쟁을 동독의 동지들이 앞으로 더욱 지지하고 앞으로 남조선과는 그 어떤 접촉도 하지 않으며 남조선 대표자를 동독 땅에 들여놓지 않기를 희망한다.
2. 국제회의 및 국제기관에서 조선노동당의 입장을 적극적으로 지지해주길 부탁한다.
3. 도처에서 남북한이 동등한 자격으로 참여한다는 원칙이 관철되어야 하며 이를 위해 강경한 투쟁이 전개되어야 한다. 특정 국제기관에 남조선이 일방적으로 참가하는 것도 그 정체가 까발려져야 한다.
4. 한국의 내부 사안에 간섭하는 미제국주의자들과 일본의 군국주의자들의 음모를 우리는 동독이 이제까지와 같이 앞으로 일관되게 폭로해주기를 기대한다.

한국의 자주 평화통일을 위해서는 오래 걸리고 복잡하게 얽힌 투쟁이 필요하지만 우리가 적절하게 투쟁하고 앞으로도 형제국가들로부터 지지를 받는다면, 자주 평화통일을 성취할 수 있다. 북한은 한국의 자주 평화통일을 위한 북한의 투쟁을 동독의 당과 정부가 적극적으로 지지해준 데 대해 재차 깊은 사의를 표했다.

악센 동지는 동독 정부와 독일 사회주의통일당 중앙위원회 이름으로 철저한 정보에 감

50

사하고 정치국에 전달해주겠다고 동의했다. 조선노동당 중앙위원회 제 4차 전원회의 결의사항 및 이와 연관된 정치적 행동에 있어서 중요한 정치적 사건들에 관한 것이기 때문에 이 정보는 우리에게 매우 중요하다는 점을 강조했다. 악센 동지는 조선노동당 중앙위원회에 북한의 내각과 김일성 동지에게 친히 이 정보에 대한 감사를 전달해줄 것을 부탁했다.

악센 동지는 계속하여 대사 동지가 전달한 부탁을 역시 정치국과 정부에 전달하고 이에 대한 상세한 답변이 이루질 것이라고 말했다. 우리는 북한의 형제정당의 이해관계에 부합하는 모든 것을 할 것이고 미제국주의와 남조선 내 미제국주의의 비호세력들에게 보탬이 되는 것은 그 어느 것도 하지 않을 것이다. 이러한 관점에서 우리는 항상 북한을 지지해왔고 또한 지지하고 있으며 프롤레타리아 국제주의에 걸맞는 행동을 취할 것이다. 물론 우리는 앞으로도 북한을 차별하고 국제기관에서 불평등하게 북한을 대하는 모든 시도에 맞서서 투쟁할 것이다.

악센 동지는 두가지 질문을 제기했다 :

    1. 남조선 괴뢰집단이 갑자기 북한의 제안을 수용한 동기는 무엇인가?
    2. 이미 남북한 간에 방문, 교류가 있었는가 아니면 우선 협상부터 해야 하는가?

리장주 대사는 이에 다음과 같이 대답했다 :

1번 질문에 대해 :

외부 간섭 없는 한국의 자주 평화통일은 이전부터 조선노동당의 일관된 입장이다. 한민족 전체가 지지하는 이 노선의 정당성은 날이 갈수록 명확해진다. 남조선의 애국운동은 그 곳의 권력자라도 막을 수 없다.

북한의 사회주의 사회체제가 우월하다는 사실이 점점 더 남조선 주민들에게 영향을 미쳤다. 남북 간의 차이는 도대체 비교가 불가능할 정도로 크다. 남조선 주민의 대다수는 사회주의를 지지하고 있으며 김일성의 노선을 통한 한국의 사회주의 통일이 성취된 다음에야 비로소 나라가 번영할 수 있다는 사실을 점점 더 인식하고 있다.

조선노동당의 노선은 소련, 동독, 중국 및 다른 사회주의 국가들로부터 적극적인 지지를 받고 있으며, 모든 반제국주의 세력들로부터도 지지를 받고 있다. 이러한 지지를 더욱 강화한다면 한민족의 투쟁이 힘을 받을 것이다. 내부 세력들과 국제적 지지를 통하여 미제국주의는 심각한 타격을 받았다. 그밖에도 미제국주의는 위기를 맞고 있다. 미제국주의자들은 오늘날 더 이상 과거와 같이 자기들이 원하는대로 할 수가 없다. 미제국주의가 정세를 첨예화하고 평화를 위협하는 주요세력이라는 것을 세상이 다 알고 있다.

닉슨의 북경 및 모스크바 방문을 우리는 그가 백기투항한 것으로 평가한다. 그가 예전처럼 강국의 입장에서 출발했다면 북경과 모스크바로 가지는 않았을 것이다.

박정희 집단은 남조선에서 뿐만 아니라 국제적으로도 점점 더 고립되어가고 있다. 박정희 집단은 미국과 일본의 보호 아래 머무를 경우 장개석이 겪은 운명을 당하지 않을까 우려하고 있다.

이러한 상황을 김일성 동지는 정확하게 분석하였고 여기에서 출발하여 제 3차 전원회의에서 새로운 전술노선을 제시하였다. 이 노선의 정당성은 적십자 회담과 공동성명을 통해 입증되고 있다.

공동성명을 발표함으로써 한국의 통일이 단순히 눈 앞에 놓인 것이 아니라, 위대하고 복잡한 오랜 고된 투쟁이 필요하다. 따라서 미제국주의와 박정희 집단을 강하게 압박하고 동시에 북한에서의 사회주의 건설과 정치교육을 강화하는 일이 필수적이다.

2번 질문에 대해 :

북한은 해방 이후부터 제안들을 내놓았으나 이제까지 그 어떤 제안도 실현되지 않았고 합의된 것도 없었다. 적십자 회담으로써 이 문제의 일부가 해결된 셈이다. 1972년 8월 5일부터 열리는 주 회담이 이에 이르도록 해야 한다. 사전 회담에서는 회담장소, 회담의 의제, 사절단의 구성원 등이 합의되었다.

1977년 10월 31일 함흥시 빌헬름피크 거리 전경

소장번호 : S1028/305N

1977년 10월 31일 함흥시 동남거리.

소장번호 : S1028/304N

정치국을 위한 정보 40/1975 :
독일 사회주의통일당 중앙위원회 연구사절단의
조선 민주주의 인민공화국 여행(1975년 4월 17일 ~ 25일)

요한네스 켐니처

[작성 장소 및 일자] 베를린, 1975년 4월 28일
[작성자 약호] Sie/Ho
총발행통수: 56통 (각 7쪽)

[문서작성자] 켐니처
[수신자] 1. – 28. 통 : 정치국
          29. – 50.통 : 국제교류과
          51. 통 : 켐니처 동지
          52. – 56.통 : 농업과

※ 이 문서(목록 일련번호: 12)는 2쪽 마지막 줄에서 문장이 끊기고 3쪽부터는 전혀 관계없는 내용이 실려 있음. 쪽 번호는 제대로 이어지지만 내용이 단절된 것으로 보아 작성 이후 다른 문서와 절묘하게 뒤섞인 것 같음. (번역자주)

　　우리 사절단은 1975년 4월 3일 중앙위원회 비서국의 결의(Nr. 514, 38/75)에 따라 조선노동당의 농업정책을 연구할 목적으로 1975년 4월 17일부터 25일까지 북한에 체류하였다. 이들은 체류를 마치면서 정치위원회 후보위원이며 조선노동당 중앙위원회 비서인 김영남이 주도한 비교적 긴 의견교환 석상으로 영접을 받았다. 김영남은 조선노동당과 독일 사회주의통일당 사이의 정당교류관계 발전에 대한 조선노동당 중앙위원회의 만족감을 표명하였다. 그는 북한에서의 사회주의 건설 수준에 대해, 한국의 통일을 지향하는 정책에 대해, 그리고 외교문제들에 대해 알려주었다. 여기서 그는 통일이 여전히 조선노동당 지도부의 주요 목표라는 점을 특별히 강조하고 현재 한반도에 긴장이 고조되고 있다고 언급했다. 최근 미군 철수와 남조선에서의 민주세력에 의한 권력 인수 문제가 논란이 되고 있는 바, 그 사이에 불가능해진 남북간 회담을 이들 민주세력과 재개할 수 있을지도 모른다.

연구사절단은 북한에 체류하는 동안 중앙위원회의 농업정책과 과장대리와 대담 기회를 가졌고 3명의 행정구역 1등비서관들과 만나 의견교환을 하였으며 협동농장 2곳, 트랙터 공장, 인민경제 대학, 전람회, 문화행사 및 판문점 군사분계선 등을 방문하였다.

이번 파견단은 1974년 처음으로 1974~1975년에 사절단 교류 및 경험 교류 계획에 대해 합의가 체결된 이래 독일 사회주의통일당 중앙위원회의 첫 번째 연구사절단이었다. 사절단의 이번 여행은 조선노동당과의 정당교류관계를 앞으로 형성해나가는 데 있어서 중요한 행보였다. 북한의 동지들은 이에 대해 거듭 깊은 만족감을 표시하였다. 독일 사회주의통일당의 발의로써 조선노동당 동지들도 올해 안에 연구사절단을 독일 민주공화국에 파견하겠다고 통보하였다. 경험교류를 시작함으로써 어느 정도 조선노동당의 정책에 영향을 미칠 수 있는 기회가 생겨났다. 〈여기서 문장이 끊기고 내용이 단절됨〉

〈원문 3쪽 이하〉

경제 분야에서 당의 노력은 계속해서 투자 건설, 농업, 교통부문, 어업 및 공업, 무엇보다도 기계공업 및 시설물 건설 등에 집중되었다. 전국의 노동자들은 1976년에 끝나는 6개년계획의 목표를 조선노동당 30주년 기념일(1975년 10월 10일)까지 완수하도록 촉구되었다. 전원회의는 이 촉구를 승인하였는데, 이제까지 공개되지 않았다.

Ⅲ.

당 지도부는 제10차 전원회의와 더불어 인민경제 전체의 특히 높은 증가속도를 유지하기 위해 광범위한 대중운동의 전개를 지향하고 있다. 이것은 남조선에서 혁명을 완수하고 조국을 통일하기 위해 북한에서 사회주의 건설을 앞당기자라는 제5차 전당대회에서 결의된 주과업에 부합한다. 눈에 띄는 것은 통일 정책에서 여러 차례 확실히 실패한 이후 방위태세를 강화해야 한다는 주장이 상당한 역할을 한다는 것이다.

북한 지도부는 당이 지도적 역할을 하고 있으며 사회주의적 민주주의가 확장되고 있다고 말하지 않을 수 없다. 그러나 이러한 긍정적인 사실에 비해 내용의 분석은 이 문제에 있어서 형제 정당들의 정책과 일치하지 않고 민족주의적 입장에서 왜곡하고 있다. 경제 관리체제와 관련하여 조선노동당은 보다 단호하게 소련과 형제 국가들의 경험을 지향하고 있다. 이 점

51

은 특히 중요한 몇몇 인민경제 분야 내지 공업 분야에 중점적으로 총력을 집중하고 광범위하게 경쟁을 전개하도록 주력하는 것에서 나타난다.

언론 공식발표와 구호들에는 명백하게 조선노동당 지도부가 지나치게 강조하는 강력한 민족 정책의 지속과 유례없는 김일성 개인숭배의 강화가 반영되어 나타난다. 북한의 역사기술도 이러한 성격을 띈다. 조선노동당은 새로운 유형의 혁명적 정당으로 불리워진다.

김일성이 주체사상(민족적 자각과 자력에 의지)으로써 공산주의 발전사에 있어서 새로운 시대로의 길을 제시하였다고 주장한다.

조국통일은 한민족 투쟁의 위대한 최종 목표로서 간주된다. 당의 모든 정책이 이 목표에 매우 실용적으로 종속되어 있다. 외교정책에도 이 점이 해당된다. 북한의 외교 정책은 북한의 정책을 지지하는 모든 나라들과의 관계 발전이라는 내용을 담고 있는 자주 노선의 성격을 지닌다.

그런 다음에서야 사회주의 형제국가들이 뭉뚱그려져서 언급된다. 정치구호에는 북한에 대한 사회주의 국가들의 원조와 지지가 강조된 것이 아니라 형제 국가들에 대해 북한이 지지를 확약하고 있다. 일치된 화합과 단결을 촉구함으로써 중국 지도자들의 정책과의 논쟁을 포기하였다.

전원회의는 소련군에 의해 일본 압제로부터 한국이 해방된 (1945년 8월 15일) 30주년 기념일에 대한 평가에 대해서는 주목하지 않았다. 국제적 세력관계에 영향을 미치는 요인들 가운데 북한 외에 "제 3 세계"의 역할이 우선적으로 두드러진다. 이 지역에서의 북한과 김일성의 주도적 지위가 여지없이 드러난다.

IV.

공개된 자료에는 조선노동당 제6차 당대회 준비에 대한 언급은 들어있지 않다. (제 5차 전당대회는 1970년에 개최되었음) 조선노동당 중앙위원회 국제교류과 대표는 조선노동당 중앙위원회가 조선노동당 창립 30주년 기념일을 계기로 형제 정당들의 고위급 사절단을 초청하겠다고 북한 주재 동독 임시 대리공사에게 알렸다.

첨부자료

1975년 10월 10일 조선노동당 창립 기념일에 즈음한 조선노동당 중앙위원회의 구호에서

- 위대한 김일성 수령 동지에 의해 창립되고 영도되는 영광스런 조선노동당은 마르크스-레닌주의에 충실한 새로운 유형의 가장 혁명적인 정당으로서, 또한 주체사상의 정당으로서 공산주의 발전사의 새로운 시대, 즉 주체의 시대로 가는 미래의 길을 열었고 승리와 영광의 길로 나아가고 있다.
- 힘찬 투쟁과 승리의 길을 걸어온 우리 당은 오늘날 공산주의 운동사에서 최초로 당 전체와 사회 전체를 영도자의 혁명적 이데올로기로 눈부시게 빛내고 있다.
- 우리 당의 역사는 위대한 김일성 수령 동지의 혁명적이고 영웅적인 역사이며 불멸의 주체사상의 눈부신 승리의 역사이다.
- 김일성이 제시한 세 가지 대혁명은 최초로 사회주의나 공산주의 건설의 미래를 밝히는 불타오르는 횃불이다. 이는 사회주의 조건 하에서의 영원한 혁명의 전투 깃발이다.
- 최초의 영광스런 주체사상의 정당인 조선노동당은 김일성의 혁명 이데올로기를 실현시킬 막강한 무기이고 사회의 심장이다.
- 남조선 혁명과 조국통일을 위한 투쟁에서 조선노동당 창립 30주년 기념일을 미래를 향한 힘찬 발걸음으로 치루어내자. 통일된 국가 아래 남북 연방제의 수립을 위해 투쟁하자!
- 우리 당의 자주적 원칙적 외교 정책을 일관되게 실현시키자. 우리나라에 대해 우호적인 모든 나라에 대한 국가관계, 경제·문화 관계를 자주와 평등, 상호 존중과 내정 불간섭 및 상호 이득의 기반위에서 발전시키자.
- 현 시대는 자주 독립의 시대이고 정복되고 억압받았던 민족들이 세계의 주인으로 등장하는 새로운 역사적 시대이다. 자주의 기치 아래, 그리고 반제국주의 투쟁의 기치 아래 우리는 모든 형태의 민족지배와 계급지배 및 노예제도를 타파하고 실제로 자주적이고 창조적인 새 세상을 건설한다.
- 제국주의의 공격적이고 탐욕스러운 속성은 변하지 않는다. 반제국주의 투쟁에서 이탈해서는 만 민족의 위대하고 공정한 일이 평화와 민주주의, 민족 자주와 사회주의의 이름으로 승리할 수 없다. 반제국주의 투쟁의 깃발을 더욱 높이 올리자.
- 미제국주의는 제국주의의 우두머리이며 현대판 식민주의의 보루이고 국제 경찰 노릇을 하

는 가장 사악하고 간악한 침략자이며 세계 만 민족 공동의 제1의 적이다.세계 도처에서 우리는 미제국주의에 대해 타격을 가할 것이고, 침략과 전쟁을 일삼는 미제국주의 정책을 좌절시킬 것이며, 뻔뻔스러운 미제국주의의 목을 비틀어버릴 것이다. 미제국주의의 "평화" 전략에 맞서는 경계태세로써 우리는 미제국주의의 간악한 표리부동함을 근본적으로 좌절시킬 것이다.

- 일본 제국주의의 위험한 세력들이 또다시 아시아에 창궐하고 있다. 우리는 일본 제국주의의 팽창주의적 요구와 침략적 음모를 남김없이 좌절시킬 것이다.

- 우리는 평화와 사회주의를 위하여, 공산주의의 승리를 위해 제국주의에 맞서 싸우는 사회주의 형제 국가들의 민족 투쟁을 적극적으로 지지한다.

- 우리는 마르크스-레닌주의 원칙과 프롤레타리아 국제주의, 자주와 완전한 평등의 토대위에 사회주의 국가들과 국제 공산주의 운동의 일치된 화합과 단결을 모든 방면으로 지원한다.

- 우리 제 3 세계 민족들은 자주 독립을 위한 반제국주의 투쟁에서 운명, 즉 삶과 죽음을 함께 하는 형제들이다. 우리는 제국주의가 없는, 자주적으로 번영하는 새로운 아시아, 새로운 아프리카, 새로운 남미를 건설할 것이다.

- 조선노동당은 계속해서 평화와 민주주의, 민족의 자주 독립과 사회주의의 승리를 위해 세계의 모든 진보적인 인민들과 연대하여 단호히 앞으로 나아가는 마르크스-레닌주의 프롤레타리아 국제주의의 깃발을, 반제국주의 및 반미투쟁의 혁명적 깃발을 높이 들 것이다.

1956년 6월 8일 동독을 방문한
김일성 수상이 빌헬름피크 동독
대통령을 예방하고 있다.

소장번호 : 38 842/1N

북한과 다른 사회주의 국가와의 특수한 관계에 대한 정보

[문서작성일] 1977년 11월 28일
4통 발행

　　조선 노동당 지도부는 사회주의 국가들의 결속과 국제적인 공산주의 운동에 대해 지지를 표명하고 있으며 사회주의 국가들과 다양한 관계를 맺고 있는 바, 당 노선에 있어서도 그런 방향으로 가고 있다. 동시에 당 지도부는 각국의 자주성, 각 당의 독립성 강화에 대한 필요성을 역설하고 있으나 공동 보조를 맞추는 정치활동에 대해서는 그렇지 않은데 이는 그들 견해에 따르면 자국의 독립이 손해를 입는 결과를 초래할 수 있기 때문이다.

　　북한 동지들은 공산당 및 노동자당 국제 대회 참가를 회피하고 있으며 외교정책상의 사회주의 국가 공동체와 보조를 맞추고 있지 않다. 그러면서 그들은 남북한 문제에 관한 협의에만 집중하고 있으며 사회주의 공동체 국가들의 집단적 조치에는 지원을 하지 않는다. 단지 다른 형제국가들과 함께 서명한 공동 코뮈니케(공보)에만 자기들이 유럽의 평화와 안보를 위한 사회주의 국가들의 투쟁을 지원한다고 선언한다. 1975년에 가입한 비동맹 운동에서의 북한의 활동은 기본적으로 이 운동과 세계 사회주의 사이의 협력을 진작시키는 것이 아니다. 많은 현안 문제(군비축소, 전쟁과 평화 등)에 대해 북한 지도부 인사들은 독자적인 견해를 가지고 있다. 이는 최근 들어 국제적인 화해분위기 덕분에 긍정적인 변화의 영향으로 이런 문제들에 대한 그들의 견해에 궤도수정 요구를 받고 있음에도 불구하고 다른 사회주의 공동체 국가들이 견지하고 있는 공통적인 입장과 다른 태도를 보이는 것이다. 특히 중동 문제, 사이프러스 문제, 칠레 정세 그리고 일련의 다른 여러 국제문제들에 관해서 북한은 우리 동독과 같은 입장을 취하고 있다.

　　북한 동지들은 사회주의 국가들과의 외교 협력은 회피하면서 이들에게 집요하게 국제 무대에서 북한을 지원해 줄 것을 요구하고 있다. 그들의 견해는 이러한 지원이야말로 물질적인 것을 포함해서 인도차이나에서의 전쟁 기간 동안 베트남을 지원했던 수준으로 올려야 한다는 것이다.

사회주의 국가들과 다양한 관계를 형성해가면서 주로 쌍방 원칙에 의거 조선 노동당과 조선 민주주의인민공화국은 사회주의 공동체 내에서 "특수한" 위치를 차지하는 나라나 정당 및 자기들에게 지원을 해주어 이모저모로 필요한 나라와 정당들과의 협력에 우선권을 부여하고 있다.

평양의 지도급 인사들은 사회주의 국가와의 관계에 관한 "모범 사례"로 북한과 루마니아와의 관계를 들고 있는데 이는 자기들이 자립원칙에 기초한다는 이유에서이다. 가장 우호적이고 내실있는 관계로서는 유고슬라비아와의 관계 및 유고 공산주의자 연맹을 들고 있는데 이들은 "비동맹 원칙", "평등과 자주성의 원칙에 의거하여" 발전하고 있다고 본다. 북한 동지들은 유고슬라비아를 "계급동지"이자 "혁명의 전우"라 일컫고 있다. 북한이 크게 주목하고 있는 나라는 쿠바로 이 나라는 비동맹 운동에 참여하고 있기 때문이다.

북한 동지들은 헝가리, 불가리아, 동독 및 폴란드와의 우호적인 관계를 활성화시키고자 노력하고 있으며 몽고, 체코슬로바키아와 베트남과는 미미한 정도로 우호 관계를 원한다. 북한이 가장 소극적인 우호 관계를 맺고 있는 나라는 알바니아이다.

북한은 경제상호원조회의(코메콘) 체제 내에서 다방향적 무역 및 과학·기술 협력에 대해서는 조금도 관심을 내비치고 있지 않다. 지난 몇 년간 북한의 전 무역규모 면에서 사회주의 국가들이 차지하는 비중이 점점 줄어들고 있음이 나타난다. 북한이 이들에게 진 부채를 해결하는데 어려움이 있다.

1977년에는 소련과 북한 간의 관계에 있어 약간의 활성화 조짐이 보였다. 1월에는 북한 행정위원회 우두머리인 박성철이 소련을 공식 방문했다. 소련 정부는 북한 측이 내비친 여러 가지 경제적 성격의 요청들을 받아들였다. 6월에는 소련 최고회의 사절단이 북한을 방문했다. 북한 대표들은 일련의 소련 사회기구들이 주최하는 회의 활동에 참여했다. 소련으로는 몇몇 농업 분야에서의 당 활동 경험을 연구하기 위해 조선노동당 간부들이 단체로 파견되었다. 사절단 교환이 이루어지는 과정에서 앞으로 소련-북한 간의 관계가 어느 정도 진전될 조짐을 보였다.

박성철은 모스크바에 체류하는 동안 공개적으로 북한과 소련 및 다른 사회주의 공동체 국가들과의 관계에 있어 부정적인 측면들을 지적받았다. 그러자 북한 지도부는 소련-북한 간의 관계를 어렵게 만들 수도 있는 행동들에서 약간 물러나기 시작했다. 북한 동지들은 소련 측으로부터 조선의 평화통일이라는 자기네 입장을 지지받고 크게 반기고 있다.

무역경제적인 협력 분야에서는 어려움이 존재하고 있다. 해를 거듭할수록 북한 측은 물자를 소련으로 공급해야 할 의무를 수행하지 않고 있다. 북한 지도층 인사들의 요청으로 소련에 진 채무변제의 기한이 여러 차례 연기된 바 있다.

북한 동지들은 무역분야에서 소련과 경제협력을 진척시키려는 노력을 보이고 있다. 이에 대한 그들의 관심은 특히 새 북한경제개발 7개년계획(1978~1984)을 준비하고 있는 현 시점에서 더욱 뚜렷하게 나타난다.

북한 지도부가 중국에 대한 관계를 공고히 하려는 노선은 - 소련 및 중국과의 관계에서 일정한 균형을 유지하면서 - 북한의 대(對)중국 정책의 기반이 되고 있다. 중국 공산당을 "진정한 마르크스-레닌주의 정당"으로 추켜세우고 있는 조선 노동당은 중국 지도부가 다른 나라들에 있는 친 마오쩌뚱 집단들과 더 이상 접촉을 하지 않고 있음에도 불구하고 공산주의 노동자운동에 있어 분열상을 보이는 중국 지도부의 활동에 대해 계급상의 평가를 전혀 내리지 않고 있다. 북한 지도부는 현 시대의 성격에 관한 정의라든가, 혁명의 문제, 또는 전쟁과 평화의 문제 나아가 비동맹 운동, "제3세계" 같은 문제들에 대해서 중국의 입장에 근접하는 견해를 가지고 있다. 동시에 북한 지도부는 중국의 반소련주의를 공유하고 있지 않으며 여러 차원에서 소련-중국 관계의 바람직한 정상화를 역설하고 있다. 지금까지 북한 지도부는 그 어느 때보다도 일관되게 "중-소 분쟁"에 말려드는 것을 거부하고 있으며 어느 한 편에 서는 것을 반대하고 있다. 북한 공직자의 말에 따르면 한국문제에 있어서 (실제로는 미국이 아시아에 군대를 주둔시키는 것이 유지되길 바라면서도 선동적으로 남한에서 미군의 철수를 외쳐대는 북경정부의 주장) 중국의 이중적 태도도 이해될 수 있다는 것이다.

중국 지도부의 변화 이후 북한 사람들은 계속해서 중공의 국내정책에 동의하고 있으나 국제 무대에서 중국의 활동, 외교 정책 문제에 대해 중공 지도급 인사들이 말하는 것 등에 대해 긍정적 입장을 표명하던 것을 중단했다. 북한은 중국으로부터 벗어나 독립적인 위치에 확고한 뿌리를 박고 자기들의 "독자성"과 중국을 포함한 "대국들 정책에는 비참여" 라는 입장을 보다 내세우려고 중국에서 생겨난 상황을 이용한 것으로 보인다.

독일 사회주의통일당 중앙위원회 정치국 외교정책위원회를 위한 정보

외무부

[작성 장소 및 일자] 베를린, 1986년 1월 6일

총발행통수: 24통 (각 19쪽)

비밀보관문서 : 2/86

[제목] 조선 민주주의 인민공화국의 외교정책

[문서작성자] 오스카 피셔

　　　　　내용상 16쪽 다음에 18쪽이 이어지므로 이 순서로 번역하였음.(번역자주)

북한의 외교정책

　　　북한은 사회주의 노선의 지속적인 추진을 위해 국제적으로 유리한 여건을 마련하려는 목표를 추구하고 있다. 동시에 북한은 자신들이 추구하는 한반도의 평화적 통일노선에 대해 폭넓은 국제적 지원을 얻어내고 남한이 사회주의국가 또는 비동맹국가들과 수교하는 것을 방해하는 데 총력을 기울이고 있다. 뿐만 아니라 국제적으로 특히 비동맹국가들의 활동 속에서 자신들의 체면을 세우고 남한의 정치적 경제적 영향을 떨쳐버리는 데 혈안이 되어 있다. 동시에 북한은 상호간 또는 다국간 틀 내에서 경제적, 과학적, 기술적 협조를 확장시키고 이를 사회주의의 지속적 확장에 최대한 이용하려고 한다.

　　　북한의 당 및 국가지도부 내에서는 사회주의 국가들과의 동맹을 공고히 해야 할 필요가 있다는 인식이 확산되고 있다. 당 및 국가지도부는 사회주의 국가들의 일치와 결속 강화, 세계 공산주의 운동의 강화야말로 마르크스-레닌주의와 프롤레타리아 국제주의에 기초하고 있는 정책상의 확고부동한 원칙으로 내세우고 있다. 1983년까지의 북한의 외교정책에 있어 사회주의 국가들의 평준화된 외교정책과의 차이점이 눈에 띄게 드러났는데 이 차이란 무엇보다도 제6차 당대회(1980년) 시 이 시대를 "국가들이 독립과 자주를 추구하는 시대"로 규정한 것과 거기에서 파생된 정치적 활동에서 그 원인을 찾을 수 있다. 동북아시아를 포함하여 국제적인 계급투쟁의 강화는 1983년 북한 공산당지도부 내에서 국제 문제와 관련 사고의 전환을 유발하는 계기가 되었다. 이는 북한이 외교정책상의 단계에 있어서 사회주의 국가들, 특히 소련과 더 긴밀하게 공조하도록 하는 결과를 가져왔다. 이 단계들은 다음 여섯 가지 요소들에서 특징적으로 나타난다.

1. 북한은 국가창설 이래 조선노동당의 지휘 하에 지속적으로 생산능력을 갖춘 공업과 밀도높은 농업을 갖춘 인정된 사회주의 국가로 발전해왔다. 조선노동당 제6차 당대회에서 총괄노선으로 재차 강조된 바 있는 이 노선은 제국주의적인 대결정책 및 군비증강정책에 의해 위협을 받게 된다. 그 때문에 북한은 자기들이 사회주의 국가들의 평화정책에 실질적인 기여를 해야 할 필요성에 직면해 있음을 인정하고 있다. 동시에 북한은 현재 복잡하게 얽힌 경제 상황(1985년은 부채청산의 해로 선포되었음)과 능력 이상의 "미래10계획" 목표 달성에 있어서의 문제를 보면서 보다 포괄적으로 사회주의 국가들이 국제적으로 작업 분담하는데 참여하고 그 국가들과 공동 작업을 확대할 것을 강요받고 있다.

2. 미제국주의의 국제전략상 극동지역이 점점 중요해지고 있다. 이것은 특히 한·미·일 3국이 군사전략상 3자동맹을 맺으려는 조치가 말해준다. 미국은 남한에 전투용 핵무기, 중성자무기 및 미사일 무기를 배치했으며 이 초전무기들을 지속적으로 현대화시키고 있다. 예고된 바로는 퍼싱 2 미사일과 로켓미사일 배치가 계획되어 있다. 이로써 북한은 미국의 초전용 핵무기 진입권 내에 들어가게 되었다.
아시아에서 제국주의적 대결정책의 확장, 한국과 일본이 이러한 노선에 보다 강력하게 결합하는 것을 보고 북한에 있어서도 질적으로 다른 더 위험한 상황이 생겨났다.

3. 남한 정부는 외교정책을 미국 노선에 종속시키고 있으며 북한에 맞서 대리자 기능을 훨씬 강력하게 인식하기 시작한다. 특히 중점을 두는 것은 북한의 국제적 입지를 약화시키고 동시에 사회주의 국가와의 외교 관계를 발전시키려는 것이다. 그럼으로써 이 국가들과의 외교 관계를 재개하기 위한 길을 마련하기 위해서이다.
개발도상국들에 비해서 남한은 경제 관계의 강화와 정치적으로 유리한 환경을 만들기 위해 노력하고 있다. 중점으로 삼고 있는 나라들은 ASEAN 국가들과 근동, 중동 국가들, 남미 국가들이다. 남한의 조처들은 무엇보다도 원료시장과 판매시장의 개방, 이 국가들의 88 서울 하계 올림픽 참가 보장 및 비동맹국 운동에 남한이 의도한 가입 지원을 목표로 하고 있다.

4. 북한과 중화인민공화국 사이에 존재하는 긴밀하고 우호적이며 전통적으로 광범위한 관계는 서로 다른 이해관계가 얽혀 모순으로부터 자유롭지 못하다. 북한은 한·미·일에 비해 중화인민공화국의 정책에 비상한 관심을 가지고 지켜보고 있다. 구두상으로는 북한 정책을 지원하면서도 중화인민공화국은 외교상의 인준 이하 수준에서 남한과 외교접촉을 시도하고 있다.

5. 서로 다른 이해의 관점에서 출발하기 때문에 미국, 일본은 물론 중국까지도 한국 문제를 이들 상호간의 관계를 지속적으로 확장해나가는 데 잠재적인 장애요소로 보고 이를 극소화 하는데 관심을 두고 있다. 이에 미국과 일본은 소련을 광범위하게 배제시킨 가운데 해결책을 찾고 있으며 중화인민공화국을 이런 계획에 끌어들이려 하고 있다. 중화인민공화국은 대미, 대일 관계에 한국 문제로 인해 부담을 주지 않으려고 한다.

6. 북한은 제국주의적인 대결정책에서 발생할 수 있는 위험을 예의주시하고 있다. 북한은 남한이 미국과 일본으로부터 직접 간접으로 지원을 받아 도발행위를 일으킬 가능성을 배제하지 않고 있다. 그러나 북한은 중국으로부터 동일한 지원을 받을 수 있을지 미지수다.

북한 정책에 있어서 변화를 나타내는 확실한 조짐은 북한이 1984년 조선노동당 중앙위원회 총비서인 김일성 동지의 인도 하에 정당 및 국가 사절단을 이끌고 소련 및 다른 유럽 사회주의 국가들에 대한 방문을 20년이 지난 시점에서 재개한 것이다. 이때 북한의 당·국가 지도부는 사회주의의 공고화와 평화정착을 위해 상호간 이해를 더 심화시키고 모든 분야에서 폭넓은 협력 관계를 발전시켜나가려는 의지를 확실하게 천명했다. 이때부터 북한은 이런 면에서 다채롭고 건설적인 활동을 개시했다. 북한은 바르샤바 조약기구와의 협조 및 사회주의 국가들의 다국적 협의체에 참여할 준비가 되어있다고 선언했다. 동시에 북한은 이들 국가와 더불어 경제 분야에서의 협력을 장기적으로 조율하는 쪽으로 선회했다.

이런 발전은 동독 및 불가리아 인민공화국과의 우호협력조약 체결(1984년), 몽골 인민공화국과의 조약 체결(1985년 비준) 등에서 드러난다. 그밖에도 북한은 소련과 1961년, 중화인민공화국과 1961년, 루마니아 사회주의공화국과는 1975년에 우호 조약을 체결했다. 1975년에서 1983년까지 북한은 이런 성격의 조약을 주로 비동맹국들과 체결했다.

북한은 사회주의 공동체 국가로의 고위급 사절단 및 연수사절단 파견을 강화했다. 동시에 이들 국가로부터 고위 또는 최고위 차원의 사절단을 받아들이는데 큰 관심을 가지고 있다. 향후 경제적 협력 관계를 심화하기 위해서 1984년 북한 최고인민회의는 사회주의 국가들과의 무역매출량을 향후 5~6년 안에 10배 정도 올리기로 결의했다.

소련이나 다른 사회주의 국가들과 마찬가지로 북한은 평화보장, 국제관계 정상화 및 특히 핵무기로 인한 대재앙의 위험 방지가 현재로서는 평화를 애호하는 모든 세력들로부터 최고의 병력 투입이 요구되는 가장 시급한 과제임을 확실히 인식하고 있다. 이런 의미에서 북한은 소련 및 바르샤바조약 기구 회원국들이 주도하여 평화보장, 군비 경쟁의 중지, 우주의 평화적 이용에 관한 발의를 강력히 지원하고 있으며 미국과의 제네바 협상에서 소련이 취한 입장을 지지하고 있다. 북한은 고르바초프와 레이건 대통령의 제네바 정상회담에서 거둔 성과와 광범위한 가치를 환영하고 있으며 소련의 태도를 무제한으로 지원하고 있다. 북한은 고르바초프 동지가 발표한 아시아에서의 안전보장 문제에 대한 공동 접근 노력에 대한 제안을 지지하고 있으며 북한 측 자신은 한반도와 다른 동북아시아 지역에서의 비핵무기 평화구역 설치 등을 제안하고 나섰다. 북한은 동독과 체코슬로바키아가 중부 유럽 내에서의 비화학무기 지역을 설치하자는 제의를 지지하고 있다.

북한은 레이건 행정부의 대결 노선 및 군비 증강 노선을 비판하고 있으며 미국이 전략상 우위를 점하려는 노력을 비난하고 있다. 북한은 핵무기 전쟁 방지, 핵무기 장비의 제한과 감축 및 세계 여러 곳에서의 비핵화 구역 조성 등을 지지하고 있다. 또한 재래식 군장비의 제한, 숫자상으로 나타나는 병력 증강의 제한, 영해와 대양 및 타국 영토에서의 군사작전의 제한을 옹호하고 있으며 제국주의의 작전 행위를 세계와 우주를 군사화시키려는 의도라고 비난하고 있다. 동시에 북한은 아시아 지역, 아프리카 지역, 남아메리카 지역에서 다시 군사적 충돌이 일어나는 것을 저지하려는 입장이며 모든 분규를 협상을 통해 제거하자는 입장이다.

53

북한은 극동지역을 사회주의에 맞서 군사적 전초기지로 구축하려는 미국의 조처에 반대한다. 이로써 북한은 이와 밀접한 관련이 있으면서 미국의 도움으로 중점적으로 추진된 남한의 중무장화 및 미국이 의도하는 바대로의 중거리 초전용 핵무기 배치를 비판하고 나섰다.

북한의 당 지도부 및 국가지도부는 오늘날 사회주의가 필요한 만큼의 잠재력과 능력을 보유하고 있음을 인식시킨다. 즉, 사회주의가 이룩한 것을 충실히 지키고 평화보장을 위해 국제 관계에서 긴장 완화와 군비 축소를 위해 건설적으로 영향력을 행사할 능력을 의미한다. 북한 대표부원들의 공식적 입장 천명에서는 최근 들어 소련의 역할과 다른 바르샤바 조약기구 회원국들의 역할을 가장 중요한 평화유지 능력으로 추켜세우고 있다.

북한과 소련의 관계

북한과 소련은 양국간 우호 협력 관계를 증진시켜나가는데 힘을 기울이고 있다. 이런 의미에서 1984년 5월 김일성의 인솔 하에 북한의 당사절단 및 국가사절단이 러시아를 방문한 이래 양국간 사절단 교류가 현저히 증가했으며 1985년 국경조약이 체결되고 일본 군국주의로부터의 해방 40주년 기념식(1985. 8. 15)이 40명의 소련 사절단이 참석한 가운데 성대하게 거행되었다. 김일성 동지는 소련과의 이런 우호 관계를 드러내는 것이 제국주의의 대결정책 및 한-미-일에 의한 군사적 위협에 직면한 상황에서 특히 필요하다고 그 이유를 설명했다. 이런 우호 관계의 과시는 한국 민족의 교육에 있어서도 역시 큰 의미가 있다고 덧붙였다.

국제 정세를 보는 시각에 있어서 소련과 북한은 전폭적으로 의견의 일치를 보인다. 북한은 소련에 반해 평화와 국제 안전 보장에 있어서 외교정책상의 단계 조율을 천명했으며 이에 대한 초기 조치들을 감행했다. 소련은 외세의 개입이 배제된 한반도의 평화통일 및 남한과의 광범위한 대화를 위한 북한의 발의를 동북아시아에서의 정세를 공고히 하기 위한 노력에의 기여 또는 그 이상으로 보고 이를 지지하고 있다.

소련과의 협력 체제는 북한에 있어 한반도에서의 평화보장 및 대(對) 미제국주의 투쟁에 있어 중요한 요소이며 그런 요소로 남을 것이다. 소련 측으로부터의 정치적, 군사적 지원은 동북아 지역에서의 제국주의적 대결정책을 볼 때 점점 더 의미가 커진다. 이 대결 정책은 북한 영토의 불가침권과 사회주의적 성과물을 위협한다.

소련은 북한 창설 이래 사회주의 체제 구축을 위해 폭넓은 지원을 한 바 있다. 소련은 변함없이 북한의 가장 중요한 무역 상대국이며(북한 무역량의 약 35%) 현재 소련은 무엇보다도 조선노동당과 당 차원에서의 관계 강화를 지향하고 있으며 이는 향후 다방면의 관계 구축을 위한 결정적 추진력이자 핵심이다.

북한과 중화인민공화국의 관계

양국이 추산하는 바로는 두 나라 사이의 관계는 1984년 질적으로 새 국면에 접어들었다.

중화인민공화국과 북한 간의 정치, 경제, 군사 및 문화적 관계는 강도가 높고 다면적이며 상호 노력이 특색이다. 즉, 협조체제를 계속 다방면으로 구축하기 위해 전시용으로 마련된 정치 관계, 고위급 사절단의 활발한 교류가 그 증거이다.(1982년 9월 김일성 동지 중국 공식 방문: 1984년 11월 비공식 방문: 1985년 3월 후야오방 동지의 비공식 북한 방문: 한국전쟁 시 중공인민의용군 참전 제 35 주년 기념행사 공동 거행(1985. 10. 25)

이런 관계 속에서 한반도의 상황에 대한 중국의 자세, 북한의 통일정책 및 현재 중국의 외교정책 노선 등이 중요한 의미를 지닌다. 북한은 중화인민공화국으로부터 남한에 맞서 자신들의 정책에 폭넓은 지지를 얻으려고 노력하고 있다. 중화인민공화국은 북한에 공식적으로는 지원을 선언하고 있지만 만약 자신의 이익에 도움이 된다면 어느 정도는 남한을 국제법상의 주권 국가로 취급할 준비가 되어 있다. (예를 들어 남한에 납치된 중국 여객기 송환에 관한 공식 협상(1983); 중국 해군 소속 전투병 송환에 관한 회담(1984) 또한 양국은 외교 정책 수행에 있어 어디에 우선권을 두는가에 있어서도 차이를 보인다. 북한은 미제국주의의 공격노선 및 군비증강노선과 직접 충돌한 경험이 있기에 미국이 단연 주적(主敵)이다. 그러나 중화인민공화국은 이 입장을 아직 견지하고 있지 않다.

북한은 국제 관계발전의 기본 문제에 있어서 소련 및 다른 사회주의 공동체 소속국가들에 접근하는 과정에서 그리고 중화인민공화국에 대한 관계 강화 및 협조의 다면적 확대 등에 대해 필요한 만큼의 주의력을 보이고 있다. 이는 예를 들어 위에 언급한 중국 의용군 참전 제 35주년 기념식 공동행사 등에서 나타났다.

북한은 소련, 동독 및 다른 사회주의 국가와 중화인민공화국과의 관계 확대를 환영하고 있으며 사회주의 강화를 위하여 이 과정을 적극적으로 지원하겠다는 자세를 거듭 천명한 바 있다.

북한과 중화인민공화국 사이의 지속적인 협력 관계 확장은 정치 분야에서 보면 북한이 한반도의 평화 보장을 받도록 중화인민공화국이 지원하는 것과 통일정책에까지 확대되고 있으며 몇 가지 사안에 있어서 상이한 관점이 존재하고는 있으나 한국 문제에 있어서 합의점을 찾는 데 방해가 되지 않을 것이다.

중화인민공화국은 또한 계속해서 사회주의 발전의 강화와 북한의 방위력 강화에 기여하게 될 것이며 이로써 한반도 상황과 북한에 영향력을 보유하게 될 것이다.

중화인민공화국은 소련 다음으로 중요한 북한의 무역상대국이다. 북한이 약속된 의무를 이행하지 않았으므로 현재 중국 측이 추구하는 만큼 빠른 관계 발전은 예정된 정도로까지 기대할 수는 없다.

유엔을 상대로 그리고 유엔 내에서 북한의 정책은 여러 단계를 거쳤다. (북한은 남한과 마찬가지로 옵서버 지위를 유지하고 있다) 한국전쟁 당시(1950~1953) 유엔의 불법 개입에 대해 시종일관 비판적 태도, 그리고 그로 인해 옵서버 지위 획득을 유엔이 전면 거부한 일, 한반도 문제를 논의하기 위해 이 국제기구를 이용한 일까지(1974)가 그 단계이다.

현재 북한은 유엔 위원회를 소위 "한반도 문제"에 대한 공식 선언 방식 쪽으로 몰아붙이지 않으면서 한반도에서의 긴장완화와 통일을 위한 자신의 제안을 선전하는데 이용하도록 노력하고 있다. 좀더 장기적으로 본다면 남북한 유엔 동시가입 저지 및 남한 단독 유엔 가입 저지가 북한 유엔 정책의 핵심 사안이 될 것이다. 이런 점에서도 북한은 사회주의 국가들의 조정 협의체에 적극적으로 참여하고 있다.

확실한 것은 북한이 제40차 유엔총회에서의 상황 전개를 고려하면서 사회주의 동맹국들에게 자신들의 보편적인 제안을 보다 적극적으로 지지해달라고 요청할 것이다. 이 유엔 총회에서는 나토 및 다른 서방국가들 이외에 상당수의 개발도상국들이 남북한 유엔 동시 가입 쪽을 지지했었다. 이는 무엇보다도 한국—결의안 3390 B/XXX 의 실현에 대한 요구와 두 개의 한국 국가가 유엔에 가입하라는 제안을 취소해 줄 것을 요구하는 것이 주된 내용이다.

비동맹국 운동에 맞서는 정책에 있어서 북한은 자신이 비동맹국으로서 이 운동의 반제국주위적 성격을 강화하고 그것으로 평화와 안전에 대해 기여할 수 있도록 총력을 기울이겠다고 역설한다. 북한은 이 비동맹운동이 국제 관계에서 영향력이 큰 세력이 되며 평화 쟁취를 위한 투쟁에 있어서 중요한 요소임을 믿고 있다.

북한은 1985년 9월 루안다에서 열린 비동맹운동 회원국 외무장관 회의에서 이러한 입장 표명으로 사회주의 회원국들, 특히 쿠바 및 어느 정도까지는 베트남과도 보다 긴밀한 협조를 할 준비가 되어 있음을 강조한 것이다. 뿐만 아니라 북한은 남한과의 대치 상황 및 한반도 통일 문제에 있어 동지들을 확보하려는 목표를 추구하고 있다. 동시에 남한이 비동맹운동에 맞서 지위를 확보하는 것을 저지하려고 한다. 북한은 새로운 국제 경제질서를 마련하라는 요구를 지지하고 있으며 최근 비동맹국들의 "남-남-정상회의"에 가입했다. 이 정상회의에는 사회주의 국가들이 적극적으로 참여하도록 되어 있다. 지난 수개월 간 북한은 이에 대해 어떤 다른 조치도 착수하지 않았다.

북한은 세 제국주의 중심축 사이의 모순과 대립을 경제관계를 유리하게 발전시키도록 하는 데 더 강력하게 이용하려고 노력하고 있다. 무엇보다도 북한은 일본, 프랑스, 북유럽 국가들, 오스트리아, 스위스 그리고 독일을 겨냥하고 있다. 이때 주로 현대 기술과 최신 테크놀로지의 수입이 가능해져야 한다. 이에는 1984년 합영기업 관련 법률 수용이 한 몫을 한다. 북한이 점점 더 관심을 보이는 부분은 자본주의 국가들에 있는 사회주의 정당, 사회민주당, 자유당, 기독교-보수정당들과의 관계 확대들이며 이는 자신의 통일 정책에 대해 보다 더 큰 지원을 얻어내고 이런 정당들을 통해 해당 국가들로부터 북한이 승인을 받으려는 전략을 추진해나가려 한다. 이러한 외교 접촉을 위해 북한 사회민주당의 대외 활동도 활성화 되었다.

한반도의 통일정책

북한은 자신을 한반도의 유일한 합법 국가로 간주하고 있다. 조선노동당 정책은 한반도 통일에 맞춰져 있다. 이에는 많은 외교적 활동과 발의들이 기여하고 있다. 김일성 동지는 이 목표를 전략상의 과제로 강조하며 다음과 같이 말했다: "조국통일이 우리 생전에 이루어지지 못한다면 세대를 이어가며 준비를 해서 김정일 시대에는 이 목표를 달성해야 할 것이다." 북한은 한반도의 통일은 단지 전민족적 차원에서의 주권 회복을 의미할 뿐이라는 입장이다. 북한은 통일정책 기본구상으로서는 특히 1980년 북한노동당 제6차 당대회에서 제시된 10개항 제안이 유효하다. 이 구상은 "고려 민주연방공화국"이라는 것이다. 군사전략상 한·미·일 3자동맹 결성 및 미군의 남한 주둔이라는 미국의 정책은 통일 노선에 주요 장애요소로 간주되고 있다.

특히 1984년 초부터 북한은 한반도 정세의 긴장완화를 위해 건설적이고도 주도적인 정책을 적극 추진하고 있다. 북한의 적극적인 대화정책을 통해서 북한은 남한과의 협상에서 성과를 얻어내기 위해 노력하고 있다. 북한은 현재 한반도의 긴장완화를 위한 노력들(경제회담; 남북적십자회담; 국회의원 회담; 체육관련 회담 등)을 자신들이 이미 1972년 발의한 사항들이 일관되게 추진되어온 결과라고 보고 있다. 북한은 현재 대화정책으로는 한반도 문제의 근본적 해결책이 마련될 수 없다는 입장이다. 그것은 북한지도부에 따르면 북한·미국·남한의 3자 회담을 통해서만 가능하며 이는 이미 북한 측이 1984년 1월 10일 제안했던 것이다.

현재 진행되고 있는 대화협상들은 질질 끌 수 있고 선전 효과를 역력히 노린 개별 성과에도 불구하고 수시로 중단될 수 있으며 사태의 역전도 수반될 수 있음을 염두에 두어야 한다.

남한에서 특히 대학생 소요사태로 표현되는 국내정치적 갈등 상황은 부르조아지 내에서의 이해의 대립을 보여준다. 주로 중산층과 소시민 계층의 일부로 구성되어 있는 남한의 재야 세력은 최근 들어 특히 조직적으로 탄탄해졌다.

젊은 노동자계급은 엄청난 정도로 착취를 당하고 있으며 아직 독자적인 계급 조직을 형성하지 못했다. 이 계급은 정치적으로 무력화되어 있고 보다 나은 생활 여건을 얻기 위한 조직적 정치투쟁을 이끌지 못하고 있다. 북한지도부는 남한에서 혁명적 움직임이 현저히 강화되었으며 이것이 통일의지와 밀접하게 연결되어 있다고 보고 있다. 남한의 상황에 대해서 점진적인 세력의 실질적 영향력은 아직 약하지만 성장세를 보이는 것으로 나타났다. 이런 세력들은 장기적으로 자본주의적 기반 위에선 통일을 지향하고 있다.

남한에서 소요사태가 지속됨으로 인해 주동맹국 측으로부터의 "교차 인준"이라든가 "남북한 유엔 동시 가입" 같은 발상에 대해 북한은 이를 한반도의 현 정세를 고착화시키려는 의도로 간주하고 단호히 거부한다. 북한은 그러나 대화와 협상을 건설적으로 진전시키려는 각오가 되어 있으며 기회가 주어지면 최고위급 정치협상도 가능할 것으로 보고 있다.

북한은 88 서울 올림픽이 성공적으로 치러질 경우 남한 정권이 외교적으로 결정적인 지위 상승의 기회를 얻을 것으로 보고 있다. 북한의 견해에 따르면 미국과 남한은 서울 올림픽 준비와 개최를 한국 분단의 영구화에 이용하려고 한다. 북한은 자신들이 처음부터 서울이 올림픽 개최지로 선정되는 데 반대했다고 주장한다. 이제 북한은 올림픽 정신을 유지한다는 목적에서 올림픽 경기를 양국에서 치를 것과 남북한 단일팀 구성을 제안했다. 이런 의미에서 조선노동당은 이 구상을 실현시키기 위해 공동보조를 취해줄 것을 요청하는 제안을 형제 정당들의 중앙위원회에 제출했다. 이 제안을 설명하기 위해 IOC 위원장 주재 하에 1985년 10월 8일, 9일 스위스 로잔에서 열린 남북 올림픽 위원회 간의 협상은 성과없이 끝났다. 협상재개는 1986년 1월로 합의되었다.

동독과 북한과의 관계

동독과 북한은 마르크스-레닌주의와 프롤레타리아 국제주의에 기반을 두고 돈독한 전통적 우호협력관계를 유지하고 있으며 이 관계는 상호 유용한 방향으로 만족스럽게 잘 발전하고 있다. 조선노동당 중앙위원회 총비서이자 북한 국가주석인 김일성 동지가 이끄는 당 및 국가사절단의 1984년 동독 방문, 1984년 6월 1일 우호조약 체결로 양국 관계는 새 국면에 접어들었다. 그 이후 고위급 만남 등이 이어지면서 모든 분야와 직급차원에서 관계 개선을 위한 새로운 추진력이 불어넣어졌다. (1984년 이후 북한 측의 동독 방문: 정치국 고위 간부 1명, 정치국 요원 및 후보 요원 4명, 조선노동당 중앙위원회 위원 다수; 동독 측의 북한 방문: 호르스트 돌루스 동지(1985년 9월), 귄터 클라이버 동지(1985년 10월) 한스 모드로 동지(1984년 11월) 양국간 관계의 요체는 독일사회주의통일당과 조선노동당 사이의 관계이며 계획에 따라 지속적으로 발전해 가고 있다.

사회주의의 지속적인 강화 노력과 평화쟁취 투쟁에 있어서 양국간의 공동 관심사는 더욱 확고해졌다. 북한 당 및 국가지도부는 정치, 경제, 문화, 과학 분야에서 동독과 더욱 긴밀하게 협력하려는 의지를 거듭 천명했다. 동시에 북한은 이 시대의 모든 근본 사안에 있어 동독과 의견의 일치를 역설한다. 동독은 북한이 제시한 평화와 안전, 한반도의 평화적 통일 법안을 지지하며 특히 북한-미국-남한 간의 3자회담의 개최 제안과 정전협정은 평화조약으로 대체하자는 요구를 지지한다. 동독은 남한에서의 미군 철수에 동의한다. 광범위하면서 현실주의에 기반을 둔 북한의 제안들, 특히 남한과의 대화 노력은 이 지역에서 분쟁거리를 해결하는데 유리한 여건을 조성할 수 있다.

경제, 과학, 기술 분야에서의 협력을 위한 공동자문위원회 제8차 회의가 거듭 강조했듯이 경제 관계에 있어서는 원자재 산업, 기계공업, 전기공학, 전자공학 및 경공업 분야에서의 협력이 한층 강화된다. 무역 관계도 지속적으로 발전하고 있어서 1984년에 비해 1985년 10% 성장을 기록했다.

경제 협력 분야에서 문제가 되는 것은 특히 무역에 있는데 이는 북한이 동독으로의 수출 요건을 충족시키지 못하는 데 있다. 특히 담배와 전해은 공급분이 밀려있다. 대량생산품의 공급지연도 흔히 있는 일이고 특히 신터(종유석의 침전물) 마그네사이트가 그렇다. 북한 측에서는 동독 경제의 장애 요소를 결과적으로 얻게 된다. 1985년 11월에는 1986~1990년까지의 장기 무역협정이 체결되었고 이 협정은 양국간 물자교역량의 12% 증가를 내다보고 있다.

물자 외적인 용역 수출에 있어서는 구체적 성과로서 미시전자공학 분야에서 북한의 숙련공 100명을 연수시키기로 하는 조약이 있다. 이 분야의 다른 가능성에 대해서는 탐색 중이다.

문화 · 과학 관계는 문화사업 계획 1985/86에 따라 지속적으로 폭넓게 추진되고 있다.

현재의 조약 체제는 규모와 질에 있어 양국간의 관계 수준에 걸맞게 되어 있다.

동독은 북한과 적극적이며 효율적인 관계를 유지함으로써 북한이 향후 사회주의 국가들의 협의 체제에 더 접근하도록 하는데 기여하고 있다.

첨부자료

북한의 국내정책에 관한 간략한 정보

제 6차 조선노동당 전당대회(1980)는 80년대의 주요 과제로 "대성공을 거둔 사회주의 국가답게 물질적-기술적으로 확고한 바탕"을 마련하는 것과 "인민의 물질적 문화적 생활수준을 현저히 향상시키는 것"을 설정했다. 이 노선을 꾸준히 실현시킴으로써 지난 5년간 북한에서는 정치적으로 안정되고 경제적으로 제법 역동적인 사회주의 발전이 이루어질 수 있었다. 제 6차 전당대회는 "미래-10-계획" 목표를 결의했는데 이는 북한의 경제적 과제를 1990년까지 정해놓고 있다. (그 열 가지는 연간 전기생산 1000억 Kw, 석탄생산 1억 2천만 톤, 철강 생산 1500만 톤, 비철금속 150만 톤, 시멘트 250만 톤, 비료 700만 톤, 섬유 10억 5천만 미터,

수산물 500만 톤, 곡물 1500만 톤, 새 경작지 30만 헥타르 개발 등이다)

북한 중앙통계청에서 처음으로 공개한 보고서에 따르면 – 이 보고서는 1978년~1984년까지의 통계를 담고 있는데, 모든 분야에서 높은 상승률이 기록됐다. 그러나 이러한 성과들은 내부 평가에 의하면 미래–10–계획 목표에 훨씬 미치지 못하는 것이다.

조선노동당은 인민과 손을 맞잡고 사회적 지도적 추진세력으로 자신의 역할을 부각시켜왔다. 노동당은 민주주의적 중앙주의 원칙에 입각해서 구성되었으며 당 중앙위원회, 특히 김일성, 김정일 동지에 의해 엄격하게 혁명적 훈련 원칙에 의거하여 운영되고 있다. 강조해둘 것은 사회주의 구축이 한 세대의 활동만으로는 완수될 수 없고 북한에서는 김정일 동지에 의해 지속적으로 이끌어지게 될 것이다.

조선노동당은 모든 문제에 있어 "주체 사상"에 근거를 두고 있으며 이 사상의 보편타당성을 주장한다. 주체 사상의 내용적 핵심은 "자주"라는 개념이 담겨있는바, 이는 민족해방전쟁을 통해 얻어진, 마르크스–레닌주의를 부분적으로는 비변증법적으로 해석한 것이다. 조선노동당은 "주체 사상"이 김일성 동지에 의해 창안된 세계관이라고 규정한다. 인민정치적 과업에 있어서는 이제 김정일 동지가 김일성 동지의 이론적 과업을 전수받아 심화시킬 인물로 불리우로 있다.

1985년 북한의 동향은 –특히 해방 40주년 및 조선노동당 창립 40 주년 기념행사– 북한에서 사회주의가 안정적으로 자리를 잡아가고 당과 인민 사이의 확고부동한 일치단결, 인민노동자들의 무조건적인 각오, 즉 당 지휘 아래 사회주의 건설을 위한 모든 분야에서 당정책을 실현시키기 위해 절도있게 단호히 투쟁에 나서겠다는 각오 등을 잘 보여주었다. 이는 전국적인 경쟁운동 "80년대 속도" 및 정신적인 요구에 걸맞게 현재의 경제추진시스템을 계획과 지도부 수준에 맞춰 수정하려는 데서 볼 수 있다.

단위별 지휘원칙에 더 힘이 실리게 되었고 당 및 국가기관에서는 능력있는 경제 간부들로 충원되었다. 이에는 당 중앙위원회 정치국이 지역 당위원회의 책임비서 역할과 지역인민위원회 위원장의 역할을 통합하기로 결의함으로써 힘을 실어주고 있다. (1985년 5월)

53

지금까지보다는 훨씬 강도 높게 효율성, 철저한 절약정신, 능력의 최대한 발휘, 품질 향상, 물자 및 천연자원 비축량의 추가 발굴을 추진하고 있다. 과학과 기술에서 거둔 성과를 보다 신속하게 전환시키는 방법이 요구되며 이로써 강도 높은 확대재생산으로 점차 넘어가기 위한 전제조건들이 마련되어야 한다. 북한 경제는 예나 지금이나 심각한 불균형에 처해있다. 그 원인은 일차적으로 지금까지의 캠페인 위주의 지휘방식에 있다.

제2차 7개년계획(1978~1984)이 완료된 다음 1985년에는 경제에 있어 부채 의 해로 선포되었다. 이는 특히 1984년의 흉작, 비철금속, 광산(특히 신터마그네사이트), 농업, 수송 분야에서의 현격한 손실에 기인한다. 이런 이유로 새로운 경제개발계획은 1987년에야 시작될 것으로 보인다. 북한이 제시한 자료에 따르면 흉작 피해는 대부분 복구되었다고 한다.

공업은 국민총생산의 75%, 국민소득의 약 80%를 차지한다. 농업은 1985년에도 인민들에게 곡물과 채소를 충분히 공급했으며 공업에다 중요한 원료들을 공급했다. 1984년에는 1000만 톤의 곡물이 생산되어 기록적인 수확량을 보였다. 동물성 단백의 수요는 앞으로도 주로 수산물로 충당할 것으로 보인다.

유사한 역사적 경제적 출발점을 가진 아시아의 다른 나라들과 비교해보면 북한의 생활수준은 비교적 높은 편이다. 손꼽을 만한 업적들은 사회정치 분야, 특히 인민교육, 의료체제, 주택건축 등에 있다. 식료품, 직물 및 소비물자의 배급 제도를 통해서 인민들의 부양은 비교적 탄탄한 수준에서 이루어졌다. 훌륭하게 조직된 북한의 교육제도는 정치적-이데올로기 교육, 일반 교육 및 특수 교육, 체육 교육, 윤리교육, 음악 교육 등의 결합에 기초를 두고 있으며 물질적인 바탕이 있어 더 강화되고 확대될 수 있었다. 11년 의무교육제도이다.

대학 및 전문학교 수는 1980년 170개에서 1985년 216개로 늘어났다. 교육 내용의 질적 개선을 통해 장래의 간부들이 사회주의 건설에 필요한 보다 높은 요구조건들을 충족시킬 수 있게 준비되어야 한다. 국립 의료보건체제는 모든 주민에게 무상으로 진료와 치료를 보장한다. 1986년 1월부터 협동농장 농부들에게는 연금제도가 시행되는데 이로써 노동자 계급과 지식 계급도 유사한 사회보장 급여를 받는다.

1984년 4월 확정된 노동 시간 변경 및 이와 관련된 퇴근 후 이데올로기 교육(매일 실시) 시간의 단축으로 노동자들의 여가 시간 확보량이 현저히 증가됐다.

사회주의 국가권력은 사회주의 건설에 필요한 과제를 성공적으로 수행할 수 있게 하고 북한에서 사회주의적으로 이룩한 업적들을 충실히 보호하는 역할을 하고 있다.

사진 자료집

1956년 6월 12일 김일성 수상의 동독방문시, 동독 오토 그로테볼 수상과 공동성명에 서명하고 있는 모습

소장번호 : 38 932/1N

김일성 수상과 동독 오토 그로테볼 수상이 1956년 6월 12일 공동성명에 조인하고 있다.

소장번호 : 38 932/3N

1977년 12월 9일 동독 에리히 호네커 서기장과 북한 김일성 주석이 평양 금수산 주석궁에서 공식회담을

나누고 있다.

소장번호 : S1220/325N

소장번호 : S1208/38N

동독 사회통일당 대표 및 국가수반인 에리히 호네커는 1977년 12월 8일 평양을 공식방문하였다. 사진은 북한 김일성 주석의 영접을 받는 모습이다.

에리히 호네커 동독서기장과 김일성 북한주석이 1980년 5월 8일 故티토(Josip Broz Tito) 유고대통령 장례식이 열린 벨그라드(Belgrad)에서 만나고 있다.

소장번호 : W 0509/311N

1983년 9월 10일 북한 김일성 주석이 동독 국회의장 겸 SED중앙위원회 정치국원인 진더만(Horst Sindermann)의 예방을 받고 있다.

소장번호 : 1983/0911/32N

동독 에리히 호네커 서기장이 1984년 12월 7일 베를린에서 김영남 북한 외무상의 예방을 받고 인사를 나누고 있다.

소장번호 : 1984/1207/26N

김영남 북한 외무상이 베를린에서 동독 에리히 호네커 서기장과 오스카 피셔 동독 외무상와 함께 1984년 12월 7일 양국회담을 하고 있는 장면.

소장번호 : 1984/1207/25N

북한 김영남 외무상이 베를린을 1984년 12월 6일 공식방문하여 동독 오스카 피셔 외무상을 만나고 있다.

소장번호 : 1984/1206/26N

헝가리 사회노동당 카다르(Janos Kadar) 서기장이 1984년 6월 8일 김일성 북한주석의 공식방문을 영접하고 있다.

소장번호 : 1984/0828/309N

1984년 6월 3일 진더만(Horst Sindermann) 사회통일당 정치국원겸 국회의장과 모드로우(Hans Modrow) 드레스텐시 비서가 드레스텐에서 김일성 북한주석과 함께 동행하는 장면이다.

소장번호 : 1984/0603/13N

진더만(Horst Sindermann) SED정치국원과 모드로우(Hans Modrow) 드레스텐시 비서가 1984년 6월 2일 김일성 주석의 공식 방문을 시민들과 함께 환영하고 있다.

소장번호 : 1984/0602/18N

1984년 6월 1일 동독과 북한은 1990년까지의 경제 및 과학기술 협력에 관한 협정을 맺었다. 사진은 북한 강송산 정치국원과 동독 스토프 각료평의회 의장이 서명하고 있다.

소장번호 : 1984/0601/34N

동독 호네커 서기장과 북한 김일성 주석이 『동독과 북한간 친선과 협력에 관한 협정』에 1984년 6월 1일
서명하고 있다.

소장번호 : 1984/0601/32N

북한 김일성 주석이 1984년 5월 30일 베를린 방문시 동독국경선의 브란덴부르크문을 시찰하고 있다. 드루스 장군의 설명을 경청하고 있다.

소장번호 : 1984/0530/31N

1989년 7월 1일 북한 김일성 주석이 동독 크렌츠 서기장의 방문을 환영하며 회담하고 있다.

소장번호 : 1989/0701/12N

동독 호네커 서기장과 북한 김일성 주석이 남포시를 방문하고 댐건설 50주년 기념으로 기념촬영하고 있다. 대동강에서 황해로 이어지는 물줄기는 식수 및 생활용수에 큰 보탬이 되고 있다.

소장번호 : 1986/1019/8N

1987년 2월 11일 김일성 주석과 그의 아들 김정일

소장번호 : 1987/0211/305N

1986년 10월 20일 동독 호네커 서기장을 평양경기장에서 북한 김일성 주석과 평양시민들이 열렬히 환영하고 있다.

소장번호 : 1986/1020/25N

저자소개

■ **연구책임**

조한범
- 통일연구원 선임연구위원
- 러시아 상뜨-뻬쩨르부르그대 사회학 박사
- 주요저서 · 논문 :「남북 사회문화공동체 형성방안」,
「러시아 탈 사회주의 체제전환과 사회갈등」

■ **책임편저**

김　면
- 통일연구원 프로젝트연구위원
- 독일 베를린(T.U.Berlin) 대학교 문학박사
- 주요저서 · 논문:「구동독의 對 북한 사회주의 건설
지원」,「독일 국립문서보관소 소장 자료를 통해서 본
북한과 구동독간의 경제협력」